陇上学人文存

何士骥 卷

何士骥 著　刘再聪 编选

甘肃人民出版社

图书在版编目（ＣＩＰ）数据

　　陇上学人文存. 何士骥卷 / 范鹏，马廷旭总主编；何士骥著；刘再聪编选. -- 兰州 : 甘肃人民出版社，2022.6（2024.1 重印）
　　ISBN 978-7-226-05796-4

　　Ⅰ. ①陇… Ⅱ. ①范… ②马… ③何… ④刘… Ⅲ. ①社会科学－文集 Ⅳ. ①C53

　　中国版本图书馆CIP数据核字(2022)第008596号

责任编辑：马元晖
封面设计：王林强

陇上学人文存·何士骥卷

范鹏　马廷旭　总主编

何士骥　著　刘再聪　编选

甘肃人民出版社出版发行

（730030　兰州市读者大道 568 号）

德富泰（唐山）印务有限公司印刷

开本 890 毫米×1240 毫米　1/32　印张 12.5　插页 7　字数 315 千
2022 年 6 月第 1 版　2024 年 1 月第 2 次印刷
印数：1001~3000

ISBN 978-7-226-05796-4　定价：60.00 元

（图书若有破损、缺页可随时与印厂联系）

《陇上学人文存》第三辑

编辑委员会

《陇上学人文存》第六辑

编辑委员会

《陇上学人文存》第九辑

总　序

陇者甘肃，历史悠久，文化醇厚。陇上学人，或生于斯长于斯的本地学者，或外来而其学术成就多产于甘肃者。学人是学术活动的主体，就《陇上学人文存》（以下简称《文存》）的选编范围而言，我们这里所说的学术主要指人文社会科学研究。《文存》精选中华人民共和国成立以来，甘肃人文社会科学领域成就卓著的专家学者的代表性著作，每人辑为一卷，或标时代之识，或为学问之精，或开风气之先，或补学科之白，均编者以为足以存当代而传后世之作。《文存》力求以此丛集荟萃的方式，全面立体地展示新中国为甘肃学术文化发展提供的良好环境和陇上学人不负新时代期望而为我国人文社会科学事业做出的新贡献，也力求呈现陇上学人所接续的先秦以来颇具地域特色的学根文脉。

陇原乃中华文明发祥地之一，人文学脉悠远隆盛，纯朴百姓崇文达理，文化氛围日渐浓厚，学术土壤积久而沃，在科学文化特别是人文学术领域的探索可远溯至伏羲时代，大地湾文化遗存、举世无双的甘肃彩陶、陇东早期周文化对农耕文明的贡献、秦先祖扫六合以统一中国，奠定了甘肃在中国文化史上始源性和奠基性的重要地位；汉唐盛世，甘肃作为中西交通的要道，内承中华主体文化熏陶，外接经中亚而来的异域文明，风云际会，相摩相荡，得天独厚而人才辈出，学术思想繁荣发达，为中华文明做出了重要贡献。

近代以来，甘肃相对于逐渐开放的东南沿海而言成为偏远之地，反而少受战乱影响，学术得以继续繁荣。抗日战争期间作为大后方，接纳了不少内地著名学府和学者，使陇上学术空前活跃。新中国成立之后，人文社会科学领域的专家学者更是为国家民族的新生而欢欣鼓舞，全力投入到祖国新的学术事业之中，取得了一大批重要的研究成果，涌现出众多知名专家，在历史、文献、文学、民族、考古、美学、宗教等领域的研究均居全国前列，影响广泛而深远。新中国成立之后，人文社会科学几次对当代学术具有重大影响的争鸣，不仅都有甘肃学者的声音，而且在美学三大学派（客观派、主观派、关系派）、史学"五朵金花"（史学在新中国成立之后重点研究的历史分期、土地制度史、农民战争史等五个方面的重点问题）等领域，陇上学人成为十分引人注目的代表性人物。改革开放以来，甘肃学者更是如鱼得水，继承并发扬了关陇学人既注重学理求索又崇尚经世致用的优良传统，形成了甘肃学者新的风范。宋代西北学者张载有言："为天地立心，为生民立命，为往圣继绝学，为万世开太平"，此乃中华学人贯通古今、一脉相承的文化使命，其本质正是发源于陇原的《易》之生生不已的刚健精神，《文存》乃此一精神在现代陇上得到了大力弘扬与传承的最佳证明。

《文存》启动于中华人民共和国成立六十周年之际，在选择入编对象时，我们首先注重了两个代表性：一是代表性的学者，二是代表性的成果，欲以此构成一部个案式的甘肃当代学术史，亦以此传先贤学术命脉，为后进立治学标杆。此议为我甘肃省社会科学院首倡，随之得到政界主要领导、学界精英与社会各界广泛认同与政府大力支持，此宏愿因此而得以付诸实施。

为保证选编的权威性，编委会专门成立了由十几位省内人文社会科学领域著名学者组成的专家指导委员会，并通过召开专题会议研讨、发放推荐表格和学术机构、个人举荐等多种方式确定入选者。为使读者对作者的学术成就、治学特色和重要贡献有比较准确和全面的了解，在出版社选配业务精良的责任编辑的同时，编委会为每一卷配备了一位学术编辑，负责选编并撰写前言。由于我院已经完成《甘肃省志·社会科学志》（古代至1990年卷，1990至

2000 年卷）的编辑出版工作，为《文存》的选编提供了坚实的基础和基本依据，加之同行专家对这一时期甘肃人文社会科学发展的研究，使《文存》能够比较充分地反映同期内甘肃人文社会科学的基本状况。

我们的愿望是坚持十年，《文存》年出十卷，到 2019 年中华人民共和国成立七十周年之际达至百卷规模。若经努力此百卷终能完整问世，则从 1949 至 2009 年六十年间陇上学人以"人一之、我十之，人十之、我百之"的甘肃精神献身学术、追求真理的轨迹和脉络或可大体清晰。如此长卷宏图实为新中国六十年间甘肃人文社会科学全部成果的一个缩影，亦为此期间甘肃人文社会科学学术业绩的一次全面检阅，堪作后辈学者学习先贤的范本，是陇上学人献给祖国母亲的一份厚礼。此一理想若能实现，百卷巨著蔚为大观，《文存》和它所承载的学术精神必可存于当代，传之后世，陇上学人和学术亦可因此而无愧于我们所处的伟大时代，并有所报于生养我们的淳厚故土。

因我们眼界和学术水平的局限，选编过程中必定会出现未曾意料的问题，我们衷心期望读者能够及时教正，以使《文存》的后续选编工作日臻完善。

是为序。

2009 年 12 月 26 日

目 录

编选前言

1984 年，吾人从乡下来到省城兰州的西北师范学院（今西北师范大学）求学，学的是历史教育专业。在学校旧文科楼的一角，有一间平时很少开门的教室，就是历史系的文物室。一个偶然的机会，得以进入，发现里面堆满了各类古物。其中有中学课本中出现的陶罐一类，造型多样、大小不一、色彩鲜亮，颇感新奇。另有一方石，据悉为长城碑，由本校一教授发现于本校校园。10 年后的 1994 年，吾人第二次入西北师范大学学习，方晓石名"深沟儿墩碑"，乃何士骥教授发现于校园东北角水塔山，且兰州大学赵俪生先生、西北师大陈守忠先生都曾撰文研究此碑价值。18 年后的 2012 年，学校百年校庆之际，将历史系文物室之收藏、敦煌学研究所之敦煌经卷、美术系之书画、地理系生物系之动植矿物标本以及校史相关资料等汇聚一体，建西北师大博物馆，成展示学校内涵之窗口。深沟儿墩碑被嵌于博物馆三层展厅的墙壁上，从此，更多的人都能清晰地看到碑的内容。30 年后的 2015 年，吾人搬入紧挨水塔山的校外小区。每天上下班能看见八角形的水塔，常常想起石碑，也常常想起发现此碑的何士骥先生。

一、学术界初识何士骥

何士骥（1998—1984），字乐夫，浙江诸暨人。毕业于北京大学，1925 年 7 月考入清华学校研究院，为该院首届学生。师从王国维、梁启超、陈寅恪、李济等学习古文字、考古学。毕业后，在北平研究院史学研究所从事考古、历史研究工作。1937年,他应聘西北联合大学师范学院任教。1943年秋,国立西北师范学院迁至兰州,何士骥遂同来兰。来兰州,在甘肃学院(后改为州大学)讲授考古学课程。1952年,何士骥任甘肃省文物管理委员会委员兼办公室主任。1958年,何士骥调任甘肃省博物馆副馆长,直至退休。何士骥的人生历程基本上可以分为五个阶段:浙江诸暨成长阶段,北京大学、清华学校研究院求学阶段,北平研究院从事考古调察及发掘阶段,西北联合大学及西北师范学院任教阶段,甘肃省文物管理委员会及甘肃省博物馆从事文物管理及研究阶段。

何士骥著述甚富,学识渊博。然因其成就主要集中于20世纪前半期及新中国建国后不久,故而学术界对何士骥生平的认识是片段性的,所知其学术成果是零碎的。《中国大百科全书·考古卷》中,在"北平研究院史学研究会"条提及何士骥,但没有列单条。目前见到的专门介绍何士骥的材料,以人物传记类词条为多,如《何乐夫与甘肃考古工作》《(西北师范大学)校园名师》中"何士骥"条、《陕西考古会主要人物传略》中"何士骥"条、《中国近现代人物名号大辞典》中"何士骥"条、《甘肃省志·文物志》中"何士骥"条等。这些词条中,大多能做到姓名、生卒年、字号、科第、仕履、著述等一应俱全。然略有遗憾的是,不少内容或互有抵牾、或不知所据。方群《甘肃地区新石器中期以前诸远古文化的发现与研究》(1991)、陈星灿《中国史前考古学史研究》(1997)等少数论著在做学术回顾时提及何士骥,然仅涉及与主题有关部分。近来,偶有专题研究文章出现,所谈也仅为某一方面而已。

实际上,在每一个人生阶段,何士骥都勤奋敬业,且业绩突出。何士骥是中国现代考古学科重要的创始人物,为中国考古学科的发展做出了不可忽视的贡献。何士骥的学术成就,大致可分三类:考古调查及发掘、文献整理及文字学研究、史学专题研究。

二、考古调查及发掘活动

何士骥长期奋斗在考古发掘、考古教育第一线,在考古理论及考古实践方面很有成就。1927年至1932年,参加北平研究院在北平的考古调查。1933年,参加北平研究院组织的以徐炳昶带队的陕西渭河流域调查活动。1934年至1935年,参加北平研究院与陕西省合组的陕西考古会在宝鸡斗鸡台的发掘。1937年,调查发掘了长安城外鱼化寨新石器时代之遗址。1938年,负责西北联合大学组织的张骞墓发掘。出版论著有:《北平附近各地古迹调查报告》《石刻唐兴庆大明太极三宫图考证》《陕西民政厅前院发掘报告》《南北响堂寺及其附近石刻目录》《陕西渭河沿岸各县古迹调查报告》《斗鸡台发掘报告》《长安城外鱼化寨新石器时代之遗址》《发掘张骞墓前石刻报告书》等,内容涉及石刻及石窟寺、古城址、古墓葬、古遗址等。

1943年,何士骥来到兰州,开展远古文化遗址调查。调查范围以兰州为中心,兼及洮河流域及河西走廊。据《兰州附近古物调查》显示,截止1947年底,何士骥在兰州调查发现10余处远古文化遗址,并开展部分发掘工作。此外,何士骥还考察了临洮县瓦家坪麻峪沟遗址,山丹县四坝滩遗址等。出版论著有:《西北考古记略》《临洮考古小记》《兰州附近古物调查》《十里店新发现之墩军碑》《兰州市区北黄河北岸白道沟坪发掘出新石器时代末期遗址及墓葬》《十里店新发现的屈肢葬与交肢葬》。其中,深沟儿墩碑成为了解明长城体系运行及边防构建重要的实物依据。可以说,截止1949年,对兰州地区重要远古文化遗址开展的系统调查都与他有关。

1952年,何士骥调任甘肃省文管会办公室主任,负责全省文物调查及考古发掘的管理和指导,但自己依然从事研究工作。1957年,何士骥在《考古学报》发表《兰州新石器时代的文化遗存》一文,介绍兰州附近的远古文化遗址比较集中的地点已经达到 26 处：在黄河北岸有十里店、徐家湾、大沙沟坪、穆柯寨、盐场堡（此地内有另一徐家坪和刘家坪）、白道沟坪、碱水沟、马家铺；在黄河南岸为西古城、土门墩、蒋家坪、彭家坪、牟家坪、西果园、青岗岔、龚家湾、颜家坪、梁家庄、兰工坪、骆驼巷、牟家湾、华林坪、满城、四墩坪、中山林、雁儿湾等。其中尤以白道沟坪、雁儿湾、西果园、华林坪为古代人类活动最繁荣的场所，故所出彩陶等物亦最为丰富。可以说，随着何士骥的来到，兰州地区的史前文化遗址开始进入系统的调查和发掘阶段。

三、文献整理及文字学研究

在清华学校研究院，何士骥的专修科目是小学，专研题目是古文字学，选题为《部曲考》，导师为梁启超。《部曲考》于 1927 年 6 月刊发在清华学校研究院季刊《国学论丛》第一卷第一号。文字学方面的成就还有《编纂金文汇编计划书》《我国文字形体的源流·叙》《研究文字学之途径与方法》《汉碑校读》《莽镜考》《整理说文之计划书》《研究中国之古外国语文与研究西北》等。其中，《部曲考》是目前可知何士骥发表的第一篇学术论作，该文引言记载："今年秋，负笈来此，梁任公师以'部曲考'命题研究。予于是根据《唐律》，参稽群籍，起战国，讫唐末，录得百数十条，综核比观，列为三章：一曰部曲之意义；二曰部曲之起源及变迁；三曰部曲之身分。虽不无遗漏，而变迁之迹，可了然矣。民国十四年云南起义纪念日书于北京清华研究院。"可知，《部曲考》是梁启超给何士骥的命题作文，也是何士骥从清华学校研究院毕业的学术论文。文章字数多达 2 万多字，引用资料 100 多条，来自有关汉至唐历史的 18 部正史及《唐律》等。文章写作用时半年，可见何士骥读书用功之勤。该文引用资料丰富，论证严密，是现代以来从史学角度最早系统研究"部曲"的专题论文。30 年后，唐长孺《魏晋南北朝时期的客和部曲》对部曲做了进一步的论证,使得学术界对部曲的认识更加清晰。早在1933年,夏鼐在清华研究院就读,撰写陈寅恪课程作业:《读史札记:论北魏兵士除六夷及胡化之汉人外,似亦有中原汉人在内》,文中除了以陈寅恪之说为研究出发点外,唯一引用的学人成果即《部曲考》:"何士骥《部曲考》(《国学论丛》第一卷第一期)引证《魏书》中述及部曲者凡十九条。"可惜,该文迟于2002年才被整理出版。

《编纂金文汇编计划书》显示,何士骥曾撰《金文汇编》一书,也是命题作文。曹述敬《钱玄同先生年谱》叙述:"这个时期,北平师范大学成立了研究院,钱玄同主张其中'历史科学门'应该配备干部对于钟鼎彝器铭文大规模地做一次'索引式的整理',最好是剪贴原著成一《金文汇编》。在他的指导下,何士骥先生拟具了《编纂金文汇编计划书》,搜集了宋清两代及近时的专书六十二种。"从1926年至1948年,何士骥不断搜罗补充,最后成稿《金文汇编》,总字数达到51万多。可惜,此书未见印行。

至于,《汉碑校读》《莽镜考》等,是何士骥应用文字学方法开展研究取得的专题学术成果。1959年,甘肃武威磨嘴子汉墓出土一批竹木简,何士骥最早进行整理研究,且为《武威汉简》编写出版出力甚多。据西北师范学院收存档案记载,何士骥曾著有《说文解字研究》一书,"限于铸字排印等条件"未能出版,甚为遗憾。1972年,何士骥已步入古稀之年,仍心系古文字研究。在给甘肃省博物馆的信中写道:"以后发现有与文字研究有关的资料如刻画、记号、绘画、文字、器物等等,请麻烦大家多多给我帮助与指导。我是非常感盼的!"显示出对古文字学研究的执着追求。

四、史学专题研究

何士骥充分利用考古调研及考古发掘所得，开展华夏文明起源专题研究。自从 1921 年中国现代考古学诞生以来,探索中国文明的起源成为考古学的主要研究主题。1935 年,李济关于中国考古界和历史研究功能时讲到:"中国考古学之重要，在于以全人类的观点来观察中国古代文化在世界中的位置。"苏秉琦也讲到:北平研究院与中央研究院为南北两大科研机构，建设之初，目标之一就是"修国史",探究华夏文明之源。如果,再加上裴文中供职的经济部中央地质调查所，当时有三大科研机构开展与华夏文明之源有关重要科研活动。何士骥在北平研究院、西北联合大学和西北师范学院、甘肃省文管会期间，积极参与这一探索活动。如关于陕西关中开展的考古调查目的,是要"早日寻出真正新石器时代清晰之轮廓"。在兰州附近及河西走廊开展考古调查,何士骥先后发表了在《中国文化起源于西北》《西北高原是中华民族的老家》《在西北边疆上有关文化的几个问题》《今后之考古学》等论著,提出了西北乃华夏文明起源地之一的认识。在《中国文化起源于西北》一文中,何士骥对安特生之"文化西来说"予以直面批驳:"但安氏文中,必谓我国西北之文化来自西方(近东),则仍不免外人轻视中国之私见。不仅不可置信,亦徒损失其为学者之风度而已。"何士骥认为,兰州史前遗址分布较广,应该是"极适宜于人类活动"的地方。

何士骥开展的考古调查，基本查明了兰州及其周边地区远古文化遗址的分布区域，确立了并搭建了兰州及其周边地区考古文化的基本概念及文化序列的基本框架。何士骥关于"华夏文明起源西北"的论述,是"甘肃是华夏文明起源地之一"说的最早论证。

五、推动学科发展与顺应时代要求

何士骥于1927年进入北平研究院伊始,一直从事考古发掘及考古教育,学术交往十分广泛,有力推动了中国考古学科的发展进程。在思想上,何士骥能够顺应时代潮流,超越自我,努力追求进步。

何士骥在清华求学期间,受业于王国维、梁启超、陈寅恪、李济等名师,与王力、姜亮夫、吴金鼎等为同门,又与北京大学教授马衡等联系密切。在北平研究院期间,与钱玄同、顾颉刚等为师友。1935年,北平研究院历史组创办《史学集刊》,顾颉刚为编委会委员长,何士骥与徐炳昶、孟森、张星烺、陈垣、沈兼士、洪业等同为委员。1933年,跟随徐旭生在陕西发掘及调查,与白万玉、苏秉琦同时工作。1928年,担任西北联大(西北大学、西北师范学院)教职,与黎锦熙、许寿裳、黄文弼、丁山、王子云等来往甚密。1943年,来兰州继续任教于西北师范学院,与冯国瑞、阎文儒为同事,与顾颉刚、卫聚贤、向达、裴文中、张舜徽、夏鼐等开展学术交流。1945年,抗战胜利,西北师院部分师生返回北平复校。据乔今同回忆,何士骥"以西北历史悠久,考古工作方兴未艾,遂坚留兰州。继续在西北师院任教,并从事考古工作"。在甘肃省文管会期间,何士骥负责接待过郑振铎等领导,郑振铎对文管会的成绩非常赞赏。直到20世纪70年代退休,何士骥在考古学、教育界奋斗了50多年。可以说,何士骥是中国考古学科的重要创始人物,是西北大学及整个甘肃省考古学科、文博事业的奠基人。

何士骥虽然为旧知识分子,但能够跟随时代潮流,适应社会变革,追求进步。1950年8月,何士骥参加西北军政委员会文化部组织的接管工作组代表中央文化部接管敦煌艺术研究所。随之,敦煌艺术研究所更名为敦煌文物研究所。1951年12月21日,兰州举办天主教会"濮登博等帝国主义分子罪证展览会",何士骥撰文:

我们的新道德是五爱,共同纲领明白地告诉我们,第一就是爱祖国。既然要爱祖国,就应该爱祖国的文化历史。这种文化历史从古代遗留到现在,我们可以看见的:一种是先人在书本子上写下来的记载,一种是先人用智慧和血汗所发明所创造出来的实用器物。

多少年来,帝国主义国家,就是通过千百像濮登博一类的所谓"传教士",像强盗一样的窃取了中国不可胜数的文化古物,然后再摆设在它们的博物馆里,厚颜无耻的说成是"自己的"财产。

在热爱自己的祖国,热爱祖国的历史和优越的文化遗产,因为这些都是几千年来中国人民辛勤劳动的光辉果实,也都是毛主席新民主主义论上所说的"发展民族新文化,提高民族自信心的必要条件"。

在这里,何士骥表达了对祖国及祖国文化历史的深切热爱,对帝国主义分子窃取中国文物的"强盗"行径的强烈愤慨。据甘肃文管会原秘书吴怡如回忆,何士骥在办公室墙上悬挂由其本人书写的"虚心使人进步,骄傲使人落后"条屏自勉。1956年以来,何士骥被吸纳入选中国民主同盟甘肃省第三届(1956—1958年)、第四届(1958—1961)、第五届(1961—1966)委员会委员,积极参政议政,为社会主义事业全力奉献智慧。

六、深受师生赞誉

何士骥勤奋敬业的精神和善为人师的品德赢得了很高的学术赞誉。何士骥求学时期,学习踏实,成绩优异,导师王国维器重他,著名学者钱玄同也极为推崇他的治学精神,并题联相赠:"惯看模糊字,专攻穿凿文","研经方磨周鼎去,访古曾盗汉碑来。"在西北联大任教期间,西北大学校长胡庶华也曾题联相赠:"能吃苦方为志士,肯吃亏不是痴人。"虽说是溢美勉励之词,但实不乏事实依据。

20世纪40年代,何士骥在西北师范学院讲授文字学,治学谨严,为人随和朴实,给学生们印象极为深刻,是当时最受欢迎的教授。司绍晞《钱玄同曾为考古学家何士骥题联》回忆到:

> 当时正处抗战时期,物价飞涨,教师待遇极为困苦,他经常以菲薄的收入,去购置流散在市区的文物如陶盆、陶罐、陶豆、陶颤以及其它铜器残片。当时我们同学都很奇怪地问他,"你生活这样的困难,而满屋子都是这些东西,是否想发财去开古董铺?"他严肃地说:"这些都是我们祖先留下的珍宝,应该好好的收藏,去研究它,钻研它,如果让它流散,太可惜了!假使说你们今后看到我以此去谋私利,可以敲碎我的脑袋"。

> 他热爱文物几乎达到入痴的地步。在西北师院从城固迁往兰州途中,他的一件陶器在汽车上被挤碎了,他痛苦地哭了起来,连说"这是无价之宝啊,你们能赔得起吗!?"这些轶事,在学生中都有流传。

学生乔今同回忆到:何士骥在"抗战时期,以从事考古工作、成绩卓著,曾获美国哈佛大学燕京学社考古学术研究奖一次。"虽说回忆记录难免浸入感情色彩,但也确实反应了何士骥在学生中的威望。

七、学术思想永存

吾人关注何士骥之学术成就已有10余年,已多方收集整理何士骥散见著作50余种(篇)。去岁,偶遇甘肃省社会科学院副院长马廷旭研究员,谈及对何士骥的关注,且认为《陇上学人文存》中缺少考古学类著作,希望能够纳入以补其缺。马廷旭副院长当即应曰:《陇上学人文存》组织者已经关注到何士骥之成就，惜无人整理。既然已有成稿，便可纳入。不久，甘肃省社科院赵敏老师来电告知已做好出版安排。随后，赵老师多次询问整理进度。文稿提交甘肃人民出版社后，责任编辑马元晖老师为文稿校对尽心尽力，保证了文稿的顺利付梓。

何士骥论著散见于各时代报刊，尚有部分未刊稿。见刊者因年代久远，不少漫漶不清，识别艰难。未刊者辗转流传、去向难明。虽偶有蛛丝马迹，然追索极为困难。《何士骥文存》是何士骥学术成果的首次汇集，内容不很全面，望能引起学术界之关注而助推考古学科之发展。

2022年是西北师范大学建校120周年，《何士骥文存》是校史研究课题《西北师范大学考古学科资料整理与研究》之一部分。借《何士骥文存》出版之际，感谢马廷旭研究员、赵敏老师、马元晖老师付出的辛勤劳动。也以《何士骥文存》向西北师范大学双甲子华诞献礼，更期许何士骥先生的学术思想得以发扬光大。

刘再聪

2022年5月4日

编校说明

一、版本与编次

文稿均选自公开发行的刊物、汇报书、计划书等。原稿按旧式提行分段、大小字号分段者改为现通行的分段形式。独立成段的引文以楷体字缩格排印。双行夹注改为单行小字夹注,删去夹注首尾原用括号。注文自成单元。

二、编校原则

除版式与必要的技术性要求外,原著的内容及结构、计量单位及数字格式、图版和插图一仍其旧,以存文本原貌。无法输入之文字,抠原文以图片形式插入。模糊之图,有来源者尽量找出原图替补,无来源者或者找不到原图者予以重绘。无法重绘者仍旧。

三、规范用字

改异体字为正体字,改繁体字为简化字。凡属繁体字与简化字一对一者,均用简化字,如趙与赵、興与兴等。如系多对一者或多音多义字,则根据情况区别对待,如乾、幹与干等。对于姓名、地名、书名等专用名词,如用正体字、简化字容易产生歧义者,则保留原来的文字形体。通假字、古今字、省形字等均保留原貌。每个时代有其特色语言,每个作者有其惯用字词,凡有根据者则不改为现行字词。

四、标点符号

凡竖排、无标点或用旧式句读者，除个别有特殊要求者或限于目前的技术条件无法排印者外，一律改为横排、新式标点。原著有专名（如人名、地名等）号者，均予省略。原著无书名号或书名号不规范、不完整者，一律补加或改正。

五、校改错讹

原著文字一般不作改动，但确属笔画之误、鲁鱼错讹、误写错排者径改不出校记。前人引书，常有省略约减或个别词语的更动，若不失原意，则不以所引书改动引文。确需校改增删之处，以"编者按"形式出校记。

六、残缺处理

原著中因字迹模糊或纸页残缺而致无法辨认，又无其他版本可据以核查者，所缺或无法辨字用"□"表示，所缺字数无法确定者用"▆▆▆▆"表示。

唐大明兴庆及太极宫图残石发掘报告

民国二十三年二月，本院与陕西省政府合组之陕西考古会议决发掘颜勤礼碑下藏石，后工作主任徐旭生先生因事返平，遂嘱骥于寒假内抽暇办理此事。惟颜勤礼碑出土地点，迄今已人各异说，骥于徐先生指定地点（一、今陕西省政府马号，二、今陕西民政厅二门内院中。）以外，又采询当时留心颜碑出土事件之诸先生，（如景莘农，董少洲先生等。）及参酌己意，遂决定先发掘民政厅二院，次发掘省政府马号。乃于二月二十一日开始动工，至三月十九日完工，迄今已逾两月，惟因事务稍繁，尚未作成报告。刻又来斗鸡台实行发掘古城工作，更未得暇。而院中屡函催促，遂于忙中抽暇述其概略，至详细情形，整个研究，尚须稍待也。

二月二十一日

是日为发掘第一天，上午八时半，请同事张孝侯先生、周隆季先生及工人等同至发掘地点，骥先将发掘地域用铁锨画出，遂请张先生为量定周围大小，并量定第一坑 $4.00m^①$见方以为例，（如图。图列后。）而张先生遂回十里浦继续画图工作，骥乃与周先生工人等开始实行发掘。工人三人，加周先生与余及勤务徐凤山，共为六人。发掘至深

---

① （"m"在原文中为"M."——编者按）

0.30m 与 0.55m 时,所见多为瓦砾、砖块,宋元明清瓷片而已。至下午五时收工,深 1.00m,亦无特别器物发见。

二月二十二日

　　是日为发掘后之第二天,工人五名,八时起,继续发掘第一坑,深至 1.35m 时,出一兽角,又出铜钱五枚。(内有皇宋通宝钱。)深至 1.50m 时,发见唐开元钱,宋宣和钱数枚。至深 1.95m 时已见净黄土,遂止。[因此次发掘目的,在得颜勤礼碑下之藏石,故注重老坑,(即经人扰动者)凡遇死土,(即净黄土,未经人扰动者)若无特别发见时,即行停掘。]上午十时,开始发掘第二坑,(如图)至下午五时二十分收工,深 1.10m。所得器物,惟瓦片砖块及新旧磁片而已。

二月二十三日

　　是日为发掘后之第三天,因雨停工。

二月二十四日

　　是日为发掘后之第四天,因雪停工。

二月二十五日

　　是日为发掘后之第五天,阴晴,工人四名,八时起,继续工作第二坑。(今用四人,因觉三人太少,五人太多。惟四人一人在坑上翻土,三人在坑内交换起土与掘地,最为适宜,故以后多用四人。)在坑之东边与第八坑交界(如图)深 1.32m 处,得一苍绿色破宋磁瓶口颈,及宋宣和钱、金正隆钱等。余全日所得多为新旧磁片, 及砖瓦片等。深至 1.96m 时,已见净黄土,遂止。时已下午四时二十分,遂改掘第三坑,至下午五时四十分收工,深 0.25m。

二月二十六日

是日为发掘后之第六天，阴晴，工人四名，八时起，继续工作第三坑。在坑之南部画出一区以作试探，深至 1.70m 即见净黄土，既无特别器物发现，而地层亦未见近人扰动情形，遂改掘第四坑。第四坑掘至深 0.27m 时，已发见砖层。（砖纯素。）砖层北部，大致整齐，未见扰动痕迹，余遂拟全坑停掘，另开新坑。至十一时三十分，适友人董先生（少洲）来，乃复与商量颜碑出土确实地点。先生人极诚实，此次发掘开始，帮忙至多，乃谓余"是宜在路北而不宜在路南！"（所谓路者，即今民厅二院东厢房至民厅正屋间之便道也。如图。）余意此次目的只在发掘颜碑下之藏石，而先生又为当时留意颜碑出土之人，遂决从其言。至十二时，即发掘路北第五坑。（如图。五、六两坑为 5.00m 见方。）至下午五时三十分收工，深 0.55m。所得惟枣树根两颗，及新旧碎磁片，砖瓦片而已。

二月二十七日

是日为发掘后之第七天，晴，工人四名，八时起，继续工作第五坑。至下午五时二十分收工，深 1.30m 所得无特别器物，惟坑之北部略见灰土及垃圾而已。

二月二十八日

是日为发掘后之第八天，晴，工人四名，八时起，继续工作第五坑，至上午十一时，深 2.13m 已见净黄土，遂改掘第六坑，至下午五时收工，最深处深 0.62m。

三月一日

是日为发掘后之第九天,晴,工人四名,八时起,继续工作第六坑,深至 1.70m 时已见净黄土,惟坑之南边尚多瓦砾砖块等,遂专挖南边一部,深至 2.15m 已见净黄土,遂止。(惟考第六坑地层,偏西多为死土,故由东向西分全坑为最深 2.09m、深 1.50m、次深 1.01m、浅 0.50m 四层挖之。如图。)是日下午三时三十分,董先生(即少洲)复约省府同事宋、张两先生同来,商看结果,谓"路(已见前。)北既无所得,不如回掘路南为是"。而张先生又谓余前所停掘之第四坑,地位较为近似。余遂续掘第四坑未完部份,至下午五时收工,深 0.82m。

三月二日

是日为发掘后之第十天,晴,工人四名,八时起,继续工作第四坑,惟向南边少砖层部份掘之。至上午十时二十分于南边下深 1.24m 处,得一残碑头。(案其制作,为唐代物。约居全碑头四分之一,图另详。凡以后所有器物图形及尺寸大小等,均另详之。)(标点:X=1.85m,Y=0,Z=1.34m。所量皆为器物中心点,以下仿此。)又偏南挖之,已出本坑范围以外,遂另开一坑为八坑也。(如图。第七坑完全未掘,如图。)至下午二时许,又得一残碑座,(标点:X=1.60m,Y=3.20m,Z=1.66m)至下午五时,又得一残碑头,(制作形状与上同,亦居全碑头四分之一。标点:X=1.34m,Y=2.32m,Z=2.20m)因时已晚,遂收工。是日第八坑所出器物复有宋元丰,元祐铜钱,及宋元明清磁片,(内有大明成化年制碗底一个。)及铁钉,碎铁器等。(是日非全坑平挖,故深度未量。)

三月三日

是日为发掘后之第十一天,晴,工人四名,八时起,继续工作第八坑,九时二十分,遂发现残碑一方,颜色青黑,背上面下,以手探之。知有刻纹,起视之,乃一唐代兴庆宫图,大明宫图同刻一石之残碑也。(大明宫图在上,仅存南边一小部份;兴典庆宫图在下,全。)遂请张孝侯先生为之照相、画图,余亦自摄一相。(照相等另详。至是碑旁之土层及碑之考证等,亦待另文述之。)碑高 0.78m 宽 0.655m 厚 0.27m 下午五时收工,将碑妥为掩护,惟坑之深度未量。(因可由张先生画图中知之。)

三月四日

是日为发掘后之第十二天,晴,工人四名,八时起,继续工作第八坑,复得一带花纹之残碑块。有"□学赵保和刻"字样。又于距兴庆宫碑东南 0.82m 深 2.82m 处得一带花纹之残碑边,(案花纹似亦为唐代物?)至下午五时半,又得一残碑座,(标点:X=3.37m,Y=1.25m,Z=2.58m。)合之二日所得之残碑座,适相合,(惟中间尚缺一小部份),知为一物之二体也。下午五时二十分收工,最深处 2.88m。

三月五日

是日为发掘后之第十三天,晴,工人四名,八时起,继续工作。惟为保留兴庆宫碑在坑内拓墨起见,故未起出。并为免除损伤及起土便利计,遂停是坑未完部份而改掘第九坑(坑东西宽 4.00m,南北长 5.00m)之南部。(因是坑之南地带,预计不再发掘,故由南而北挖之,工作上较为便利。如图。)惟是时欲得大明宫图全部之心颇切,且思唐有三大内,既得东内(大明宫)南内(兴庆宫)二图,理必有西内太极宫一图也。故于发掘之外，兼留心探访，至下午三时，遂与友人夏子欣先生发现太极宫图暨寺府坊市图（两图同刻一石。）于省城南门内之小湘子庙街。（是石原在道旁污泥中，当发见后，有吕姓者，谓系伊家藏之物，后经考古会交涉，遂送会内陈列。体积极小，仅一残石。）至是吾民族极盛时代之唐代三大内宫制，遂与吾人于今日考究上以极大之便利云。下午五时三十分收工，深 1.60m。

三月六日

是日为发掘后之第十四天，晴，工人四名，八时起，继续工作第九坑。至上午十时许，于坑之东边下深至 2.40m 时，发现一砖坡，自北而南渐渐倾下，至坑之南边又复隆起。坡为二砖侧立砌成，（砖之尺寸另详），全长 2.95m。坡东隔一泥道，（宽 0.46m，方向顺坡南北，惟有一支道向西复折而南。（图另详。）遂发现全体平铺砖层，较砖坡为低。砖有纯素者，有带花纹，字纹者。其花纹为直条纹，方格纹，稜形格子纹，手印纹等，字纹为"天下太平"，及篆隶印章纹等。案其制作，皆为唐物。（砖层砖坡，及砖之花纹尺寸等图，另详。）至是坑全日所得，此外尚有残陶器，红瓦胎陶器片，宋磁，及骨头，木炭，僵石灰，铜钱，铁钱，骨簪（残）等。土层中亦有煤渣（红色），石灰，炉灰等地层。当时观者，皆谓此坑为一墓子，余始亦疑之，及后清理既毕，乃知为一唐代之建筑地层也。至下午五时四十分收工，深 2.65m。是日上午友人陈子翼先生来，谈话间，复于坑之东边外，发现唐独孤氏墓志盖一方。后梁午峰先生来，复于院北空地（近东厢房阶下，）发现石刻宋文与可画竹残石一方。

三月七日

是日为发掘后之第十五天，晴，工人四名。八时起，继续工作第九坑。深至 2.74m 时，已全在唐砖层下，近坑之南边，乃发见黑白，花，各色之磁质圆片数十枚，（形之大小，似今之围棋，盖为小孩玩物。）又同时一地层中得唐开元钱二枚，余谓此等磁片盖即唐磁也。又于坑之南边下，深至 2.34m 时，出铁钱甚多，字及轮廓多朽腐不可辨，又有长圆形铁片等，亦不辨其为何物。余等搜掘之，始知钱之积聚点，分坑之东南角与西南角二处，中间略断，并非漫乱散弃者。（出钱处余摄有照相，将来与画图另详。）余初疑为唐钱，（因唐开元时亦有铁钱。）或宋钱不能决，及后得一宋绍圣铜钱于铁钱中及铁钱中文字之可辨者，（如熙宁，崇宁，大观等。）乃知为宋钱无疑也。其余所得，尚有帽花及骨器等。下午五时三十分收工，全坑深 2.76m。

（附）是坑得一大槐树根，其锯断面下留存之干部，高 0.15m，周 1.69m。其皮及根皆已朽腐，标点：X=1.1m，Y=2.38m，Z=0.77m，盖非近时物，且可证明是坑最近未经人扰动也。

三月八日

是日为发掘后之第十六天，晴，工人四名，八时起，继续工作第九坑，将坑外周围之积土完全翻去，坑边坑底全加以整理，至下午五时收工，出钱处，最深至 2.80m。所得器物，多为铁钱。

三月九日

是日为发掘后之第十七天，晴，工人四名，八时起，继续工作第九坑。将北边与第八坑之南边完全打通，时第九坑已全深至 2.93m，见净黄土，遂止。余与周先生清理两处铁钱，乃令工人将发掘以来各坑上之土堆及砖瓦片加以收拾。至下午五时收工。

三月十日

是日为发掘后之第十八天,因雨停工。

三月十一日

是日为发掘后之第十九天,阴晴,工人四名,八时起,继续工作第八坑之未完部份,至下午五时止。全坑深 2.74m,发见净黄土而止。是日兴庆宫碑已起至坑外。

三月十二日

是日为发掘后之第二十天,上午微雨,停工。正午十二时起,阴晴,工人四名,继续工作。惟时来参观者,多谓当时所见颜勤礼碑下之藏石,为一极大之残碑,碑字较颜碑稍小,其旁有碑头碑座等。与所发见之碑,完全不同。(即董少洲先生与宋先生亦早有此意。)又有年约四十许之刘姓拓字工人者,自谓彼乃为亲拓颜碑之一人,且见有六稜石柱(余疑即经幢?)及大石龟(疑即碑座?)乱石等,并指出颜碑之出土地点在第九坑之西面,言之至为确凿,余遂商之张委员长扶万先生,梁秘书午峰先生,乃于第九坑之西面再开一南北长 5.00m 东西宽 4.00m 之第十坑以为最后之追掘。至下午五时四十分收工,深 0.25m。

三月十三日

是日为发掘后之第二十一天,晴,工人六名,八时起,继续工作第十坑,至下午五时三十分收工,深 0.62m,终日所得惟砖块瓦片及新旧磁片而已。

三月十四日

是日为发掘后之第二十二天，晴。工人四名，八时起，继续工作第十坑，至下午五时二十分收工，深 1.00m。是日于坑之东边发现极薄之灰土层，西边发现砖层。全日所得器物除砖瓦片磁片等外，别无他物。

三月十五日

是日为发掘后之第二十三天，晴，工人四名，八时起，继续工作第十坑。因西边已见砖层，为未经近人扰动之证，遂将东边尽去，与第九坑连通，虽发见素砖及沙石多块，然未见残碑一片。至下午五时三十分收工，深 1.54m，全日所得器物为宋烧墨油大小磁碗各一个，惟皆被工人掘出，故未悉位置如何。且大者已被工人掷破，至为遗憾！

三月十六日

是日为发掘后之第二十四天，晴，工人四名，八时起，继续工作第十坑，于南边深 2.20m 时，出铁钱多枚，（是坑之南边与第九坑之南边，东西成一直线，如图。）形状颜色与第九坑所出全同，知亦为宋时物。及后得锈合一处之数铁钱判视之，果宋熙宁、崇宁、大观等铁钱也。及将积钱处周围清理一过，知其中心点适在南边中间，成一东西椭圆形之钱坑，（图另详。），最深处达 2.85m，而钱始尽。总计九、十，两坑所得铁钱，共为六洋蜡箱云。至下午三时，复于坑之东北角得一红瓦胎之小佛手，为六朝或唐代物。下午五时三十分收工，深度未量。

三月十七日

是日为发掘后之第二十五天，晴，工人四名，八时起，继续工作第十坑。因最深处至 2.95m，已见净黄土，遂命二工人至第四坑之东北角走道上，（走道即上所云之便道，）开一小坑为第十一坑，（如图。）再作试掘，以明其是否动土或死土。及深至 0.50m 时，虽略见灰土及瓦砾，然再掘至深 1.02m 时，则已见砖层及净黄土而止。惟得一石制残石碧，案其制作，则为清代物。第十坑亦于是日完全竣工，（全坑深至 2.95m，）卒不见残碑一片也。

三月十八日

是日为发掘后之第二十六天，晴，工人四名，八时起，即作填坑工作。至下午一时，复请张委员长扶万先生，寇委员胜浮先生，梁秘书午峰先生等到场参观，并于兴庆宫碑出土地点之旁余为摄一影以留纪念。至下午五时三十分收工。

三日十九日

是日为发掘后之第二十七天，晴，工人四名，八时起，继续各坑填平工作，至下六时，始将各坑填毕，并将全院打扫一过，复于发掘地域之四角上各于深 0.20m 处，埋藏一大方砖，于兴庆宫碑出土地点深 0.30m 处亦埋藏一长方青石。以便后人之从事追考焉。

总 结

自二月二十一日始发掘，至三月十九日工作完毕，所有发见器物，现皆分别陈列考古会内，容再研究。至所费人工，除雨雪停工外，凡二十三日半，共计发掘工九十六工，每工工资洋五角，（饭食在内）合计洋四十八元：惟因工人要求酒资，遂另酬二元，合给现洋五十元正。

附　记

骥此次承工作主任徐先生（旭生）之命，作此区区发掘工作，承同事张孝侯先生为画图照相，周隆季先生始终相助，特此志感！又当发掘时承陕省当局邵主席（力子）、杨主任（虎城）及耿秘书长（寿伯）胡（叔威）赵（友琴）诸厅长，以至各科长各主任，各友好，并全国经济委员会西北办事处刘主任（景山）及韩竹坪先生等，屡次参观指导，其提倡文化之热忱，尤可铭感，亦敬此志谢！

二十三年，五月二十二日，雨中，写于宝鸡县斗鸡台陈宝祠考古会临时办公处。

——原刊于《国立北平研究院院务汇报》第五卷第四期，1934年。

石刻唐太极宫暨府寺坊市残图大明宫残图兴庆宫图之研究

(一)叙言

民国二十三年二月五日，国立北平研究院与陕西省政府合组陕西考古会第一次会议，议决委员兼工作主任徐旭生先生所提议之颜勤礼碑下藏石之发掘。后徐先生因事返平，遂嘱骥于寒假内抽暇办理此事。惟颜勤礼碑出土于民国十一年，迄今虽仅十二载，而地点已人各异说。骥于徐先生指定地点(一、今陕西省政府马号；二、今陕西民政厅二门内院中。)以外，又采询当时留心颜碑出土事件之诸先生(如省府秘书景莘农先生，与第四课董少洲先生等。)及参酌己意，遂决定先发掘民政厅二院，次发掘省政府马号。乃于二月二十一日开工，至三月十九日竣工，共开四·〇〇公尺①见方者四坑，五·〇〇公尺见方者两坑，长五·〇〇公尺，宽四·〇〇公尺者两坑，长三.三五公尺，宽三·〇〇公尺者一坑，发掘一部而又中止者一坑，原拟发掘而卒未动工者一坑，凡十一坑。发掘至三月三日上午于第八坑内深二.五二公尺之土层中，(此为最深处。)得唐大明、兴庆两宫图合刻之残碑一方。《大明宫图》在上，仅存南边丹凤、望仙、建福等门之一部份。《兴庆宫

①　(文中"四·〇〇"公尺今为4.00米，后同。——编者按)

图》在下,幸尚完整无缺。碑高〇·七八公尺,宽〇·六五五公尺,厚〇·二七公尺。石色青黑。出土时,背上面下,平置土中,然亦稍形倾斜。至三月五日,因采询探访之故,复于省城南门内小湘子庙街,发现石刻太极宫暨府寺坊市残图》(此用考古会委员长张扶万先生所定之名。张先生曾撰《唐大明兴庆两宫图残石跋文》,及《唐太极宫图残石跋文》,俱登载于本院五卷四期院务汇报报告内。)于道旁之污泥中。体积甚小,字迹亦因行旅往来残踏之故,漫漶颇甚。当发见时,有吕姓者,谓系伊家世藏之物而误弃途中者。后经考古会交涉,遂允送赠考古会陈列研究。今兹三宫图残碑,与其他发掘所得古物,(详见本院五卷四期院务汇报报告书中。)皆陈列于陕西考古会内。惟省政府马号一处,卒因时间匆促,未及发掘焉。兹将太极、大明、兴庆三宫图石刻,与历来记载唐宫城制度之书籍,(此限于余所知者。)加以比较推考,略作研究云。

(二)唐西京之沿革

唐之西京,今之长安,隋之新都也。(隋开皇二年筑。周汉虽都长安,但都城皆与隋唐略异。)初曰京城,天宝元年曰西京,至德二载曰中京,上元二年复曰西京,次年曰上都。《新唐书·地理志》云:"上都初曰京城,天宝元年曰西京,至德二载曰中京,上元二年复曰西京,肃宗元年曰上都。"

兹姑就西京宫城与石刻有关之各问题讨究之如左:

(三)西京宫城之略说

(此宫城泛指京城宫殿而言,亦有专指太极宫言者。请读者随文定义可也。)

唐之都城,分三大内:太极宫曰西内,大明宫曰东内,兴庆宫曰南内。然大明宫亦有北内之称。《通鉴·肃宗纪》云:"至德元载,……是日上移仗北内。"胡三省注云:"唐都长安,以太极宫为西内,大明宫为东内,兴庆宫为南内。北内当在玄武门内,又以地望言之,则自兴庆宫移仗归大明宫,兴庆宫在南,大明宫在北,故亦谓大明宫为北内。"

太极宫本隋大兴宫,为唐高祖武德元年所改建。大明宫在太极宫之东北,唐太宗贞观九年已名大明,至高宗龙朔二年,始重建此宫。兴庆宫在都城之东南,唐玄宗开元二年始建宫,至十四年取永嘉、胜业两坊之半增广之以置朝。

兹附《雍录·五代都雍总图》《唐两京城坊考·西京外郭城图》二图,以明其位置如左:

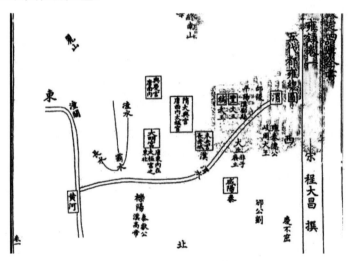

图1 五代都雍总图①

① ([宋]程大昌撰:《雍录》卷一,景印《文渊阁四库全书》第五八七册,(台湾)商务印书馆,1986年版,第250页。——编者按。说明:原文图片无序号、无图名,个别图版模糊。为了便于阅读与编辑,编者补加序号、图名。对于模糊图片则找出较为清晰的图片予以替换,图片信息置于圆括号内,以编者按形式出注。)

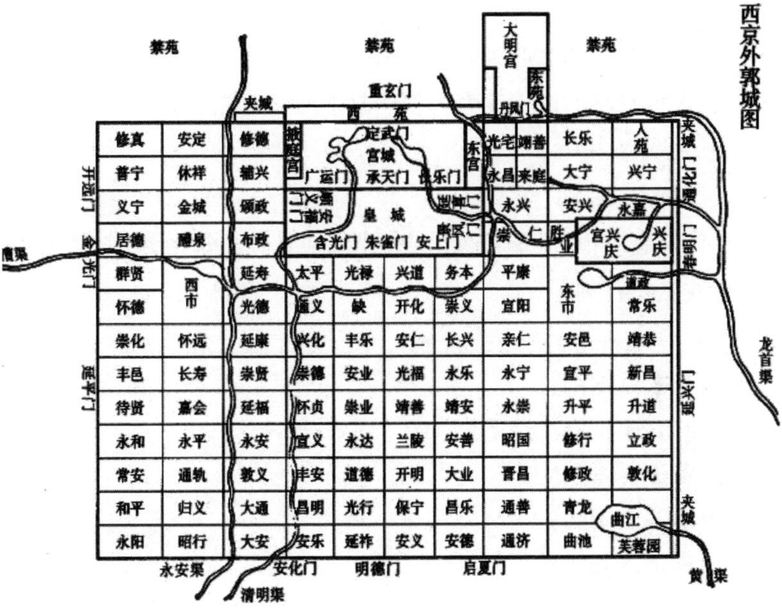

禁苑　　　　　禁苑　　　　　禁苑　　　　　　　　西京外郭城图

大明宫　　医院

重玄门　　丹凤门

西京

夹城

修真	安定	修德	掖庭宫	定武		东宫	光宅	翔善	长乐	入苑
普宁	休祥	辅兴	广运门	承天门	长乐门	永昌	来廷	大宁	兴宁
义宁	金城	颁政	太庙	皇城		永兴	安兴		
居德	醴泉	布政	含光门 朱雀门 安上门		景风门	宫兴庆	兴庆		
群贤	延寿	太平	光禄	兴道	务本	平康		道政	
怀德	西市 光德	通义	颁	开化	崇义	宜阳	东市	常乐	
崇化	怀远	延康	兴化	丰乐	安仁	长兴	亲仁	安邑	靖恭
丰邑	长寿	崇贤	崇业	安业	光福	永乐	永宁	宜平	新昌
待贤	嘉会	延福	怀贞	崇业	靖善	靖安	永崇	升平	升道
永和	永平	永安	宜义	永达	兰陵	安善	昭国	修行	立政
常安	通轨	敦义	丰安	道德	开明	大业	晋昌	修政	敦化
和平	归义	大通	昌明	光行	保宁	昌乐	通善	青龙	
永阳	昭行	大安	安乐	延祚	安义	安德	通济	曲池	曲江 芙蓉园

开远门　　金光门　　延平门

鹰　　　　　　　　　　　　　　夹城　　　龙首渠

永安渠　　安化门　　明德门　　启夏门　　　黄渠
清明渠

图 2　西京城郭图①

(四)《西京宫城图》之种类

（1）

《阁本太极宫图》

《阁本大明宫图》

《阁本兴庆宫图》

右原图如何,今皆不见,疑与此次在陕西长安城内所发见之石刻图无大异同。

---

①　（[清]徐松撰,李建超增订:《增订唐两京城坊考》(修订版),三秦出版社,2006 年,第 17 页。——编者按）

（2）

吕大防《长安图》（此为赵书原名。）

又《太极宫图》（以下三者为骥据赵书文义定之。）

又《大明宫图》

又《兴庆宫图》

右见宋赵彦卫《云麓漫抄》，今图皆不见，但疑即此次在陕西长安城内所发见之石刻图

（3）

《唐长安京城图》

吕大防《唐长安京城图》

又《唐太极宫图》

又《唐大明宫图》

又《唐兴庆宫图》

又三宫合为一图

右见宋郑樵《通志·图谱略》记有，今图皆不见，疑即同书《艺文略》都城宫苑之唐太极大明兴庆三宫图一卷，长安京城图一卷也。至吕氏所作之图，疑即赵彦卫《云麓漫抄》所云之图。（《通志》于太极、大明、兴庆三宫分图，未明言为吕氏作，余疑即吕氏作者。）

（4）

程大昌据《六典》所为《大明宫图》

程大昌所录《阁本大明宫图》

又《阁本太极宫图》

又《阁本兴庆宫图》

右见宋程大昌《雍录》。

（5）

李好文《唐宫城坊市总图》（现存目而图不见。）

又《唐大明宫图》

又《唐宫图》(李又名《唐宫城图》,案即《太极宫图》。)

又《唐皇城图》(现存目而图不见。)

又《唐京城坊市图》(现存目而图不见。)

又《唐城市制度图》

右见元李好文(即河滨渔者)《长安志图》,今附于宋敏求《长安志》后。此图虽多据吕(大防)图碑本,但已为雷德元、完颜椿及李氏改订校补之本,故不得全认为吕氏之旧。

(6)

《永乐大典》所录《阁本太极宫图》

又《阁本大明宫图》

右清徐松从《永乐大典》摹出,附于《元河南志》抄本之后,今原本存否不可知,缪荃孙有重抄本,今存北平图书馆。

《永乐大典》所录《阁本兴庆宫图》

右见《唐两京城坊考》卷一注。

(7)

徐松《西京外郭城图》

又《西京宫城图》(案即《太极宫图》)

又《西京皇城图》

又《西京大明宫图》

又《西京兴庆宫图》

右见清徐松《唐两京城坊考》。

(8)

《唐西内图》

《唐东内图》

《唐南内图》

右见清刘于义等修《陕西通志》。

（9）

《唐西内图》

《唐东内图》（与《陕西通志》图同，从略。）

《唐南内图》（与《陕西通志》图同，从略。）

右见清毕沅《关中胜迹图志》。

（10）

董曾臣《唐城图》（案即《外郭城图》《京城总图》。）

又《唐宫城图》（案即《太极宫图》。）

又《唐皇城图》

右见清董曾臣《长安县志》。

（11）

陆耀遹、董祐诚《唐京城总图》

又《唐西内太极宫图》

又《唐东宫图》

又《唐东内大明宫图》

又《南内兴庆宫图》

又《唐皇城图》

又《唐皇城南朱雀街东诸坊图》

又《唐皇城东诸坊图》

又《唐皇城东南诸坊图》

右见清陆耀遹、董祐诚《咸宁县志》。案董祐诚即董曾臣。《咸宁县志》虽与其师陆氏同修，但陆氏未闻谙数理，故其图亦当与《长安县志》同出董氏一人之手。今分列于此，因二书略有不同也。

（12）

《石刻太极宫暨府寺坊市残图》（此用张扶万先生所定之名，已见上述。）

《石刻大明宫残图》

《石刻兴庆宫图》

右大明、兴庆，二宫图，同刻一石。民国二十三年三月三日在陕西长安民政厅二院内发掘所得。《太极宫残图》，三月五日在长安城南门内小湘子庙街所发见。（详已见前。）

凡与唐代西京宫城有关而较重要之图，已如上述，虽存否不一，而类别已可概知。然尤以诸书所载之《太极宫图》《大明宫图》《兴庆宫图》，为今日研究石刻图之重要材料也。案太极大明二宫图，则右列诸书，皆已明载；惟《兴庆宫图》，独不见于元李好文《长安志图》与徐星伯(松)所摹《永乐大典》阁本图(虽见于《城坊考》注中，但不见于正文。)为可惜耳。

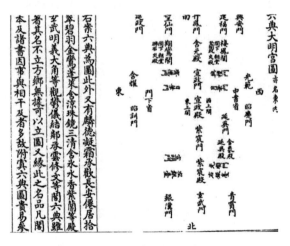

图 3　六典大明宫图①

---

① （[宋]程大昌撰：《雍录》卷三，景印《文渊阁四库全书》第五八七册，(台湾)商务印书馆，1986年，第289页。——编者按）

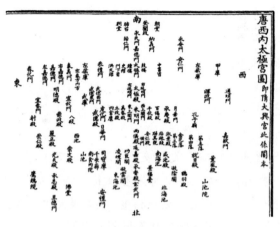

图 4　阁本唐西内太极宫图①

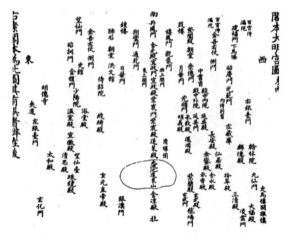

图 5　阁本大明宫图②

---

　　①　（[宋]程大昌撰：《雍录》卷三,景印《文渊阁四库全书》第五八七册,（台湾)商务印书馆,1986 年,第 284 页。——编者按）

　　②　（[宋]程大昌撰：《雍录》卷三,景印《文渊阁四库全书》第五八七册,（台湾)商务印书馆,1986 年,第 282 页。——编者按）

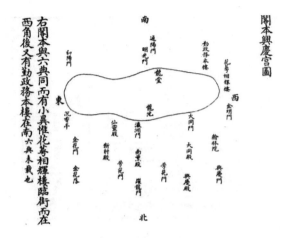

图 6　阁本兴庆宫图[①]

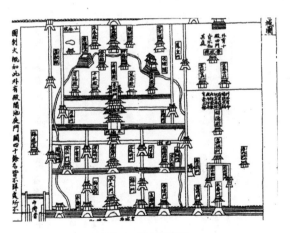

图 7　唐宫城图[②]

---

①　（[宋]程大昌撰：《雍录》卷四，景印《文渊阁四库全书》第五八七册，（台湾）商务印书馆，1986 年，第 309 页。——编者按）

②　（刘家信：《隋唐第一宫殿图—太极宫图》，《中国测绘》2017 年第 2 期。——编者按）

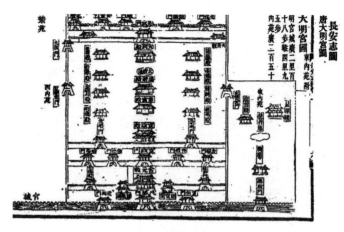

图 8　唐大明宫图

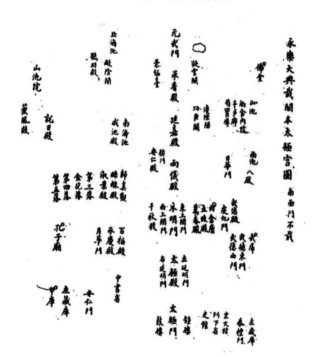

图 9　阁本太极宫图

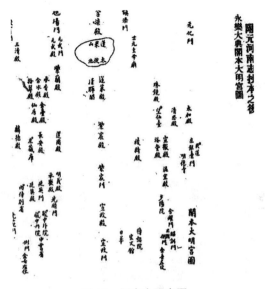

图 10　阁本大明宫图

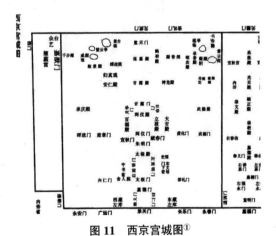

图 11　西京宫城图①

---

① （[清]徐松撰，李建超增订：《增订唐两京城坊考》（修订版），三秦出版社，2006年，第19页。——编者按）

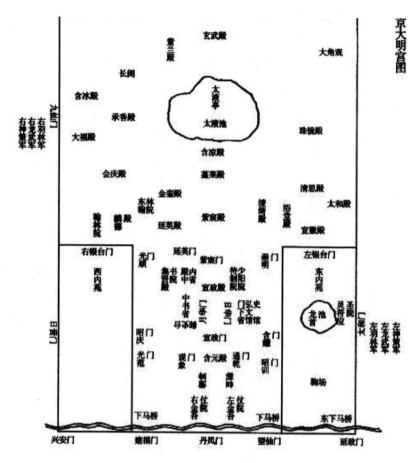

图 12　西京大明宫图①

<hr />

① （[清]徐松撰,李建超增订:《增订唐两京城坊考》(修订版),三秦出版
社,2006 年,第 21 页。——编者按）

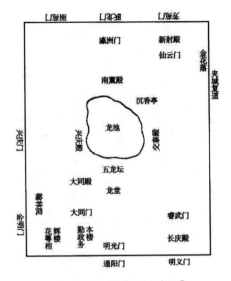

图 13　西京兴庆宫图①

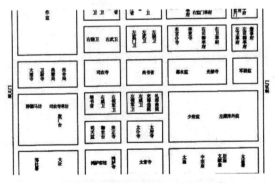

《唐两京城坊考》西京兴庆宫图②

---

① （[清]徐松撰,李建超增订:《增订唐两京城坊考》(修订版),三秦出版社,2006 年,第 22 页。——编者按）

② （[清]徐松撰,李建超增订:《增订唐两京城坊考》(修订版),三秦出版社,2006 年,第 20 页。——编者按）

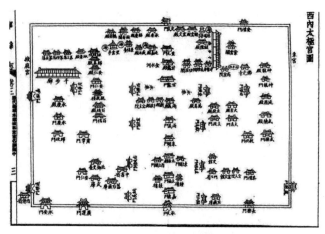

图15　唐西内太极宫图①

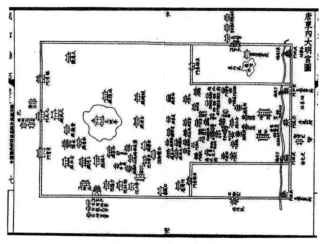

图16　唐东内大明宫图(原图)②

①　(〔清〕高廷法修,〔清〕陆耀遹等纂:《咸宁县志》卷三《历代疆域水道城郭宫室名胜图中》,成文出版社,1969年,第188—189页。——编者按)

②　(〔清〕高廷法修,〔清〕陆耀遹等纂:《咸宁县志》卷三《历代疆域水道城郭宫室名胜图中》,成文出版社,1969年,第196—197页。——编者按)

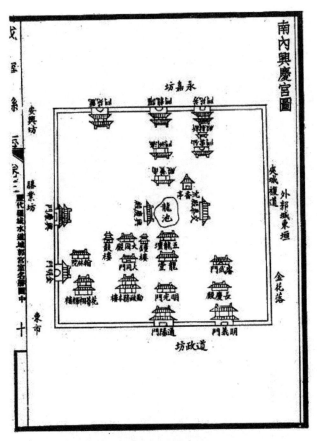

图17　唐南内兴庆宫图①

①　（[清]高廷法修，[清]陆耀遹等纂：《咸宁县志》卷三《历代疆域水道城郭宫室名胜图中》，成文出版社，1969年，第203页。——编者按）

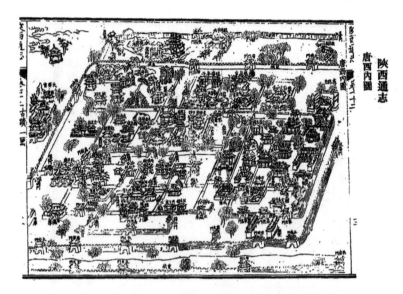

图18 《陕西通志》唐西内图(原图)

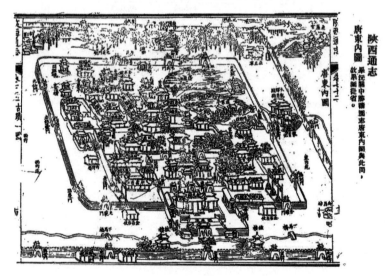

图19 《陕西通志》唐东内图(原图)

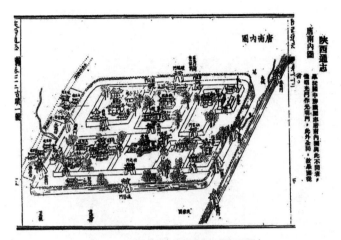

图 20 《陕西通志》唐南内图(原图)

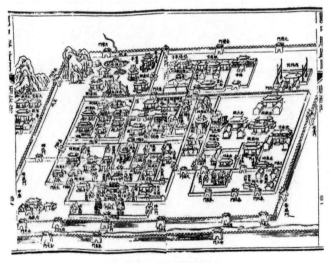

图 21 唐西内图①

---

① （[清]毕沅修撰:《关中胜迹图志》第一册,国家图书馆出版社,2013 年,第 27—28 页。——编者按）

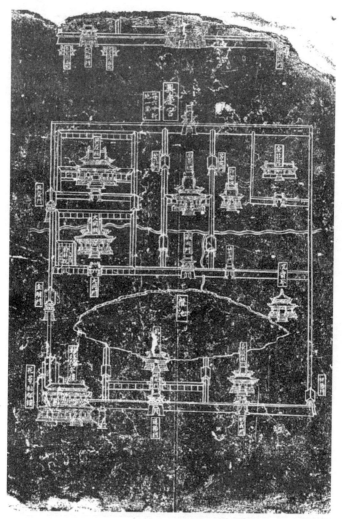

图 22 《唐大明兴庆两宫图》残石①

---

① （席会东：《宋代地图中的三座城》，《资源导刊（信息化测绘版）》2021 年第 3 期。——编者按）

太极宫图(北宋·元丰)

图 23 《唐太极宫图》残石①

(五)石刻与现存图书之比较(凡石刻无者皆不加讨论)

(1)《石刻太极宫暨府寺坊市残图》

太极宫之概略:太极宫一名宫城,亦名西内,又名大内。《六典》(卷七)云:"宫城在皇城之北。"《新唐书·地理志》注云:"皇城……宫城在北,长千四百四十步,广九百六十步,周四千八百六十步,其崇三丈有半。"《云麓漫抄》(卷二)云:"太极宫城广四里,纵二百四十步,周

---

① (刘家信:《隋唐第一宫殿图—太极宫图》,《中国测绘》2017 年第 2 期。——编者按)

十三里一百八十步,高三丈五尺。"《长安志》(卷六)云:"宫城东西四里,南北二里二百七十步,周一十三里一百八十步,崇三丈五尺。南即皇城,北抵苑,东即东宫,西有掖庭宫。"《雍录》(卷三)云:"景云元年,以京大内为太极宫,宫城在皇城之北,后又即东北建大明宫,而此宫遂名西内。"《长安志图》(卷上)广袤与《长安志》同,惟云"掖庭宫广一里"而已。《唐两京城坊考》(卷一)亦与《长安志》同,惟"南北二里二百七十步"下注云:"按'七十'吕大临《长安图》作'四十'。"《咸宁县志》(卷三)注亦与《长安志》同。今案《石刻太极宫暨府寺坊市图》,因大部残缺,广袤尺寸,有否说明已不可知。而宫城(即太极宫,已见上。)东北两方,亦因残缺而不悉其地址若何。至南即皇城,西有掖庭宫,则诸书与石刻全合。

(附)以下凡引书卷次相同者不再注

承天门、永安门、广运门:《六典》云:"宫城……南面三门,中曰承天,东曰长乐,西曰永安。"又注云:"承天门之东曰长乐门,……承天门之西曰广运门、永安门。"《长安志》云:"西内,正殿南承天门,门东曰长乐门,次东曰广运门……承天门之西曰永安门。"《雍录》所录《阁本太极宫图》,承天门之东无长乐、广运两门,西则有永安门而无广运门。(惟永安门北移而与嘉德门、纳义门齐。)《永乐大典·阁本太极宫图》,宫城南面三门皆不载。李好文《长安志图》,承天门之东亦为长乐门,又东为广运门,而西则有永庆门,而无永安门。《两京城坊考》云:"承天门东长乐门,……承天门西广运门,长乐门东永春门,广运门西永安门。"《陕西通志》及《关中胜迹图志》与此同。长安(《宫室志》在卷二十,《图》在卷三)、咸宁两《县志》则皆用《六典》注,谓承天门之东为长乐门,承天门之西为广运门,又西为永安门。今案石刻则宫城南面之正门为承天门,门东各门,则因残缺不见,而西边各门则有永安门而无广运门。

太极殿、朱明门、两仪殿、嘉德门：《六典》云："宫城……南面三门，中曰承天，……其北曰太极门，其内曰太极殿，……次北曰朱明门……又北曰两仪门，其内曰两仪殿，……"《长安志》云："当承天门内，北曰太极门，其内正殿曰太极殿，……太极门外，承天门之内曰嘉德门，……太极殿北曰朱明门，……其内曰两仪殿，在太极殿后。……"《雍录》所录《阁本太极宫图》所载太极门外承天门内有嘉德门，与《六典》异，而与《长安志》同。至太极殿北有朱明门，则与《六典》《长安志》全同。而朱明门内为两仪殿则又与《六典》异与《长安志》同。李好文《长安志图》与《长安志》同。《永乐大典·阁本太极宫图》，太极门内为太极殿，又北为朱明门，又北为两仪殿……。"《两京城坊考》云："太极殿……正门曰嘉德门，殿门曰太极门，……太极殿北曰朱明门，……朱明门北为两仪殿。……"长安、咸宁两《县志》，则皆参用《六典》《长安志》之说而损益为之。今案石刻则两仪殿以北，已残缺不见。自两仪殿以南至承天门，除太极门外，余皆与《长安志》《雍录·阁本图》，《长安志图》《两京城坊考》《陕西通志》，长安、咸宁《两县志》等同。又石刻有嘉德门与《六典》《大典·阁本》图异。《陕西通志》与《长安志》等同，《关中胜迹图志》则无朱明门也。

安仁门：《六典》"北曰两仪门，其内曰两仪殿"下注云："承天门之西曰广运门、永安门，北入安仁门。"《长安志》"承天门之西曰永安门"下注云："北入安仁门。"《雍录》所录《阁本太极宫图》与此同。李氏《长安志图》则承天门之西为永庆门，西北则为安仁门。《永乐大典·阁本太极宫图》，南面虽不载三门，然西亦有安仁门。《两京城坊考》云："太极殿……正门曰嘉德门……嘉德之两廊……西为纳义门，又西安仁门，"（注云："安一作兴。"）则安仁门固亦在西。惟注云，"南直广运门，"则位置似不在永安门之正北也。长安、咸宁两《县志》则与《两京城坊考》注全同。《陕西通志》则在广运门之正北，《关中胜迹图志》则无。今案石刻则永安门之正北为安仁门。

通明门、嘉猷门：通明门《六典》不载。嘉猷门虽见于注，然不明位置若何。《长安志》云："西面二门，南曰通明门，北曰嘉猷门。"《雍录》所录《阁本图》，李好文《长安志图》《两京城坊考》，长安、咸宁两《县志》，则皆与《长安志》同。而《大典·阁本图》，《关中胜迹图志》《陕西通志》，则仅一嘉猷门而无通明门也。今案石刻与《长安志》《雍录·阁本图》等同，与《大典·阁本图》，《陕西通志》《关中胜迹图志》异。

万春殿、千秋殿：《六典》云："两仪殿之东曰万春殿，西曰千秋殿。"《长安志》云："两仪殿在太极殿后，……其西万春殿、新殿、千秋殿。"《雍录·阁本太极宫图》《长安志图》《大典·阁本太极宫图》，位置则皆偏于南而近于朱明门之东西两旁也。《两京城坊考》无此。《长安县志》则注与《六典》合，而图则千秋殿乃位于两仪门之西。《陕西通志》《咸宁县志》则与《六典》合。《关中胜迹图志》则无。今案石刻，两仪殿之西有千秋殿而无万春殿，其东则因残缺而不得见。

百福殿、承庆殿：《六典》云："两仪殿之左曰献春门，右曰宜秋门。宜秋之右曰百福门，其内曰百福殿。百福殿之西曰承庆门，内曰承庆殿。"《长安志》云："两仪殿在太极殿后，……左有献春门，右有宜秋门、百福门，门内曰百福殿，……承庆门内曰立政殿。（案毕沅云："承庆门内曰承庆殿。"是。）《雍录·阁本太极宫图》，两仪殿之左无献春门，右亦无宜秋门，余皆略同于《六典》《长安志》所云。（然皆在朱明门之西而不在两仪殿之西。）《长安志图》，两仪殿之左右亦无献春、宜秋二门，惟有一百福殿在千秋殿之西。（亦即在朱明门之西。）《大典·阁本太极宫图》，两仪殿之左右亦无献春、宜秋之门，惟有百福殿在千秋殿之西南，（亦即在朱明门之西南。）承庆殿在百福殿之西而已。《两京城坊考》云："……朱明门，门亦有东西上阁门，……阁门之东，……阁门之西曰千秋殿，又西曰百福殿，又西曰承庆殿。"（案其图与此略异。）是与《雍录·阁本图》，《长安志图》《大典·阁本图》，大致相同也。
至《陕西通志》，长安、咸宁两《县志》，则全与《六典》《长安志》同。而
《关中胜迹图志》略异。今案石刻两仪殿之东，已残缺不完，而西则为
千秋殿，（案宜秋门即千秋殿之门。）又西为百福殿，又西为承庆殿。

安仁殿：《六典》云："两仪殿之北曰甘露门，其内曰甘露殿，左
曰……，右曰安仁门，其内曰安仁殿。"《长安志》云："右曰安仁门，内
有安仁殿，在甘露殿西。"《雍录·阁本太极宫图》，则安仁殿在两仪殿
之西。《长安志图》则在甘极、两仪二殿之间之西。《大典·阁本太极宫
图》，则在两仪殿之西。《两京城坊考》则云："甘露之左曰神龙殿，右曰
安仁殿，"《陕西通志》《关中胜迹图志》，长安、咸宁两《县志》，与之同。
今案石刻，两仪殿北之为何殿，虽因残缺不可得知，而安仁殿确在其
西，而不在两仪殿之西，则甚明也。

月华门：月华门《六典》不载。《长安志》云："甘露门内曰甘露殿，
在两仪殿之北。殿门外有东西永巷，东出，……西出横门，又西有月华
门。"《雍录·阁本太极宫图》，在朱明门之西。（亦即承庆殿之西。）《长
安志图》则月华门在太极殿之西，《大典·阁本太极宫图》则在朱明门、
太极殿之间之西，（亦即承庆殿之西。）《两京城坊考》《陕西通志》《关
中胜迹图志》，长、咸两《县志》则与《长安志》同。今案石刻则月华门在
两仪殿之北之某殿或某门（因残缺不见）之西南。（亦即淑景殿之西
南。）

右延明门：此门亦不见于《六典》。《长安志》云："北曰太极门，其
内正殿曰太极殿。……东廊有左延明门，西廊有右延明门。"《雍录·阁
本太极宫图》《大典·阁本太极宫图》《两京城坊考》《陕西通志》《关中
胜迹图志》，长、咸两《县志》皆同。惟《长安志图》则右延明门在嘉德门
之右。今案石刻则右延明门确在太极殿之西，是《阁本图》，《长安志》
诸书皆同，惟《长安志图》独异耳。

纳义门：此门亦不见于《六典》。《长安志》云："太极门外承天门之内曰嘉德门，东廊有归仁门，西廊有纳义门。"《雍录·阁本太极宫图》同。《长安志图》则纳仪门在承天门、嘉德门之间之西。《大典·阁本太极宫图》则未载此门。《两京城坊考》云："嘉德门之两廊，东为……，西为纳义门。"《陕西通志》《关中胜迹图志》，长、咸两《县志》亦与此同。今案石刻，上列诸书，惟《长安志图》为不同而已。

中书省：《六典》不载。《长安志》云："中书省左、右延明门西南。"……（左字疑为在字之误？）《雍录·阁本太极宫图》，中书省在右延明门之西南。《长安志图》，中书省在右延明门西。《大典·阁本太极宫图》，中书省在右延明门之西南。《两京城坊考》中书省在右延明门之西。长、咸两《县志》，亦在右延明门之西南。惟《关中胜迹图志》则在右延明门之西北。今案石刻中书省在右延明门之西而稍偏南。

淑景殿：《六典》不载。《长安志》云："归真观在安仁殿后，观后有丝绤院，院西有淑景殿。"《雍录·阁本太极宫图》，淑景殿在丝绤殿之西，亦即在安仁殿之西。《长安志图》不载。《大典·阁本太极宫图》与《雍录·阁本图》同，但位置实皆在安仁殿之西南。《两京城坊考》与《长安志》同，长、咸两《县志》亦同。《陕西通志》《关中胜迹图志》，则皆在安仁殿之西而偏北。（至丝绤与绤丝当为名称之略异。）今案石刻虽不见丝绤院（或殿，）而淑景殿总位于安仁殿之西，则《雍录·阁本图》与之相合也。

咸池殿：《六典》不载。《长安志》云："延嘉殿在甘露殿近北，殿南……，殿西有咸池殿。"《雍录·阁本太极宫图》，咸池殿在景福台西南，亦即在南海池之西。（南海池在延嘉殿之西。）《长安志图》不载。《大典·阁本太极宫图》与《雍录·阁本图》相合，惟距景福台更偏于西南也。《两京城坊考》，长、咸两《县志》则与《长安志》全合。《陕西通志》，与《关中胜迹图志》，与《雍录·阁本图》合，惟无景福台也。今案石刻延嘉殿因残缺不知,而咸池殿之在景福台之西则甚明。

景福台:《六典》不载。《长安志》云:"延嘉西北,有景福台。"《雍录·阁本太极宫图》虽与《长安志》所云同,但亦在安仁殿之北。《长安志图》景福台在安仁殿之西。《大典·阁本太极宫图》与《长安志》《雍录·阁木图》《两京城坊考》同。《陕西通志》《关中胜迹图志》,则在重元门之北。长、咸两《县志》则延嘉殿在重元门之西,咸池殿在延嘉殿之西,景福台又在咸池殿之西。今案石刻景福台以东因残缺不知,只知在咸池殿之东安仁殿之北而已。

山池院:《六典》与《长安志》不载。《雍录·阁本太极宫图》《长安志图》《大典·阁本太极宫图》,山池院皆在宫城之西北隅。《两京城坊考》云:"城之西北隅,有山池院,"但其《西京宫城图》不载。《陕西通志》亦在城之西北隅。《关中胜迹图志》则无。长、咸两《县志》则图志皆未言及。今案石刻所存,则山池院(山字已灭,池字存半。)固在宫城之西北隅,但未知石刻未毁时,位置是否即为西北耳。

(附)右为石刻所存宫城内之部份。

掖庭宫:《六典》不载。《长安志》云:"宫城……东即东宫,西有掖庭宫。)《雍录·阁本太极宫图》《大典·阁本太极宫图》,皆不载掖庭宫。《长安志图》《两京城坊考》,宫城西亦为掖庭宫。(《长安志图》毕沅校刻本,掖误作梅。)《陕西通志》《关中胜迹图志》皆位于宫城之北。长、咸两《县志》,则皆注其名而略其图。今案石刻掖庭宫在宫城之西。

(附)右为石刻所存掖庭宫之部份

安福门:《六典》云:"皇城在京城之中,(案皇城东西五里一百一十五步,南北三里一百四十步,周十七里一百五十步。而《新唐书·志》则云,'皇城长一千九百一十五步,广一千二百步。')西面二门,北曰安福,南曰顺义。"《云麓漫抄》亦云:"东西各二门,"《长安志》(卷七)、《两京城坊考》,长、咸两《县志》皆同。《陕西通志》《关中胜迹图志》则顺义门之北有安神门而无安福门。今案石刻仅存皇城西面偏北之安福一门,余皆已残缺无存。

内侍省:《六典》云:"皇城在京城之中,……百僚廨署列乎其间,凡省六。"又注云:"六省谓……内侍省。"惟不详其位置所在。《长安志》(卷七)云:"掖庭西南、安福门内、大横街北,有内侍省。"《长安志图》《两京城坊考》,长安咸、宁两《县志》及石刻皆与此同。《陕西通志》《关中胜迹图志》则皆在掖庭宫内。

中书外省、四方馆、右千牛卫、右监门卫、右卫:以上虽间见于《六典》注中,然皆略而不详。(如名称既不全,位置亦不明,故以后述皇城中廨署之制,《六典》注语皆省略不复举。)《长安志》云:"承天门街之西,宫城之南,第二横街之北,从东,第一中书外省,次西四方馆,次西右千牛卫,次西右监门卫,次西右卫,卫西含光门街,横街抵此而绝。"《两京城坊考》,长、咸两《县志》之《皇城图》同。石刻亦同。

右武卫、右骁卫、将作监:《长安志》云:"承天门街之西,第三横街之北,从东,第一右武卫,次西右骁卫,次西含光门街,街西将作监。"《两京城坊考》,长、咸两《县志》之《皇城图》同。石刻亦同。

司农寺、尚舍局、尚辇局、卫尉寺、大理寺:《长安志》云:"承天门街之西,第四横街之北,从东,第一司农寺,寺西含光门街,街西第一尚书局,(案尚书当为尚舍之误。《通鉴·玄宗纪》胡三省注,有尚舍,尚辇等六局。石刻与《两京城坊考》等亦作尚舍。当是。)次西尚辇局,次西卫尉寺,次西大理寺,寺西有南北街。"(原注云:"街西即皇城西面顺义门之北。")《两京城坊考》,长、咸两《县志》之《皇城图》同。石刻亦同。

右领军卫、右威卫、秘书省:《长安志》云:"承天门街之西,第五横街之北,从东,第一右领军卫,次西右威卫,次西秘书省,省西含光门街,横街抵此而绝。"《两京城坊考》,长、咸两《县志》之《皇城图》同,石刻亦同。至承天门街之西,第六横街之北,所有廨署,则因石刻已残,不可复考。

门下外省:《长安志》云:"承天门街之东,宫城之南,第二横街之北,从西,第一门下外省,次东殿中省。……"《两京城坊考》,长、咸两《县志》之《皇城图》同,石刻亦同。惟石刻自门下外省以东,已残缺无存。

左监门卫、左武卫:《长安志》云:"承天门街之东,第三横街之北,从西,第一左监门卫,次东左武卫。……"《两京城坊考》,长、咸两《县志》之《皇城图》同,石刻亦同。惟石刻自左武卫以东,已残缺不可复知。

尚书省:《长安志》云:"承天门街之东,宫城之南,第四横街之北,从西,第一尚书省。……"《两京城坊考》,长、咸两《县志》之《皇城图》同,石刻亦同。惟石刻自尚书省以东,已残缺不可复知。

左领军卫、左威卫、吏部选院:《长安志》云:"承天门街之东。第五横街之北,从西,第一左领军卫,次东左威卫,次东吏部选院,次东……。"《两京城坊考》,长、咸两《县志》之《皇城图》同,石刻亦同。惟石刻自吏部选院以东,已残缺不可复知。

太仆寺、乘黄署:《长安志》云:"承天门街之东,第六横街之北,从西,第一太仆寺。"又注云:"寺西北隅,乘黄署。"今案石刻确有乘黄署,惟位置似在太仆寺之西。(太仆寺字已残缺不见。)而《两京城坊考》,长、咸两《县志》,则皆无乘黄署之一名矣。

(附)右为石刻所存皇城内之廨署部份。又石刻各廨署之名,虽字迹漫漶颇甚,然谛审之,皆隐约可认,读者以石刻拓本,与记载诸书,互校之,可自明也。

太仓:石刻列太仓于掖庭宫之北,《六典》《雍录·阁本太极宫图》《长安志》等皆无明确之记载。《长安志图》之《唐宫城图》,亦不载太仓。盖太仓为国家储粟之所,面积甚大,如《新唐书·玄宗纪》,开元二十一年出太仓粟二百万石以赈灾黎,天宝十三年出太仓粟一百万石以济贫民,其储量之大可知。又为漕运便利之故,地位亦当远在禁苑北部与渭水相接,距宫城必远。今石刻图乃列之掖庭之北,甚非所宜(又案吕图似将掖庭宫缩小,亦非所宜。)故李好文《长安志图》(卷中)曾驳之云:"宫城西偏附城有小城垣,即掖庭宫也。今见其处,止可容置一宫,而图乃以太仓杂处其中,大非所宜。"故李氏于《唐宫城图》中去之,是也。然观《长安志图》之《汉故长安城图》,于霸城门(原注云,"亦曰青门。")东南面列有太仓,复以此图与唐禁苑图中之青门、重元门、元武门等彼此间之距离衡之,则太仓之位置实去掖庭之北不远。然则石刻之列太仓于掖庭之北,理由已可得而言:案《云麓漫抄》云:"《长安图》元丰三年五月五日……汲郡吕公大防命……吕大临检定,其法以隋都成大明宫,并以二寸折一里,城外取容,不用折法,大率以旧图及韦述《西京记》为本,参以诸书及遗迹考定。……"今禁苑东距浐水,北枕渭,西包汉长安城,南接都城,东西二十七里,南北二十三里,(《旧唐书·地理志》作三十里。又《六典》注云,"周二百二十里。")若以二寸折一里绘之,则此图以全体言,面积甚大,刻石至难。故吕氏于城外古迹,不用折法,大率案旧记故实变通为之,其石刻太仓位置,或因汉太仓遗迹而错误欤?(至今石刻之为吕氏所作,则容后详之。又骥作此文既毕,曾求正于徐先生(旭生),先生于不妥之处,多所指正,而尤以余论太仓之说为不然。谓掖庭宫北与太极宫之元武门齐,今吕氏所列太仓,按其位置,已在掖庭宫内,疑此必系另有一仓,吕氏误名为太仓者。骥谓先生之言当确,兹特记明于此,以待异日依据先生之言再为详考焉。)

(附)右为石刻所存之太仓部份

河渠:《六典》于唐宫城(即太极宫)、皇城、京城(亦称外廓城,)不记河渠。石刻太极宫西旁有一水,北流入宫,经通明门内,又北流经嘉猷门内,北流入山池院,再北,则石缺无考。案《长安志》(卷十二)云:"清明渠东南自万年县流入,西北流,又屈而东北流,入京城。"毕沅校注云："沆案《太平寰宇记》云,'清明渠亦在大安坊,开皇初,引沈水西北流入城,经太社,(案或作大社)尚食局、将作监、内侍省而入宫城,'即此。"《长安志》(卷十二)又云:"永安渠隋文帝开皇三年开,在县南,引交水西北入城,经西市而入苑,沈水自南入焉。"(《长安县志》之《宋敏求志·水道图》可参考。又《长安县志》之《水经注水道图》亦略同,可参考。)《云麓漫抄》云:"以渠道水入城者三……二曰永安渠,导交水自大安坊西街入城,北流入苑注渭。三曰清明渠,导坑水自大安坊东街入城,由皇城入太极宫。"《长安志图》(卷上)云:"渠水……二曰永安渠,导交水自大安坊西街入城,北流入苑注渭。三曰清明渠,导坑水自大安坊东街入城,由皇城入太极宫。"《两京城坊考》西京宫城、皇城二图,虽不具载,而《西京外郭城图》及卷四皆明言之。而长安、咸宁两《县志》亦言之綦详。今案石刻之渠当即清明渠,其流域方向,较各书皆为明悉,实可据也。

(附)右为石刻所存之河渠部份

辅兴坊、金仙观、建法寺、澄空寺,《六典》注云:"今京城……名曰大兴城,东西十八里一百一十五步;南北十五里一百七十五步;墙高一丈八尺。皇城之南,东西十坊,南北九坊,皇城之东西各一十二坊,两市居四坊之地。凡一百一十坊。"《长安志》云:"外郭城(注云:'隋曰大兴城,……唐曰长安城,亦曰京师城。')东西一十八里一百一十五步,南北一十五里一百七十五步,周六十七里,其崇一丈八尺。……郭中南北十四街,东西十一街,其间列置诸坊。"《雍录》云:"京都四郭之内,纵横皆十坊,大率当为百坊,而亦有一面不啻十坊者,故《六典》曰一百一十坊也。"《长安志图》云:"坊市总一百一十区。"又引吕大防《长安图》云:"城图云:皇城之南三十六坊,……皇城左右共七十四坊,……市居二坊之地,……"《两京城坊考》云:"外郭城,隋曰大兴城,唐曰长安城,亦曰京师城。……郭中南北十四街,东西十一街,其间列置诸坊。"(注亦引吕大防图云。)长、咸两《县志》之《唐城图》《唐京城总图》皆为一百一十坊。今石刻诸坊皆毁,所存者惟辅兴坊等残图而已。(辅兴坊三字,石刻仅存兴坊二半字。)《长安志》言各坊至为详悉,其言云:"朱雀街之第三街,即皇城西之第一街,街西从北第一修德坊,(案即贞安坊。)次南辅兴坊,东南隅金仙女冠观。(案注亦称金仙观。)……次南颁政坊,(案亦作攽政坊)……街东之北建法尼寺,街北之东,证空尼寺。(案亦作真空寺。)……"今案石刻仅存辅兴坊、颁政坊(字缺不见)之残部,与金仙(《通鉴·睿宗纪》胡三省注亦云:金仙观造于辅兴坊,与石刻合。)、建法、证空(石刻作澄空。)三者而已。其位置亦相同也。

(附)右为石刻所存外郭城内之部份

总观右列石刻所存之宫城、皇城、外郭城(亦即京城。)、掖庭宫、太仓、河渠各部份而言之,盖此为《唐京城总图》,亦即吕大防所刻之《唐长安京城图》也。(至此刻为吕氏作,说仍详后。)

(2)《石刻大明宫残图》

大明宫之概略:大明宫即东内,曰永安宫,曰蓬莱宫,亦曰含元宫。《六典》云:"大明宫在禁苑之东南,西接宫城之东北隅。"《新唐书·地理志》注云:"大明宫在禁苑东南,西接宫城之东北隅,长千八百步,广千八十步。"《云麓漫抄》云:"唐大明宫城在苑内,广二千一百四十八步,纵四百九十五步。"《长安志》云:"东内大明宫,在禁苑之东南,南接京城之北面,西接宫城之东北隅。南北五里,东西三里。"(见卷六)。《雍录》(卷三)云:"大明宫地本太极宫之后苑。"又云:"凡大明宫,皆在太极宫之东北也。"《长安志图·唐大明宫图》附注云:"大明宫城广二里百四十八步,纵四里九十五步。"《两京城坊考》云:"大明宫在禁苑东,……南接都城之北,西接宫城之东北隅,亦曰东内。其城南北五里,东西三里。(注引吕大临图云:大明宫城广二里一百四十八步,纵四里九十五步。)《咸宁县志》与《六典》《长安志》同。今案石刻《大明宫图》与《兴庆宫图》虽合刻一石,实为一独立之图,故不载其四址若何。且图已大半残缺,其广袤尺寸,有否说明,亦不可知,但其历略,则已由上述可知之矣。

丹凤门、望仙门、建福门:《六典》云:"大明宫……南面五门,正南曰丹凤门,东曰望仙门,次曰延政门;西曰建福门,次曰兴安门。"《云麓漫抄》云:"唐大明宫城,……东北各一门,南五门,西二门。"《长安志》云:"南面五门,正南曰丹凤门,……丹凤东曰望仙门、次东曰延政门,丹凤门西曰建福门,……次西曰兴安门。"《雍录·阁本大明宫图》仅载正南之丹凤门,与丹凤门东之望仙门,丹凤门西之建福门三门。《长安志图·唐大明宫图》载丹凤门与其东之望仙门、延政门,其西之建福门,共为四门。《永乐大典·阁本大明宫图》,则南面门皆不载。《两京城坊考·西京大明宫图》与《咸宁县志·唐东内大明宫图》《陕西通志》《关中胜迹图志》之《唐东内图》,则皆载南面五门。今案石刻,则南面仅列三门,即正南《雍录·阁本图》已残缺,)丹凤之东为望仙门,丹凤之西为建福门,与《雍录·阁本图》同。然其所以省去延政、兴安二门者,盖以其一为东内苑之门,一为西内苑之门也。(案《六典》注:"兴安门为旧京城入苑之北门,隋开皇三年开。"今李好文《长安志图》独不载此门,盖亦以此。)

百官待漏院:《唐六典》不载。《长安志》云:"丹凤西曰建福门,门外有百官待漏院。"《雍录·阁本大明宫图》同。《长安志图·大明宫图》《大典·阁本大明宫图》皆不载。《两京城坊考》云:"丹凤门西建福门,门外有百官待漏院,"然其《西京大明宫图》则不载。(程鸿诏《城坊考校补记》云:"百官早朝,必立马建福、望仙门外,……元和初,始置待漏院。")《咸宁县志·东内大明宫图》,则建福门东南有待漏门而无待漏院。《陕西通志》《关中胜迹图志》与石刻,则建福门外皆有百官待漏院也。

下马桥：是桥《六典》不载。《长安志》于"丹凤门西曰建福门"下注云："望仙、建福二门，各有下马桥，跨东西龙首渠。"《雍录·阁本大明宫图》于建福门北有下马桥，望仙门北则无；并亦无龙首渠也。《长安志图》《大典·阁本大明宫图》，则桥渠皆无。《两京城坊考·西京大明宫图》《陕西通志》《关中胜迹图志·唐东内图》，与《咸宁县志·东内大明宫图》，则桥渠皆有，（桥有二）与《长安志》注全同。今案石刻建福门北确有一桥，（桥字已残缺半）然已残缺不完，余皆毁损无可考矣。

翔鸾阁、栖凤阁或左右朝堂：《六典》云："丹凤门内正殿曰含元殿。夹殿两阁，左曰翔鸾阁，右曰栖凤阁。"《长安志》云："丹凤门内当中正殿曰含元殿，……殿东南有翔鸾阁，西南有栖凤阁。"《雍录·阁本大明宫图》《长安志图·大明宫图》，与《六典》《长安志》同。（惟《雍录·阁本图》不曰阁而曰门）。《大典·阁本大明宫图》不载。《两京城坊考》云："丹凤门内正牙曰含元殿，……殿之前廊有翔鸾阁、栖凤阁，阁下即东西朝堂。"而其《西京大明宫图》则有左右朝堂而无两阁。至《咸宁县志》则含元殿之东南西南二隅虽亦有翔鸾、栖凤两阁，但去丹凤门甚远，且于含元、丹凤之间，有形似大于含元、翔鸾、栖凤之左右朝堂也。（盖绘图时无比例之故）。《陕西通志·唐东内图》与《六典》《长安志》《雍录》等同。今案石刻于丹凤门内，东西确有两建筑，但以毁损过半，名称无存，无从与诸书校对其为何名矣。

（3）《石刻兴庆宫图》

兴庆宫之概略：《六典》云："兴庆宫在皇城之东南，东距外郭城东垣。"又注云："开元初以为离宫，至十四年又取永嘉，胜业坊之半以置朝。自大明宫东夹罗城复道，经通化门，磴道潜通焉。"《旧唐书·玄宗纪》云："玄宗，睿宗第三子，垂拱元年八月生于东都，大足元年从幸西京，赐宅于兴庆坊，中宗末年，王室多故，……上所居宅外有水池，浸溢顷余,望气者以为龙气。"又云:"开元十六年春正月,始听政于兴庆宫。"又云:"天宝十二年冬十月……雇京城丁户一万三千人,筑兴庆宫墙,起楼观。"《新唐书·地理志》云:"兴庆宫在皇城东南,距京城之东,开元初置,至十四年又增广之,谓之南内,二十年筑夹城,入芙蓉园。"《云麓漫抄》云:"高宗以隆庆坊为兴庆宫,附外郭为复道,自大明宫经通化门,蹬道潜通以达此宫,谓之夹城。又制永嘉坊西百步入宫外郭东南隅一坊,始建都城,以地高不便,隔在郭外为芙蓉园,引黄渠水注之,号曲江,明皇增筑兴庆宫夹城,直至芙蓉园。"《通鉴·玄宗纪》云:"开元二年……宋王成器等请献兴庆坊宅为离宫,甲寅制许之,始作兴庆宫。"《长安志》(卷九)云:"南内兴庆宫,距外郭城东垣。"又注云:"武后大足元年,睿宗在藩,赐为五王子宅,明皇始居之,宅临大池。……开元二年置宫,因本坊为名,四十年(案应作十四年)又取永嘉、胜业坊之半增广之,谓之南内,置朝堂。十六年正月以宫成,御朝。……二十年筑夹城入芙蓉园。自大明宫夹东罗城复道,经通化门观以达此宫,次经春明、延喜门,至曲江芙蓉园,而外人不之知也。"《雍录》(卷四)云:"大兴京城东南角有坊名隆庆,中有明皇为诸王时故宅。宅有井,井溢成池。……开元二年七月以宅为宫,既取隆庆坊名以为宫名,而帝之二名,其一为隆,故改隆为兴,是为兴庆宫也,其曰南内者,在太极宫东南也。……十六年始移仗于兴庆宫听政。……二十年筑夹城通芙蓉园。"《长安志图》(卷上)云:"元宗以隆庆坊为兴庆宫,附外郭为复道,自大明宫潜通此宫及曲江芙蓉园。"《两京城坊考》云:"兴庆宫在皇城之东外郭城之兴庆坊,是曰南内,距外郭东垣。"总上,兴庆宫之沿革及方位已明,惟广袤尺寸,则无有言之者。(余如《册府元龟》、韦述《两京记》《唐会要》《困学纪闻》《玉海》等亦未言及尺寸。)今幸石刻有比例尺,庶可以补诸书之不及也。(石刻云:"每六寸折地一里"。又兴庆宫原由兴庆坊等增改而成,则其大小,亦可由坊之大小推得之。)

兴庆门、金明门：《六典》云："宫之西曰兴庆门，……次南曰金明门。"《长安志》云："宫之正门西向，曰兴庆门，……大同门西曰金明门。"《雍录·阁本兴庆宫图》，西面亦兴庆、金明二门，惟皆南向。《两京城坊考》云："宫之正门西向曰兴庆门，……兴庆门之南曰金明门，"其《西京兴庆宫图》亦同，《咸宁县志》之《南内兴庆宫图》亦同。《陕西通志》《关中胜迹图志·唐南内图》亦西面二门，并皆南向也。今案石刻宫西二门，北曰兴庆门，南曰通明门，门皆南向，诸书惟《六典》（无"门西向"之语）《雍录·阁本图》为相同耳。

兴庆殿：《六典》云："宫之西曰兴庆门，其内曰兴庆殿。"《长安志》云："宫内正殿曰兴庆殿，"注云："在通阳门北。"《雍录·阁本兴庆宫图》兴庆殿南向，在兴庆门内，大同殿北。《两京城坊考》云："宫之正门西向曰兴庆门，其内兴庆殿。"（《兴庆宫图》同。）《咸宁县志·南内兴庆宫图》与《两京城坊考》同。《陕西通志》《关中胜迹图志》，则兴庆殿在南薰殿之北。今案石刻兴庆殿南向，位于兴庆门内，大同殿之北。诸书惟《六典》（不言西向）《雍录·阁本图》与之全同。

大同门、大同殿：《六典》云"……次南曰金明门，门内之北曰大同门，其内曰大同殿。"《长安志》云："勤政楼之北曰大同门，其内大同殿。"《雍录·阁本兴庆宫图》与《六典》同。《两京城坊考》云："宫之西南隅曰花萼相辉楼，其东曰勤政务本楼，楼北大同殿，"又注云："殿前为大同门，"其《兴庆宫图》同。《咸宁县志·南内兴庆宫图》与《长安志》《两京城坊考》同。《陕西通志·唐南内图》与《关中胜迹图志》同，而与诸书异。今案石刻，诸书惟《六典》《雍录·阁本图》最相合。

通阳门、明光门、龙堂、明义门、长庆殿：《六典》云："宫之南曰通阳门，北入曰明光门，其内曰龙堂。通阳之西曰花萼楼，楼西曰明义门，其内曰长庆殿。"《长安志》云："宫之正门西向曰兴庆门，南曰通阳门,……通阳门东曰明义门,门内曰长庆殿,……勤政楼东曰明光门,其内曰龙堂。"《雍录·阁本兴庆宫图》宫南为通阳门,门东为明光门,通阳之北为龙堂,位龙池内,而明义门与长庆殿不载。《两京城坊考》云:"南面二门,西曰通阳门,东曰明义门,(注云:'《永乐大典》载《阁本兴庆宫图》作初阳门。')通阳之内曰明光门,其内曰龙堂。(案图在龙池南之五龙坛之南。)……明义之内为长庆殿。"《陕西通志》《关中胜迹图志·南内图》与《六典》略同,《咸宁县志·南内兴庆宫图》全与《两京城坊考》合。今案石刻,宫南为通阳门,北入为明光门,又北入为龙堂。(位在龙池边上。)通阳之东为明义门,门内为长庆殿。以上诸书与石刻相较,则《雍录·阁本图》(以所载之龙堂与石刻为尤相合。)与《长安志》《两京城坊考》《咸宁县志》等之记载为较相合,而《六典》所记之明义门、长庆殿,为不同也。

　　窃谓花萼楼之西不应有明义门,门内不应有长庆殿。案《通鉴·玄宗纪》云:"开元二年,……宋王成器等请献兴庆坊宅……始作兴庆宫,仍各赐成器等宅,环于宫侧,(胡三省注:'宁王岐王宅在安兴坊,薛王宅在胜业坊,二坊相连,皆在兴庆宫西。宁王即宋王也。')又于宫西南置楼,题其西曰花萼相辉之楼,南曰勤政务本之楼,上或登楼,闻王奏乐,则召升楼同宴,或幸其所居,尽欢,赏赉优渥。"他如新旧《唐书》亦有相同之记载。即《六典》"通阳之西曰花萼楼"下亦注云:"楼西即宁王第,故取诗人棠棣之义以名楼焉。"《长安志》云:"宫之……西南隅曰勤政务本楼,其西榜曰花萼相辉楼。"《两京城坊考》亦云:"宫之西南隅曰花萼相辉楼。"夫既曰"花萼相辉",又曰"登楼闻乐",又曰"宫西南隅"。则诸王邸第必与花萼楼密接,决不容再有明义门、长庆殿间乎其间也。今石刻不误,诚可依据。

　　花萼相辉楼、勤政务本楼:《六典》不见勤政楼,惟云:"通阳门之西曰花萼楼"而已。《长安志》云:"宫之……西南隅曰勤政务本楼,其西榜曰花萼相辉楼。"《雍录·阁本兴庆宫图》，通阳门之西为勤政务本楼，楼西为花萼相辉楼。《两京城坊考》云："宫之西南隅曰花萼相辉楼，其东曰勤政务本楼。"然其《兴庆宫图》则二楼皆位于明光门之西而不位于通阳门之西，《咸宁县志·兴庆宫图》亦然。《陕西通志》《关中胜迹图志》，则勤政楼位于通阳门之西，而花萼楼远在龙堂之东也。今案石刻，诸书惟《雍录》阁本图，《长安志》与之相合。

跃龙门、芳苑门、丽苑门、龙池（亦名兴庆池。）、瀛洲门、南薰殿、仙薰门、新射殿：《六典》云："宫之北曰跃龙门，其内左曰芳苑门，右曰丽苑门，南走龙池曰瀛洲门，内曰南薰殿。瀛洲之左曰仙云门，北曰新射殿。"《长安志》云："北曰跃龙门，……宫内正殿曰兴庆殿，其后曰文泰殿，（案《六典》注有交泰殿，惟不详位置。）前有瀛洲门，内有南薰殿，北有龙池，……跃龙门左有芳苑门，右有丽苑门，……瀛洲门左曰仙云门，北曰新射殿。"《雍录·阁本兴庆宫图》与《六典》同，惟丽苑门亦作芳苑门，仙云门作仙灵殿而已。《两京城坊考》云："其内兴庆殿，殿后为龙池。……北面二门，中曰跃龙门，其内瀛洲门、南薰殿。（注云："殿南即池"。）左曰丽苑门，右曰芳苑门。芳苑之内新射殿，仙云门。（注云："在瀛洲门东"。）（又案《城坊考·兴庆宫图》，作四面放射式，位置颇多别异。）《咸宁县志》与《城坊考》同。《陕西通志》《关中胜迹图志》则新射殿在仙灵门之东北，与石刻略异，此外全同。余惟《六典》与《雍录·阁本图》为相同也。（惟石刻仙灵门、丽苑门、《六典》作仙云门，《雍录·阁本图》作仙灵殿、芳苑门而已。）

翰林院：《六典》不载。《长安志》云："大同门西曰金明门，内有翰林院。"《雍录·阁本兴庆宫图》，翰林院在金明门之东北。《陕西通志》《关中胜迹图志》与《雍录》同。《两京城坊考》《咸宁县志》，亦相差极微也。今案石刻翰林院在金明门东北，与《雍录·阁本图》最相同也。

金花落：《六典》不载。《长安志》云："宫内有，……金花落，"注云：

"在宫之东。"《雍录·阁本兴庆宫图》,金花落在宫之东北隅,《两京城坊考》《西京兴庆宫图》《陕西通志》《关中胜迹图志》之《唐南内图》同。《咸宁县志》则据《长安志》注而移其位置于东南。今案石刻与《雍录·阁本图》,《城坊考》《陕西通志》《关中胜迹图志》同,《长安志》《咸宁县志》异。

沉香亭:《六典》不载。《长安志》云:"……北有龙池,池东有沉香亭。"《雍录·阁本兴庆宫图》,沉香亭在龙池之东而稍偏北。《两京城坊考》云:"池之西为文泰殿,殿西北为沉香亭。"(观《城坊考·兴庆宫图》,亦在龙池之东北。)《陕西通志》《关中胜迹图志》,亦在龙池之东。《咸宁县志》与《城坊考》同。今案石刻惟《雍录·阁本图》与之合。

初阳门:《六典》与《长安志》不载。(《六典》惟注中有其名,然不详其他。)《雍录·阁本兴庆宫图》,初阳门在宫之东而偏于南。《陕西通志》《关中胜迹图志》与此同。《两京城坊考》云:"南面二门,……东曰明义门,"又注云:"《永乐大典》载《阁本兴庆宫图》作初阳门,"然其《西京兴庆宫图》则不载。《咸宁县志》之《南内兴庆宫图》亦未列,其言云:"案《六典》注南内有同光、承云、初阳、……等门,因方位未详,故不入图。"今案石刻,与《雍录·阁本图》,《陕西通志》《关中胜迹图志》同。

河渠:《长安志》(卷九)云:"'宫内正殿曰兴庆殿,……北有龙池,'注云:'在跃龙门南,本是平地,自垂拱初载后因雨水流潦成小池,后又引龙首渠支分溉之,日以滋广。'"《云麓漫抄》云:"以渠道水入城者三:一曰龙首渠,自城东南导浐至长乐坡灞为三渠,一北流入苑,一经通化门兴庆宫,由皇城入太极宫……"《雍录·兴庆宫说》云:"宅有井,井溢成池。中宗时,数有云龙之祥,……后引龙首堰水注池,池面益广。"(案《雍录·阁本兴庆宫图》不载此渠。)《长安志图》(卷上)云:"渠水一曰龙首渠,自城东南导浐至长乐坡,灞为二渠,一北流入苑,一经通化门兴庆宫由皇城入太极宫。"《两京城坊考·西京外郭城图》,亦载龙首渠,自城之东南北流,分一支入通化门,西南流入兴庆宫之兴庆池。(案《城坊考·兴庆宫图》亦不载此渠。)《陕西通志》《关中胜迹图志·唐南内图》亦载此渠,《咸宁县志》之《南内图》则不载。今案石刻亦有一水,自东流入宫内,经仙灵门、瀛洲门北,分一支南流入龙池。其正流则向西穿大同殿之北而迳西出宫城。张扶万先生《唐大明兴庆两宫图残石跋》,以为即当时之龙首渠,是也。

(六)刻石之人与刻石之理由

赵彦卫《云麓漫抄》云:"长安图,元丰三年五月五日龙图阁待制知永兴军府事汲郡吕公大防(案《宋史》本传,吕氏先世本汲郡人,自祖通后始家京兆蓝田,)命户曹刘景阳按视邠州观察推官吕大临检定,其法以隋都成大明宫,并以二寸折一里。城外取容,不用折法,大率以旧图及韦述《西京记》为本,参以诸书及遗迹考定,太极、大明、兴庆三宫用折地法不能尽容诸殿,又为别图。……大抵唐多仍隋旧,故吕公爱其制度之密,而伤唐人冒袭史氏没其实,遂刻而为图,故志之。"程大昌《雍录》(卷一)《吕图阁图》云:"元丰三年吕大防知永兴军,检按长安都邑城市宫殿故基,立为之图,凡唐世邑屋宫苑,至此时已自不存,特其山水地望,悉是亲见。"李好文《长安志图》(卷上)云:"吕氏曰,'隋氏设都虽不能尽循先王之法,然畦分棋布,闾巷皆中绳墨,坊有墉,墉有门,遹亡奸伪,无所容足,而朝廷宫寺门居市区不复相参,亦一代之精制也。唐人蒙之以为治,更数百年不能有改,其功亦岂小哉。……予因考证长安故图,(注云:"观吕氏此言,是图之作,其来尚矣。")爱其制度之密,而勇于敢为,且伤唐人冒疾史氏没其实,聊记于后。(案《通志·艺文略》吕有《长安京城图记》一卷。)元丰三年五月五日龙图阁待制知永兴军府事,汲郡吕大防题,京兆府户曹参军刘景阳按视邠洲观察推官吕大临检定,鄜州观察右使石苍舒书。"又载元至大壬子年中秋日谷口邓邦用(曾为京兆府学教授。)跋语云:"此图旧有碑刻在京兆府公署,兵后失之,有雷德元、完颜椿者,得碑本,命工锓梓,附于长安志后。"郑樵《通志》图谱略、艺文略亦载有吕大防《唐长安京城图》,及唐太极、大明、兴庆三宫图。由上,可知吕氏对于唐长安宫城图,确有总图、别图之作。今案《石刻唐太极宫暨府寺坊市残图》(用张扶万先生所定之名。)即为宫城、皇城、外郭城合刻之《唐长安京城总图》,而大明、兴庆两宫,虽同刻一石,实为三大内之别图也。(以此推之,窃谓尚有太极宫独立之一图?)如是,则今所得石刻之为吕氏作,大致已可无疑矣。今复申述其说于左:

案右所述,吕氏之作此图,为一根据旧有图记及参考实地古迹之精心著作,并非抄袭一家之说,人云亦云者。今以石刻校诸《六典》,及《雍录》所录阁本图,《大典》所录阁本图,固多所异同,是其明证也。至余谓石刻必为吕氏作,今复得至定不易之证据一,可为辅佐之证据三:案李好文《长安志图》云:"图制有宋吕公大防所订,……观其布置,大段皆是,然……西偏附城有小城垣,即掖庭宫也。今见其处止可容一宫，而图乃以太仓杂处其中，大非所宜。又志亦不曾载。如此之类，必是碑本磨灭，后人不详，误附之者。"今案石刻太仓犹在，则李氏在元代所见之图，确即此图。推原刻石之始，非元则金，非金则宋。李氏为元人，观其所言，刻石当在元以前。若论金人，则历年至促，戎马倥偬，势必无暇为此。无已，则惟有宋人。然南宋偏安，中原已非所有，何能刻石长安。故此，是图之作，舍北宋人莫属矣。如此则与吕刻说正合。则吕公之刻此石，已成铁案，毫无疑议矣。此即余所谓至定不易之一证据也。又案《长安志图·城市制度》云："旧图（案指吕图言。）全画坊市制度，今间小不能记，容别画一坊之制以见其余。"今案《石刻长安京城总图》，虽已残缺过半，而辅兴坊等坊市制度犹存，可知此石刻即为吕氏旧图。此即余所谓可为辅佐之证据一也。又案《云麓漫抄》云："长安图，元丰三年……汲郡吕公大防命……，城外取容，不用折法，大率以旧图及韦述《西京记》为本，参以诸书及遗迹考定。"今案石刻列城外之太仓于掖庭宫之北，其位置果不相宜。盖以不用折地法，而参以汉时太仓之古迹而为之者也。（已见上述。）此即余所谓可为辅佐之证据二也。又案吕氏碑刻，据邛氏所云："原在旧京兆府公署，兵后失之。"今果得于昔之京兆府址，地点明确，先后无误。此即余所谓可为辅佐之证据三也。至观《宋史》吕大防及吕大钧、吕大临传，知吕氏兄弟皆为极忠实之礼学家，故言行动作，必多规则，宫室礼制，尤所注意。大防言宫禁，则举"唐人阁图"，言引渠，则用考工水地置泉法。至大钧尤喜讲井田兵制，悉撰为图籍，以见于用。而大临则撰考古图以见古代礼器之制。此皆吕氏兄弟行事切实，好为图谱，不事空疏之证，则其作唐宫室图刻之于石以垂永久，亦意中之事耳。

至吕氏所以刻石之故，则吕氏已自言之。（见上）又案《唐两京城坊考》序云："昔宋皇祐中欲行入阁仪，而莫知故实，后仁宗得《唐长安图》，其仪始定。"元丰时都宫员外郎蒙安国，得《唐都省图》，献于朝，遂迁旧七寺监,如唐制。盖唐宫省之图,在当时已珍重如是,而一般士夫,必有趋奉时好,竟为异说者。故吕氏感于事实,出而考证,并绘图刻石以成定本,此亦礼学家应有之事也。

然或谓此石刻图,固为吕氏一人作乎? 余谓此问题,亦极易解答之。《太极宫暨府寺坊市图石刻》之为吕氏作,即由上述元李好文论太仓之说已可明之。至大明兴庆两宫图石刻,则由坑内发掘所得之器物言之,明清瓷片,皆距地面极近,稍深则为宋元瓷片及宋金铜钱等,(金钱出于第二坑与第八坑交界处。)再深则为唐代碑头等。今此石刻与唐宋器物同出,既非唐物,决为宋碑。(现已明定知非唐碑。)谓为金元,则事不可能,已如上述。若论明刻,则书无记载,世无传说。且入土在明,则按其地层、深度,亦决非近人所曾扰动。若入土在清,则于记载、传说、地层、深度,更无一事可通矣。故吾谓此必宋人作,且必为宋之吕大防作也。况《云麓漫抄》及郑樵《通志》谓吕氏有总图、别图之作,吾前已言之乎? 是则此问题已可解决矣。

(七)石刻之摧毁与入土

观上所述,与《长安志图》邸邦用跋语,则是石刻于北宋,至元即不见也。今案李好文《长安志图》,尚载《唐大明宫图》、《唐宫城图》(即《太极宫图》)、《唐禁苑图》,而独无《兴庆宫图》,则《兴庆宫图》或当失之更早,盖当时因入土之故,即碑本亦不可得。今案其出土地点之地层、土色、深度及相关之物,决非最近期间所曾扰动。而于坑之左右,深浅相近之地层中,与本坑中,除得唐碑头、碑座、碑边外,复得有宋元丰,元祐,金正隆等铜钱,及宋元磁片等。窃谓此碑之失,当在宋金用兵之际,殆被乱兵破毁而入土中。及后平定,所拓即少此图,迨元人入中原,则嫉恶汉族文化尤甚,并遗存土外之图刻而尽毁之,故《太极宫暨府寺坊市残》(即《唐长安京城总图》)卒发现于长安南门内之

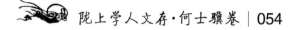

小湘子庙街而不在同一区域之今民政厅二院中也。

(八)石刻之价值

石刻之历史变迁与其他图书记载之关系,已约略述之如右,其在学术上之价值,亦已可概见。兹复总合言之如左:

案有关图书,为唐人原著者,仅《唐六典》一书,阁本图当与唐人有渊源,次之即为吕氏图,《长安志》《雍录》《两京城坊考》诸书。(他如韦述《两京记》,《唐会要》,《册府元龟》,《困学纪闻》,《玉海》,《雍大记》,《雍胜记》,《西安府志》,及唐宋人之诗文小说、笔记等,皆可备参考之用。)今《六典》虽已经后人改窜,然大致则仍旧观,阁本图虽已不见原本,而《雍录》尚有传抄本,(案《大典》阁本图,错误较多,似为后人改本,颇不可信。)吕氏图,则今得石刻残图也。今以所得石刻与《六典》《雍录·阁本图》校,则符合者多。此即石刻之价值一也。太极宫之长乐(石刻不见)、永安二门,《阁本图》退而北移,此辗转传抄之误,而石刻得以正之,此石刻之价值二也。清明渠、龙首渠来源甚久,关系于唐代宫城之形势建筑者至巨,而《六典》未记,《阁图》不载,其他诸书,或有或无,略而不详,今得石刻以明其故道,此石刻之价值三也。明义门、长庆殿之位置,《六典》误记,《阁图》不详,今得石刻而明定其是非,此石刻之价值四也。南薰殿在瀛洲门北,《六典》,《阁图》不误,而徐氏(松)误作,后人误传,今得石刻以为《六典》《阁图》有力之证,此石刻之价值五也。金花落据今实地调查,则位置确在兴庆宫东北,《阁本图》及《城坊考》之《兴庆宫图》,皆明载无误,特以《长安志》注有"俗所传盖卫士所居"一语,(案此语不明根据所在。)遂致后人生疑,今得石刻,益可为《阁本图》《城坊考》之证,此石刻之价值六也。南内位置,今经实地调查,在今东关外,其地可成为大池者,仅有关南门外坑家堡以西一带洼地,关墙以内,城址既高,瓦砾甚多,为宫殿遗址甚明。

由此可知南内建筑,殿阁多在北方,其南仅为龙池之一片汪洋耳。今案石刻与《阁本图》,确与地势相合,而《六典》记载亦无多出入,益足以明《城坊考》诸书之非。此石刻之价值七也。龙池面积,《六典》虽无记载,而由《阁本图》观之,其势颇为浩大,今观《长安志》(卷九)注,新旧《唐书》睿宗、玄宗纪,《通鉴·玄宗纪》,皆言当时池水甚盛。至宋庆历时上已修禊兴庆池题诗碑,及碑侧金明昌时刘子颛题诗,(今碑在西安文庙中,)元宋褧诗注(见《城坊考》卷一页二十注引,)等,则极言当时池中烟柳荷芰之胜,泛舟游泳之乐,可见此池旧址,直至元时尚在。今观诸东关外坑地,确非浅小,而石刻图,池址亦甚相合,由此而龙池之本迹得明。此石刻之价值八也。唐之三大内,太极、大明两宫大小,各书皆有记载,而兴庆一宫独无,今石刻有"每六寸折地一里"之记载,既可以见方法之善,(至实计确否,尚待详考。)亦足以补诸书之缺,此石刻之价值九也。又案兴庆当初虽为明皇旧邸,及建宫以后,移仗就朝,所谓(南面而王,北面而臣,)在专制典礼上,已成不可磨灭之定义,今徐氏(松)《两京城坊考·兴庆宫图》,以龙池为中心,宫室殿园,四面外向,实系错误。今得石刻与《阁本图》为之证明其非,(案《六典》不言方向,其载其他宫殿亦然。)此石刻之价值十也。虽然,吾亦非敢谓石刻全无不善也。盖考证之学,必重版本,今本不如古本,普通本不如善本;非古本善本之全无错误也,乃新本通俗本之错误必因辗转流传而渐多于古本善本也。今唐代宫城之图,原本阁本图既不可得,而吕氏图确较诸书为善,且又得其惟一之石刻也,则其价值自当为吾人所公认矣。

(附记)骧撰此文,曾承徐先生(旭生)、陈子翼先生,多量之指教,并同学刘子植、王以中两先生尽量之商榷,敬此志谢。至文中疏漏错误之处,还请读者赐以教正,幸甚!

民国二十三年,八月,十八日,于国立北平研究院。

——原刊于《考古学报》第 1 卷第 1 期,1935 年。

史学研究会陕西考古会工作报告

骥与狮醒(龚元忠)兄于二月十七日返斗鸡台,白先生、苏先生亦皆回来,定于二十日照常开工。兹将骥等调查结果,约略述之。

一月二十八日到凤翔,天气很好。在凤翔调查地点及其情形如下:

(1)一月二十八日　由宝鸡去八里洞一带,尚距凤翔八里许。所过两旁见汉墓三代墓颇多。汉墓道形式有△、□、▱等不同。三代墓与斗鸡台相似。途中见汉代陶、瓦片等颇多。过三良冢,冢上亦有绳纹瓦片,及方瓦水道、残片等。

(2)二十九日　因访凤翔县长及该地士绅如李惺老先生等,又借阅府志、县志。(但两志皆甚难得,借得者亦仅限于古迹一部份。)又至东湖访苏东坡"梅菊老竹"石刻、张子横渠祠。县城内街上见有明天启牌楼,明嘉靖四棱石柱等。

(3)三十日　至南古城。据该地土人刘姓者言,谓古城有二,一东一西,东为"大郑宫",西为"南古城"。亦有说两城即一城者。骥等往视,两城东西列,中夹一走道,(至凤翔城大道)西城尚有堡子,居人甚多;东城则已全为种植地矣。狮醒照相后回城稍息,骥即周视一过,西城周围界限分明,东城有南边、西边。东、北两边不明。是日见汉瓦片、陶器片(花边砖及瓦水道亦有)甚多。又至村中看土人所藏汉(?)陶器等。大略与斗鸡台所出者同。惟有瓦鬲形制特异,(一个破;一个只存两足,甚大,买回时,白先生亦谓从未见过。)骥等以数角钱购之。又一大瓦甑,带釉,带印章纹,略带圆周点线纹,质甚坚致,以一元钱购得之。以上皆出南古城边外。(回纹砖等亦有。)骥等又于街上摊子中以一角钱购得一小瓦鬲,询之买人谓出于南关外,其说可信。惟未见红陶片等。

(4)三十一日 再赴南古城工作(即上云西城),骥为画一图。又将昨日所见(在南古城东边上)之圆瓦水道挖得其一部。又于大郑宫(即上云东城)西边上亦挖一长瓦器,(形长圆似水道)因不便大挖,且一动即碎,故未挖得。狮醒因照相已完,遂返城内东湖工作,骥又将两城周围细视一过, 凡不同而有研究价值者皆一一采取以便与他处比较。惟是日可注意者,即东城南边深沟中,发现平铺大方砖地层,可见者共七块,(尺寸已量,惟无花纹,又不能取出。)此沟俗谓之金银沟,询其神话,亦有夜见宝光等传说,与斗鸡台同。因天晚返城。

(5)二月一日 天小雪,骥等再往大郑宫。(即东城)先出凤翔西门,访"西古城",相传谓亦一古城(现有堡子),周视不见汉瓦、陶一片。遂向南行再往大郑宫,(即上云东城)过河北屯、姚家小村等堡子外,探得汉(?)陶、瓦片等,(亦间有瓦鬲片等。)并于堡子外土坡上有汉墓道等数个。形式如口。及至南古城,狮醒因天雪将大郑宫砖层照相而返。骥遂与凤山在大郑宫(即上东城)南边沟中,砖层旁稍稍试挖,约两小时得有云母片甚多,(可谓极多)小琉璃球、硃红、木炭等亦甚多。(又有竹炭、石灰等)小琉璃球带花,窃疑与云母、硃红,同为当时宫殿上饰物?(将来倘扩大挖之,一定很多。其他零碎器物,"残石环""似瓦鬲足"等亦有。小铜器及其他器物皆已取回保存。)后又至城东南隅橐泉宫秦穆公墓,亦采得绳纹瓦片等。

二日回斗鸡台。以上雇轿车而去,雇轿车而返。

二月七日 六日天大风雪,七日仍大风雪,因在前与狮醒约定,无论如何,必走。骥意雪后一定能放晴也,遂雇牲口四个,骥骑老马,狮醒骑小驴,王忠义骑一驴,又一驴背行李。因小路难行,遂由底店镇大道而行。至陈村,时已下午五时。虽一路风雪不停,满身雪花,但看山玩景,趣味至佳!

二月八日 即冒雪出门调查,先至陈村西约三里之二古墓,(问之土人,为秦与否,不明。)周围调查,不见何物。惟在塚旁试挖,采得汉瓦片等,其他亦未曾见。墓土纯黄,且极虚松,土中亦不见任何陶瓦片等。塚之大小、高低、位置,已画图。狮醒因雪大回寓。骥遂与代八老再往西,见一"罗钵古寺",有乾隆三十二年碑记。寺西坡下为宋家南村,寺南为一废堡,名宋家村堡。石堡外,亦采得汉瓦片等。宋家南村北端坡上有瓦砾坑;采得残绳纹筒瓦等。又在陈村北边土穴旁采得绳纹瓦片及回纹残砖等。陈村镇内有昇平堡及金巩堡较大,闻郭坚据凤翔城时,中央官吏,曾在此办公云。其余各地,因雪厚尺余,原上坡地皆不能往,询之本地人亦谓无其他古迹可考云。

二月九日 由陈村至虢镇。在雪地中行,极游观之乐。至后,略事安顿,即访全县长所介绍之保卫团王队长及董辑五团长等。

二月十日 雪又大下不止。然仍骑牲口出门,访董辑五团长所介绍之该地绅士刘翰卿老先生。下午二时,访城隍庙,或谓其址即虢宫故址。又谓有刻字柱础石及古碑,骥细访不得,只见有康熙四十二年碑一方而已。(余皆新。)庙儿甚壮伟,地址亦广大。

二十一日 晨起访常宁宫,天晴雪融,道颇凝滑,宫内有天圣五年重修至德常宁宋碑一方,碑头已失,正面龟裂颇甚,因天冷有风,骥与王忠义勉强拓一纸,揭下时亦多破碎。(碑高、宽、厚等皆量。)

又有至元六年帖,大蒙古中统五年长春真人题虚亭词,(水龙吟)两石刻,又有明万历九年、六年,两碑记,是等石皆完好,前两石刻尤其清光可鉴。中间正殿樑铭有"大清康熙……修……"等字样,惟不甚清楚。宫中院地,及阶前、墙上,随处可得红陶片及瓦鬲片等。(有蓝陶及刻纹红陶片等。)惟绳纹瓦片等未见。至下午二时狮醒兄因照相完毕回寓。骥遂与工人向宫之东墙外访之,距宫约里许,一地忽陷落成一大坑。(土人谓雨水冲陷)惟不甚深,骥下视之,见周围古墓甚多,骨架重叠不一,又得一残陶环,及红陶器片甚多。(多不胜取,采取代表而已,其各种样式与斗鸡台亦同。)骥询之土人,谓曾出红陶罐、红陶盘及灰色瓦罐等。又闻红者皆被团丁取去。至骥所见者仅一灰色瓦罐而已。(⬤)因价昂未购得。此地向南坡下,亦有红陶片等,但不如上述之多。碑记谓此为秦宣太后所筑宫室之故址。然欲觅一秦代石刻及其他,则细查无有。至古虢城本地人谓即今虢镇最大之堡子,名西堡者。(因有东、南、西、北四堡。)有乾隆时"西虢遗封"牌楼。然不见有较古遗物也。

二月十二日　赴虢镇东南六七里之渭河南之磻溪宫。(亦即长春宫、成道宫。)宫在山四面环绕中,风景至佳。内有大德年间老子道德经经幢一个,顶有四面遗像,经文皆完好无缺至为可宝。又有元碑两方,字极清楚。碑阴有螺形动物化石。又有明碑两方,较小,嵌墙上。又有明正统十二年大铁钟一口,文云"记重五千斤,铁四千五百斤,铜五百斤"云。至下午三时,狮醒回镇,骥与代八老至秦穆公女及箫史所居之凤女台,台在宫之左边原上,俗名凤凰台,上至顶 ,仅见一大土台子(如殆垣然)不见丝毫古瓦片等而返。(经幢等最好春暖时重去捶拓。)红陶片等,在磻溪宫墙外间有数片,至宫之北边山坡上颇不少。

二月十三日　出虢镇北门,至福锡沟、太子沟。于太子沟跟前,间有红陶片及绳纹瓦片,但甚少。又至太子沟顶上,旁有一关帝庙,庙内陈列一方形琉璃香炉,带座子,(颇华丽)为万历十九年物。又有一灰色瓦罐。(⬤)土人谓皆出土于太子沟中。下午一时许,狮醒回镇工作,骥与代八老等至距太子沟六七里之老王沟,自沟顶而下,不见丝毫古陶、瓦片等。至沟跟一堡子旁,始采得红陶器片(多带刻纹等)及绳纹瓦片等而返。

二月十四日　晨起,整备赴阳平镇行装。骥又至西关(骥等寓西关大车店中)之石佛寺,佛全身为白玉,但年久香烟熏黑,座子上有字否亦不易辨。佛像甚好。又有石刻卧兽一,身上凿一圆孔,弃置院中,不知何用,亦不详时代。又有铁钟一,弘治八年铸。回后遂向阳平镇出发,至下午二时到达。宿镇东大车店内,又访全县长介绍之保卫团李队长及保长等。

二月十五日　访镇西北四五里之秦家沟。由沟起,直向东延坡而行,红陶片(蓝陶亦有)及汉瓦片陶片等甚多,又有瓦鬲足等。至牛王村后面,红陶瓦等更多。骥访之土人,购得黄红色小瓦罐一个,(土人谓不知何用,余皆毁去。)至下午三时,狮醒回寓休息,骥与代八老及李队长所派团丁一名,再向东延山坡而行,觅得一红瓦罐,(但不甚细致)似今之花盆然。但口边极光滑,而底较小。此器在高坡上,上距地面2.70m,下距地面3.80m,八老悬崖而上挖之。但口边一部份已被土人挖毁。在牛王村偏东,见一很大汉瓦片陶片土坑,(土人谓之瓦碴坑子堆)汉陶、瓦片之多,他处尚未见过。询之土人,皆谓不明昔系何地。曾出瓦灶、瓦碗、瓦瓮、瓦壶(即陶钫)等以相售,因不甚特别,又携带不便,遂却不受。又采得瓦鬲足三个,一个平常;其他二个:一形扁,一三角形,足底皆平,亦尚未见。又有残蓝瓦头、回纹砖残块、残花边砖等。(与斗鸡台同)骥等至阳平镇正北而下回寓所。

二月十六日　至阳平镇东二十五里之古城,(骥初疑为平阳封宫,然在岐山境,故非是。)狮醒因骑驴不便远行,骥遂请其至阳平镇东十里之惠王坟(?)(土人说不明,或魏王坟?)及大帐寺工作。骥遂骑马与代八老、团丁一人往访,至则见一堡子,形式颇老。骥于堡子前即采得汉瓦片及陶片等。询之土人,谓南隔渭河若长堤一段者为五丈原,北边高原上有圆形高土丘,中有深洞者为司马懿之插旗洞,俗名司马洞。又闻有诸葛庙,葫驴峪等等。骥恐时晚,不及一一往访。土人见骥拾陶片,遂取一瓦罐相售,(⚱)索价五元,骥以一角钱还之,未购成而返,为汉器物,殆无疑,回时延原下而西,过蔡家坡等地,采有红陶片等。约未出岐山境(不知)见一原,坡上皆大石,有石洞,有大小石像六七处,(一洞一处)惜未见有碑碣记载,不知何时物。再西行,至惠王坟(?)。坟在一山谷中,四面环绕。南面一走道,形势至佳,倘有风水,必是福地,(?)坟大如土山,广约数亩,(狮醒谓有数十亩,未是。)坟上除荒草外,无他物,旁亦无碑碣等。惟北边原上有穴室六七所,现仅一二所有人住,为看管是坟者。询之此坟地点,谓在张家窑下,至时代、史迹,谓皆不明。又谓此系凤翔属。在凤翔之西南角,阳平镇之东北角。观此坟工程浩大,形势极佳,决非丘墟。坟旁麦地上,及新墓地上,红陶片之多,(有红而圆之陶器足,及带刻纹之小红陶器足。)亦为他处所鲜见。骥当初疑为秦武公墓,然既在凤翔,则与志书不合,恐亦非是。回时,至阳平镇附近,访大帐寺,寺已废,现修者均非原址。至志书所谓"满盖琉璃瓦,室宇宏丽",已成过去之文。至阳平镇东,(与骥等寓店斜对面)又访钟楼寺,内有宋太平兴国五年碑,惟字已剥落殆尽,且绳裂至甚。其字之可识者尚有首行"……上柱国紫金鱼袋李……"末有"……国十(?)年……"等字,其中可识者不多,但笔画遒劲古雅可爱。据道光三十年碑记,谓尚有一行数字可认云。幸碑嵌土墙中,想尚可垂久也。又有万历十九年铸铁钟一口,寺内外遍觅不见古砖、瓦、陶片等。余又至镇内一走,采得绳纹瓦片等数片。又于镇东门外,见卧地一小碑,为康熙己丑年物。余皆未及访。

二月十七日　回斗鸡台。天朗气清,惠风和畅,一路春光,不同去时风雪也。

此次凡所见寺庙,皆有椽头盘子,画壁,精工特异。秦代文物,(如平阳封宫等)实未易得,不知何故? 抑所见红陶片及绳纹瓦片内亦有秦物在也？皆待将来详考。骥尤注意于黑石头等，希望发见石鼓残片，然亦未得。又骥虽不会骑马，然此次试验结果，能骑马实于考古上有极大方便。驴子较差。又白先生苏先生谓调查结果，以石鼓山为最好，姜城堡次之，三交城不过风景而已，又此地保卫团闻由县长接收，南山、吴山等处颇有剿匪消息。骥等已将一切采集品包好，准备装箱。一面继续开工，再观动静，诸容再陈。

（何士骥上。二十四年，二月，十八日）

——原刊于《国立北平研究院院务汇报》第 6 卷第 1 期，1935 年。

张骞墓间古物探寻计划书

国立西北联合大学历史学系考古委员会

兹为表章民族英雄张骞墓间古物，并为历史学系学生实地练习考古起见，拟就初步计划书如下：

（一）张墓前二石兽，多半没入土内，但就外露之残体观之，似是西汉石刻，诚有完全显露之必要。

（二）拟将此二石兽，起出土外，每工每日合洋六角，但石兽入土若干尺，现尚未知，故将来全体起出地面，究用若干工，现不能定，大约须用洋三十六元上下。又工作期内，拟在学生中轮流每日派四人监视，每人须发给饭费三角，试以五日计算，共合洋六元，以上总约合洋四十元上下。

（三）石兽起出后，拟用石块累为石座，以便陈列原处，至石座式样，俟起出后，另行拟定，再估定价目。

（四）坟墓至石兽之间，约有半里之远，其间或有其他石刻古物，拟先用试探方法检寻，所需工价洋另行估计。

（五）工作完毕，拟立碑叙述经过，应由本校常委诸公及参与工作人员题名，以志纪念，至于碑石工价另行估计。

（六）此外尚拟调查附近之萧何、樊哙、李固及沔县诸葛亮等墓，并探寻有无同样石刻，他如褒城石门及其余附近之古代之文化遗迹，亦拟调查，所用调查费若干，另行请款。

（七）为学生练习起见，拟派各生参与工作，例如测绘，记录，检查，摄影，或监视工人等事务。

（八）为工作便利起见，拟请本校函商各该地方当局协助办理。

——原刊于《西北联大校刊》第 1 期，1938 年。

发掘张骞墓前石刻报告书

按本文插图,共计十三幅,因制版不便,故从略,请作者原谅!
(编者)

本校历史系考古委员会(委员为许季茀、李季谷、陆泳沂、黄仲良、何乐夫、周国亭六先生。)以汉博望侯张骞为中国历史上不可多得之民族英雄,实有表彰之必要,乃决定将其墓冢加以整理。惟以各种关系,全部计划,未能实行,暂定第一步办法为清理墓前已露面之二石刻,并作为学生考古学一科之实习。惟此次工作简单,问题不多,兹将其经过情形,述之如次:

一、调查

二十七年五月二十日,本校同人,曾作一度调查。同往者有校长徐轼游、李云亭,主任许季茀、黎劭西、教职员李季谷、陆泳沂、许重远、谢渭川、何日章、黄仲良、唐节轩、佟伯润诸先生,及士骥、国亭,并男女学生等数十人。自上午八时由城固城内出发,至八时半到达,当由黄仲良先生摄影多张,(图版一:一、二、三,二:一,)复由士骥于墓之周近麦地内,及村旁,采得绳纹残砖,(插图一:一、二、三,)残瓦,(插图一:四、五、六,)花纹陶片,(插图一:七,)等。

惟于墓上及墓跟,未有获得。墓南约一百六十公尺之处,即为二石刻所在之地。时麦秋未届,二石刻在麦丛中,东西相对,隐约可见。其在东面者,颈部(头已毁)之最高点露出地面约四公寸,尾部之最高点露出地面约五公寸余。(图版二:一,)在西面者,情形略同。因系地面调查,故未有动掘等事,于石刻周围,亦未有陶瓦片等之采获。至十二时而返。

二、发掘

自调查以后,石刻全部,虽尚未见,但由已见部份之作风观之,似为汉物无疑。复由所得之陶瓦片砖块等,证之,其时代为汉,更属明确。遂由本会同人商定发掘办法。复由士骥雇定工人杨法娃为工头,言明每日工资国币六角,于六月十八日率赴该地重行视察,估计一切。惟据本地人云,"石虎(县志亦用此名)入地数丈,前曾经人挖掘,未得成功"。且颇多神话,谓"愈掘则入地愈深。每当夏季大雨,水涨石高,永远能保持其露面数寸之状态"云。因此,吾人虽不信其神话,但颇以其深度若干之说为然。故预计每日用工五名,约四五日可以完工。遂派定学生每日四人实习。(上午二人,下午二人。)诸事筹备就绪,即于七月三日(星期日)开工。出席者为士骥、国亭、(余诸先生因事未能出席。)及学生张循祖、杨贻。率同校工一名,工人五名,县府所派保安队三名前往。当即会同该地联保主任保甲长等,于上午八时开始发掘。因此时麦地已成水田,石刻露水面更少。士骥、国亭先令工人将二石刻之周围各筑东西长三公尺,南北宽二公尺之长方堰,以排去蓄水,坑之大小,即依此而定。复名东面石刻所在之坑为东坑,西面石刻所在之坑为西坑。惟泥水甚大,工作颇为不便。兹将工作记录述之如下:

坑名:东坑,西坑。

坑之面积:东坑东西长三公尺,南北宽二公尺。西坑同。

坑位地点:城固县西,饶家莝,张骞墓前。

发掘日期:二十七年,七月,三日。

指导人:何士骥,周国亭。

练习生:张循祖,杨贻。

工作时间:上午八时——十一时半。下午一时——六时。

工人:上午杨法娃等五名。下午增加工人二名,共七名。

协助人:县政府派保安队陈思礼等三名,联保主任朱秀峰,(严维馨代表)保长饶胜五,甲长饶文明。

石刻之各种情形:

(一)二石刻之概况:在东面之石刻,较在西面者为大。均作兽状。(疑与河南南阳汉宗资墓前天禄、辟邪二石刻相类? 详俟再考),蹲伏地上,头毁,足残,尾缺,表面全部多剥蚀,未见花纹与刻字。(两兽腹下亦加详查,东面者曾经翻动,西面者未动。)惟肋骨每兽左右各七,隐然可见。颜色青黑,制作古朴,状极生动。于考古学上,艺术上,确为极有价值之作品。

(二)二石刻与坟墓之距离:约一六二·四〇公尺[1]。(因石刻与坟墓相距之间,尽为水田,量法不甚准确,故为约数。)

(三)二石刻之方向:在东面者,尾东头西。在西面者,尾西头东,故两兽相对。

(四)二石刻相对之距离:一四·四〇公尺。

(五)二石刻露出地面或水面之距离:在东面者,颈部露出水面〇·一七公尺,尾部露出水面〇·一二公尺。在西面者,颈部露出水面〇·一五公尺,尾部露出水面〇·〇二公尺。

(六)二石刻之尺寸:

在东面者:全身长(颈部、臀部在内)一·七五公尺。

---

[1] ("一六二·四〇公尺"为"162.10 米",后同。——编者按)

自前残足著地部份量至颈顶,(因颈部后仰,适在前背与前足之上部)高〇·八五公尺。自后残足著地部份量至背顶高〇·六五公尺。

腰身高,因自前至后渐高,成一斜线,故未量。

腰周(最小部份)一·〇三五公尺。

腹周一·五四公尺。

颈周一·五五公尺(最大部分愈向上愈小)。

颈高(现存部份)〇·三七公尺。

前背宽〇·五五公尺。

后背宽〇·六〇公尺。

胸部宽〇·五六公尺。

臀部宽,因向后渐尖,未量。

足部均残,未量。

尾部仅存一沟,长〇·四六公尺,宽〇·〇六公尺。

前两腿间距离,〇·一五公尺。

后两腿间距离,〇·〇四公尺。

在西面者:全身长(量法同上)一·五五公尺。

自前残足著地部份量至颈顶,(情形同上)高〇·八四公尺。

自后残足著地部份量至背顶,高〇·六四公尺。

腰身高未量。(情形同上。)

腰周(量法同上)。一·二〇公尺。

腹周,一·四八公尺。

颈周,一·五二公尺。(情形同上)

颈高(情形同上)〇·二六公尺。

前背宽,〇·五〇公尺。

后背宽，〇·五八公尺。

胸部宽，〇·四八公尺。

臀部宽，未量。（情形同上）

足部均残，未量。

尾部仅存一沟，长〇·五六公尺。宽〇·一五公尺。（因臀部残缺，较东面者为甚。）

前两腿间之距离，与后两腿间之距离，未量。（因仅查视腹部之有无花纹与文字，而未翻动之故。）

（以上参看图版二：二、三）

东西两坑现实之长宽与深度：

两坑原定长各三公尺，宽各二公尺。但因水田之故，土质虚松，坑边屡次坍塌，几经修补，已成为不甚正确之长方坑。现实尺寸，东坑为东西长三·一五公尺，南北宽二·二〇公尺。深自〇·五八公尺——〇·六八公尺。

东西两坑内之地层：

两坑地层，大致相同，各可分为地面土（或名耕种土）（最上层），青灰色土（次层），褐色土（微黄）（最下层）三层。（以下简称"最上层""次层""最下层"）但因久经水湿及屡被扰动之故，层次虽有，似非原有状态，故不能作为确实之标准。兹据各边现实层次之较清楚者，述之如次：

东坑：东边，最上层厚〇·二八公尺，次层厚〇·一〇八公尺，最下层厚〇·二三公尺。（现在坑底止此。因吾人目的仅在发掘石刻，故以下停掘。余同此。）

南边，最上层厚，同上。次层厚〇·二〇公尺，最下层厚〇·二〇七公尺。

西边，最上层厚，同上。次层厚〇·一〇公尺，最下层厚〇·〇二〇公尺。

北边,最上层厚,同上。次层厚〇·一〇公尺,最下层厚〇·三〇公尺。

(附)西南角,与西北角,均为地面土与青灰色土混杂之土,层次不甚明晰。

西坑:东边,最上层厚同上。次层厚〇·一五公尺,最下层厚〇·一四公尺。

南边,最上层厚同上。次层厚〇·一三公尺,最下层厚〇·一九公尺。

西边,最上层厚同上。次层厚〇·一八公尺,最下层厚〇·一六公尺。

北边,全为地面土与青灰色土混杂之土,层次不明。

(附)东北角情形与北边同。

(以上地层,本应制纵切面图,因两坑土层,曾经扰动,故从略。)

东西两坑出土之其他器物:

东西两坑,因石刻入土不深,故由出土之其他器物观之可知其为已经扰乱之土。考其原因,盖一因耕种之故,二因水冲之故,三因曾经他人挖掘之故。兹由器物出土之情形与深度之关系言之,即可明白。如东坑共出碎砖一四块,最大者长一公寸,宽八公分,厚四五公厘[①]。最小者,长二五公厘,宽厚同为一五公厘。内仅一块隐约有绳纹。(插图二:一,)二块为灰黄色,余均为灰色,但均无纹。瓦片共一〇片,最大者,长七公分,宽五公分,厚一五公厘。最小者,长三公分,宽一五公厘,厚一公分。内仅一片为灰黄色,余均为灰色,但均无纹。陶片仅一

① (1公厘=1毫米,后同。——编者按)

片,长二公分,宽一五公厘,厚五公厘,为灰色,无纹,蓝花白地新瓷片二小片。缸瓷片二小片,缸瓷錾一小件,亦均为新品,无纹。余尚有天然石一小块。以上器物,各土层中均有,即为上下扰动之证。尤显明者,即为自地面深至〇·三六公尺时,出上述之绳纹残砖一块,及深至坑底时,复出上述之新瓷片一、新缸瓷片二也。此种情形,最足为地层扰动之证。他如所出砖瓦,陶片,十之七八,均为磨光而无锋棱,亦为上下翻动过多之证,决非器物埋藏地下所有之原状也。

西坑所出器物,碎砖共一五块,最大者,长七公分,宽四五公厘,厚四公分。最小者,长二五公厘,宽一六公厘,厚一三公厘。内仅一块为绳纹。(插图三:一,)一块为灰黄色,余为灰色,但均无纹。碎瓦共二四片,最大者,长四三公分,宽四公分,厚一五公厘。最小者,长二五公厘,宽一二公厘,厚七公厘。内一片为灰黄色,余为灰色,除略见工作纹外,均素无纹。陶片素而红色者二小片,(当为晚期物,)素而灰色者二小片,(内一片为陶器口边之一部,)缸瓷素而新者一片。至上各物,所出土层,仍无深浅之别。如上述之绳纹残砖,竟与新缸瓷片同出于石兽下之土层是也。(即现在之坑底,)而各物之久经翻弄而无锋棱,亦与东坑之情形同。是西坑亦为屡经动扰之一坑,与东坑器物同失其在考古学上之价值矣。

兹尚有声明者一事:即此次工作日期,因不知石刻深浅,故原定四日至五日。乃发掘结果,入地甚浅,(见上)遂以一日完之。次日上午,则仅补照工作照相三张。共用工资,膳食,及一切杂费国币　　正。(照相费在外。另有详帐。)

附带报告及提议

清毕沅著《关中金石记》,有功于金石之学甚钜。然其纰缪,亦往往而是。兹姑不论。即其于关中历代帝王、名人墓前所立之碑记,据士骥等历年调查之结果，知毕氏亦多依据方志，传闻之说，并无考古学上科学之根据也。如张骞墓，即其一例。据毕氏所修墓龛所立墓碑视之，则墓门当为坐北向南。盖自乾隆丙申，（即乾隆四十一年，公元一七七六年）迄今一百六十余年之间，已无人疑之者。实不知其墓门之确在东而不在南也。现墓门之隐约可见者，仅其门楣弧形之一部，侧立砖共二十余，内有二砖虽残，已可确知其为汉代之绳纹砖。余因埋没土中，未有动视，不敢全定。骥等既得此种发现，即询诸联保长等，谓"民国二十一年，确在此处经水冲出一洞，向内（即西）深至中尺八、九尺，则见砖壁整齐，分列三门，建筑宏大，后因小孩入内为土所掩，遂复封闭"。又云，"有风水先生者，谓此墓墓门，确应向东"。则毕氏此举之疏忽，可想见矣。虽然，墓门事小，方向亦无足轻重，吾人所欲急知者，即在此墓之本人究竟如何，时代如何，建筑如何，墓中所有之各种史料如何？倘能揭开各个墓门，作全部之清理，（以不动原物，仅加扫除为原则。）使国内外人士，既便于礼瞻，复于博望侯正史传外添设一遗物陈列馆，则观感亲切，必更易动人。于今日一致唤醒民族意识，对外实行抗战之际，必有极大之裨益，不仅为正史列传中增加一部份新注脚已也。或谓此事体大，不易办到，则能将现在墓门新封之土除去，入内一观，明其大略，亦较模糊影响称之曰张骞墓者，为益多多矣。至进行程序，可请校方先向城固县府商议，然后征取张骞后人同意。至实际工作办法，当再另议。敬请本会委员及许主任裁酌为幸！

二七，七，一二，于陕西，城固县，西北联合大学
——原刊于《西北联大校刊》第一期，1938 年。

长安城外鱼化寨新石器时代之遗址

　　鱼化寨新石器时代遗址,在长安城外西南约十二里。断面灰土极大,在数百步外,即可望见之。遗址所占地面,略作不规则之台地长方形,东西宽约194.00公尺①,南北长约81.50公尺。如插图叁即为遗址东边由南而北,复由北而东经土人挖取灰土后所成之折尺形(南北东)断面也。灰土之已暴露于外者,厚约1.90公尺。除最上层厚约0.65公尺之耕种土以下,均为极纯粹之灰白土与灰黑土。(插图叁,又图版1、2)

　　余赴彼处调查时,当廿六年八月中旬,遗址上高粱半熟,采取遗物,颇感困难,故均由断陂下地面,及断陂灰层中取得之。

　　在耕种土层中,有似墓穴者一二,略见汉代绳纹陶瓦片,及绳纹砖,方格纹砖等。除此以下,则全为石器时代之遗物矣。吾人近年在陕西各县及其他各地调查,史前遗址,尚未见有较此更大或更纯粹者,实堪欣慰。本拟商请理事长张扶万先生作一小规模之发掘,详细考察,以报告于学术界。只因国难日趋严重,有此心无此力矣!

　　案我国民族来源,迄今尚分东来与西来两说,然此问题过大,兹暂不论。即以黄河流域与长江流域,渭水流域与汉水流域相比,据年来国内外考古学者与吾人调查所得之结果,则我民族繁殖于黄河流域之早于长江流域,渭水流域之早于汉水流域,似已无大问题矣。

----

　　① (1公尺=1米。——编者按)

鱼化寨之遗址，居渭河之南，丰水之东，皂河、潏水（《水经注》作沈水）之西；龙首原、少陵原、神禾原、毕原、细柳原、高阳原诸高地之间。〔兹节绘《长安县志》山川图（插图壹）以资参考。〕背山临水，于先民生活居处，最为适宜。且去遗址之西北不远，即为后代周民族繁盛发旺之丰镐两京。更足见此区域为先民生养繁殖之要地也。（凡史前遗址，大都背山临水，即迄今亦然）。张扶万先生谓余曰："《书》云'丰水攸同'，《诗》云'丰水东注'，若从胡渭《禹贡锥指》之说，则丰泾大川，所有丰西之涝，丰东之镐、潏、灞、浐，禹时悉合丰以入渭，故丰得成其大。今得此伟大之先民遗址，或与丰水不无关系"。骥谓先生之说诚然。今案此遗址，北距渭河尚远，以董曾臣所修之《长安县志》宋敏求《志》水道图证之，（插图贰）窃疑宋图之所谓漕渠，（案图中起于丰水入渭处，东会浐灞合渭而注于河。）即《禹贡锥指》之所谓"引丰水为漕渠"，亦即最初丰水之故道也。〔按丰水之改道，当始于汉鸿嘉中王商穿长安城引内丰水注第中。

（见《汉书·王莽传》）其后历代建都，穿凿相承，遂相沿而成今状，由南而北，直入于渭矣。惟《长安县志》之宋《志》水道图，虽名漕渠却东合灞浐，会渭而注于河，实得丰水故道之遗迹。〕如此，与《禹贡》"丰水攸同"《诗》"丰水东注"之说正合。其遗址当时盖滨于丰水北岸，（见宋图）较诸利用渭水更为方便。且余因此益足以明遗址之时代矣：《诗》云，"丰水东注，维禹之绩"，疏云，"昔尧时洪水，而丰水亦泛滥为害，禹治之使入渭，东注于河，禹之功也"。《禹贡》"丰水攸同"，亦以丰水会集众流，同注于河，归功于禹。〔《禹贡》当为后人作。至禹之确有其人，证之铜器秦公敦之"鼏宅禹賮"，（案賮即迹字），齐侯镈钟之"处禹之堵，"（案堵即都字，或绪字），与经史子集之屡载禹事，已毫无问题。〕则遗址之左右，沿丰渭两河一带，在夏时及夏以前，必焉居民众多，部族繁荣，不然，丰水汛滥，于人无害，

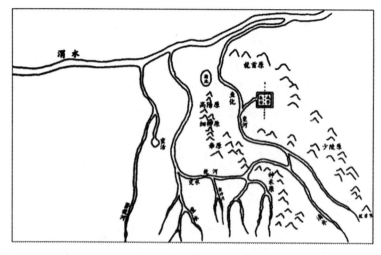

插图壹　节绘《长安县志》山川图①

禹何必治之,《书》《诗》何必大叙而特叙也。今案诸遗址所出器物红色细素陶片之多,当为新石器时代中期以后之物,即考古学者所通称为仰韶期者也。案仰韶期之说,瑞典人安特生(Andersson)氏谓在公元前三千年,约当黄帝以前;阿尔纳(Arne)(亦瑞典人)氏,谓在二千年至二千五百年前,约当黄帝少昊颛顼之世;国人李济之谓在一千八百年前,约当殷商以前;徐中舒谓在二千二百年至一千八百年前,约当虞夏时代;董彦堂谓约当二千年以前,即夏朝中叶以前。今以鱼化寨遗址所出之器物,证诸《诗》《书》所记夏禹之事,时代可谓悉合。世多疑考古之学,同于猜谜,今有此发现,得知吾人今日治学之由纸上材料与地下史实之二重证据立足者,非同空言泛泛也。以下分别叙述所采

---

① (插图一、插图二、插图三,按原图重新绘制线描图。插图四(1—34)、插图五(1—8),按原图重新绘制线描图,并按原图中的比例,添加比例尺。插图六(1—13),按原图中的确定的比例,添加比例尺。——编者按)

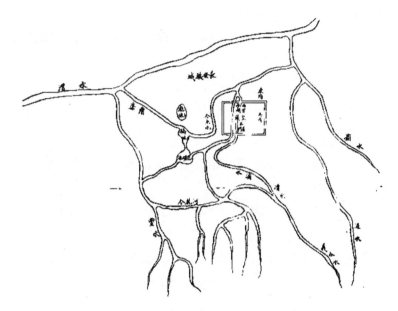

插图贰　节绘董修《长安县志》宋敏求《志》水道图

得之陶片,石器,骨器,角器,蚌器等。

鱼化寨之陶片,依色质之不同,约可分为下列之两大类:

一、红色陶片

甲、素面

表面有全部磨光者,有粗略磨光者,有曾磨光因剥蚀而似未磨光者。磨光之法,视其隐约可见与口缘平行之细痕,盖以磨具紧压陶器之面,由陶器在轮上之旋转而发生磨擦。但因质料极细,故表面最平滑之陶片,类多发生闪光。此类陶片,与仰韶红陶相似。即在陕西西自宝鸡起,沿渭水两岸东行,亦所在多有。

此类陶片之采自鱼化寨者,由其色质言之,复可分为下列九种:

(一)表里肉均红,质细而薄,无砂,轮制,略有闪光。厚度九·〇〇

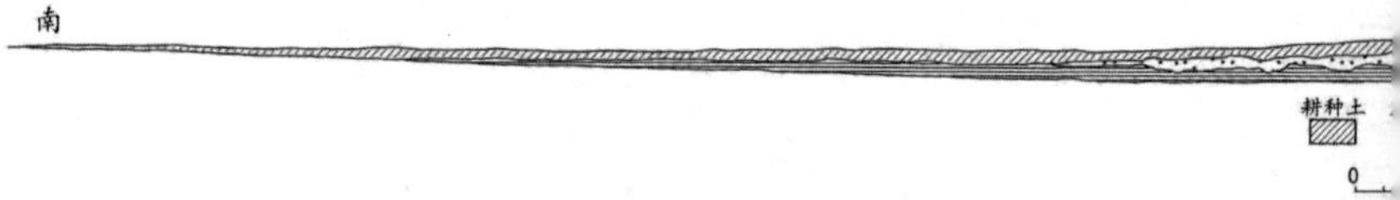

南

耕种土

0

插图一 西安鱼化

（以下插

插图叁

一四·○○公厘。

（二）表红褐里红，肉红黄，质细而薄，无砂，轮制，略有闪光，厚度八·○○—五·○○公厘。

（三）表红里红黄，肉灰黄，质细而薄，无砂，轮制，略有闪光。厚度同上。

（四）表里，肉均红黄，质细而薄，无砂，轮制，无闪光。厚度同上。

（五）表里，肉均灰黄，质细而略粗，无砂，轮制，无闪光。厚度一·○○—○·七○公分。

（六）表面红黄，里灰褐，肉半灰半微灰褐，质细，无砂，轮制，无闪光。厚度八·○○—三·○○公厘。

（七）表里，肉均灰红，质粗松，含砂，轮制，面极粗糙。厚度一·三○—○·八○公分。

（八）表灰红，肉，里红黄，质较（七）略细，含砂，轮制，面虽粗糙而较（七）略细。厚度一·一○—○·五○公分。

（九）表灰黄，肉，里红，质细而略含细砂，轮制，面不光滑。厚度一·○○—○·六○公厘。

乙、彩纹

鱼化寨红陶表面施以彩色而成纹饰者，据此次采集所得，仅有三种，质料均极细致：

（一）黑色彩纹（图版3、4、5）是纹盖经涂抹黑色彩釉加以烘烧而成。地位近器之口缘，围绕口缘而成宽狭不同之带状纹。宽度三·七○—

北

东

灰层图

一·四〇公分。

(二)红色彩纹(图版6、7、8)情状与上同。维为深红之彩色,似非烘烧时火候不同所致。宽度六·〇〇—五·〇〇公分。

(三)白色彩纹(图版9)情状亦与上同。维为灰白之彩色,惜仅一残片,其宽度不知。

丙、绳纹

纹分粗细两种。在此次采集中,数量最多。质料多粗松而含砂,细致者少(图版10、11)。

丁、旋纹

纹成凹凸平行之线状或带状,围绕器身,及口边。其制法,盖用坚锐之工具,紧压陶器之面,藉陶器在轮上旋转之力而成。质料在粗细之间,无砂(图版12)。

戊、刻纹

质料在粗细之间,无砂。刻纹式样可分两种:

(一)在已磨光之陶器面上,用尖锐之器,任意画成不规则之方格纹者(图版13)。

(二)在范制之陶器面上,用尖锐之器,任意画成不规则之多数平行线因而与陶器面上之原有范纹(如绳纹等。)交互错综而成网状纹者(图版14)。

己、印纹

此次采集所得,仅方格纹一片。线为凸纹,方格内均成洼下之方空。盖其印模上为刻成凹线凸方块而在未干之陶器面上印压而成。质料亦细,惟间有极细之砂砾(图版 15)。

庚、指头纹

仅得一残片,在略经磨光之未干陶器面上,用指头案捺而成凸凹相间之纹。今虽未得整器,以平日经验推之,当多在口边相近之处,每器不过彼此对称之四节,或二节而已。质料极细,无砂(图版 16)。

辛、黏条纹

在略经磨光而未干之陶器表面,用泥捏成之长土条缠黏贴于其上,成为若干平行围绕于器外之浮凸纹。此浮凸纹大都匾平。复于文上,用绳纹状之印模,搥击或印压而成文饰美观。又有将此黏贴器上之土条缠,以手指捏成凸起之棱而撇扭之使成粗绳状,复于此绳上用细绳纹状之印模压印之而成文饰美观者。然此等土条缠团绕于器身,于器之坚固,亦可增强也。质料粗松,所含砂砾,大而且多(图版 17、44,又插图伍:8)。

二、灰色陶片

甲、素面

此类陶片之质料,硬度制法,与上所述(一)类之红陶相似,特此为灰色而已。惟据此次采集所得,种类不如(一)类之多,约可分下列五种述之:

(一)表,里,肉全灰,(里稍淡)质细而薄,无砂,轮制,无闪光。厚度六·〇〇—五·〇〇公厘。

(二)表,里,均灰黑,肉灰,质细,无砂,轮制,无闪光。厚度八·〇〇—六·〇〇公厘。

(三)表,里,肉均棕灰,质细而薄,无砂,轮制,无闪光。(仅一片)。厚度六·〇〇公厘。

（四）表，里，肉均灰，略带青绿色。质细，略含细砂，轮制，无闪光（仅一片）厚度八·〇〇公厘。

（五）表，里，均灰黑，肉灰，质细，无砂，轮制，内外均有闪光，宛若黑陶。厚度八·〇〇—五·〇〇公厘。

乙、绳纹

纹有粗细四种：

（一）最粗　表里肉均灰，质粗，含砂，范制。厚度七·〇〇公厘（图版18）。

（二）次粗　情状同上。厚度同上（图版19）。

（三）再次粗　表，里灰，肉红棕，质较细，无砂，轮制。厚度八·〇〇公厘（图版20）。

（四）最细　表深灰，肉，里浅灰。余同上。厚度四·〇〇公厘（图版21）。

丙、旋文

情状与上述红陶片同。厚度七·〇〇公厘（图版22）。

总括以上所述，仅就采集所得之陶片言之，有下列四种特点：

（一）质料有细，粗，粗细之间，砂，四种。

（二）颜色（以外表为主）有红，灰，灰红，灰黄，黑，黄，六种。

（三）制作以轮制，范制，为多。间有手制。

（四）文饰有彩色，绳纹，旋纹，刻纹，印纹，指捺纹，黏条纹，七种。以绳状纹为最多。

至于陶器之形制，因仅采得粗，红，砂之残陶器一件（图版44又插图伍:8），完整之器，未能采得。询诸村人，虽谓出土之红瓦罐甚多，但欲购买一器，屡求不得。兹仅将所见之各种口边与底片之式样，图列于下。并附质料，颜色，制作，纹饰，半径长度表，以当说明。

口边之式样有下列之三十四种：

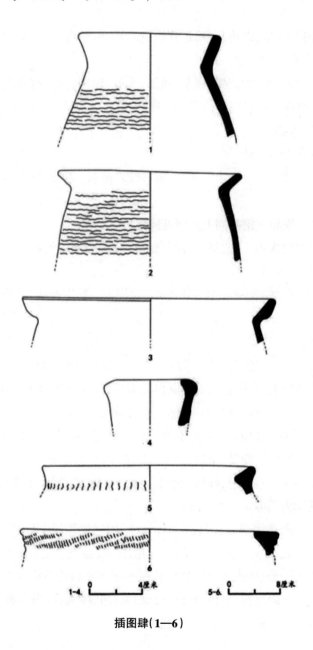

插图肆(1—6)

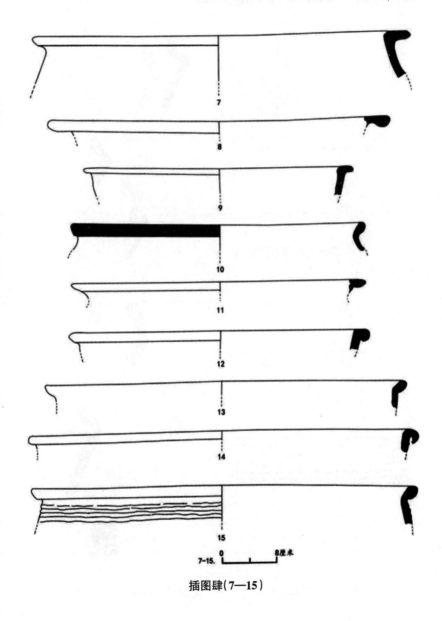

插图肆（7—15）

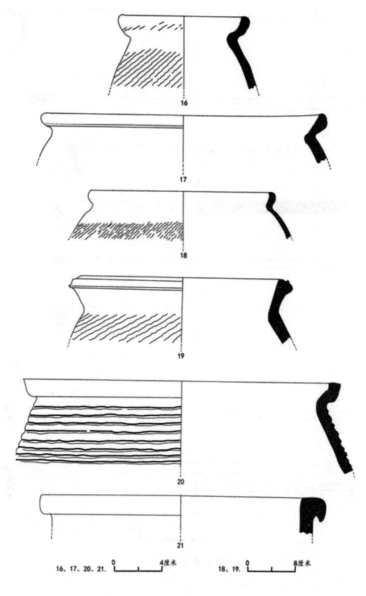

16

17

18

19

20

21

16、17、20、21. 0   4厘米   18、19. 0   8厘米

插图肆(16—21)

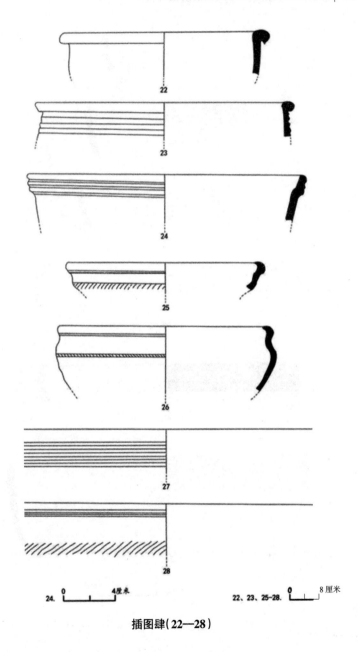

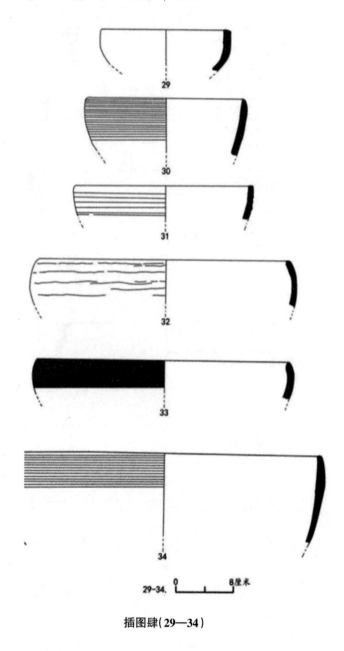

29-34. ⊢———⊣ 0　　8厘米

插图肆(29—34)

插图肆	质	色	制	纹	半径长度（公分）	形　　制
1	砂	灰红	轮	绳	5.50	外折唇侈口
2	砂	灰红	轮	绳	7.20	同　　上
3	砂	灰红	轮	素	10.00	同　　上
4	细	红	轮	素	3.70	内弯唇直口
5	砂	红	范	绳	16.70	外折唇弇口
6	砂	红	范	黏条	20.40	内弯唇弇口
7	细	灰	轮	素	27.25	外折唇弇口
8	细	灰	轮	素	24.40	外弯唇敞口
9	细	红	轮	素	19.30	外折唇侈口
10	细	红	轮	黑彩	21.00	外弯唇弇口
11	细	灰红	轮	素	21.20	外弯唇侈口
12	细	灰	轮	素	21.60	外卷唇侈口
13	细	黑	轮	素	26.20	外弯唇直口
14	细	灰	轮	素	27.70	外卷唇直口
15	砂	红	范	旋	27.60	外弯唇弇口
16	砂	灰黄	范	绳	5.60	外折唇侈口
17	砂	炭黄	轮	素	12.10	同　　上
18	砂	灰黄	范	绳	15.60	外弯唇弇口
19	砂	红	范	绳	18.95	外折唇侈口
20	砂	红	轮	旋	13.30	同　　上
21	细	红	轮	素	11.90	外卷唇直口
22	砂	灰红	轮	素	16.50	外折唇弇口

续表

插图肆	质	色	制	纹	半径长度（公分）	形　制
23	细	红	轮	旋	20.20	外弯唇龛口
24	砂	灰黄	轮	素	10.80	直唇敞口
25	粗	灰黄	范	绳	15.40	内弯唇敞口
26	砂	灰红	范	绳	16.60	内弯唇龛口
27	粗	灰	轮	旋	25.00	直唇侈口
28	砂	灰	范	绳	29.40	直唇直口
29	细	红	轮	素	9.00	直唇龛口
30	细	红	轮	红彩	11.10	同　上
31	粗细间	灰黄	轮	旋	12.20	同　上
32	同上	灰黄	轮	旋	17.30	同　上
33	细	红	轮	黑彩	17.30	同　上
34	细	红	轮	红彩	20.90	同　上

　　总上式样观之，鱼化寨之陶器，龛口最多，侈口次之，直口又次之，敞口最少。其颈部虽有长短之不同，但以短颈为最多。至口径之最大者，长五八·八〇公分；最小者七·四〇公分[①]。

　　底之式样，凡八种，兹复图表如下：

---

　　① （1公分=1厘米，后同。——编者按）

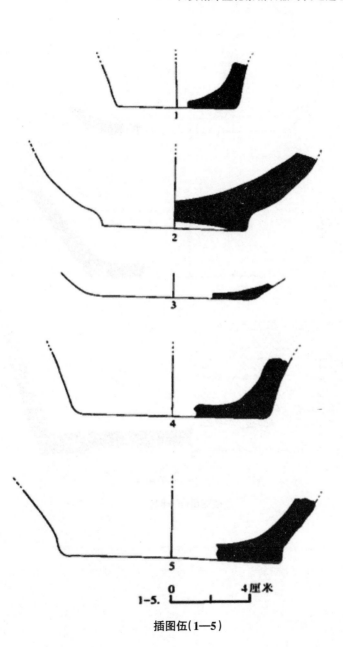

1-5.

插图伍(1—5)

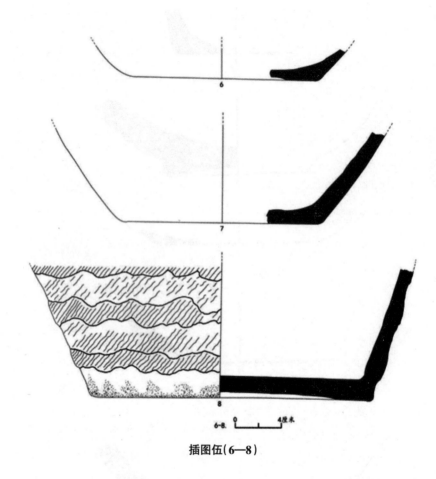

插图伍(6—8)

插图伍	质	色	制	纹	半径长度(公分)	底腹角	形 制
1	砂	灰	轮	素	3.70	105°	平
2	砂	灰	轮	素	3.80	125°	平
3	细	红	轮	素	4.10	142°	微凸
4	砂	灰	范	素	4.90	112°	平
5	砂	灰红	范	素	5.40	118°	平
6	细	红	轮	素	7.90	136°	微凸
7	粗	红	范	素	8.30	127°	平
8	砂	红	范	黏条	10.50	110°	平

由上列图表,可知鱼化寨所出之陶器,仅有平底与微凸底两种。(但另得一耳,似为平日所见红尖底罐之物,盖亦有尖底者。详下)。底面不见任何纹样,全系素面,或因年久剥落不见之故。

底径最大者,长二一·〇〇公分;最小者,长七·四〇公分。

底腹角最大者,约一四二度;最小者约一〇五度。

除以上所述之外,复得与纺轮类似之红色圆陶片七,(质细无砂,与仰韶陶片同如图版41、42)。灰色圆陶片一,(质粗含砂)。但均无孔。视其边缘,均由捶击而成,未经磨光手续。又有红色小方陶片一(质细,略含细砂,如图版43),边缘稍光,似曾经打磨者。又得陶器足一(图版40,又插图陆:1),色红,质粗,含砂,作圆锥状,中实。又得陶器耳一(图版39,又插图陆:2),色红,质细,无砂,试与陕西考古会陈列室之尖底红陶罐之耳比之,正相吻合,可知为竖鼻,设置于器身之上,用以穿绳或握持者。

石器

石器共得八件：

石凿：石凿共三器，其一颇精致，尚完整，为西京筹备委员会所采得。其二已残（如图版23、24、25，并插图陆：6、7）。

石斧：石斧仅一器，已残，视其形制颇大，惟不知其原形如何（如图版26，并插图陆：3）。

石磋：石磋共二器，亦已残。于其断面以放大镜察之，质颇松，又似陶制者（如图版27、28，并插图陆：4、5）。

石刀：仅一器，亦已残，存半孔。当为双孔或单孔石刀之残部。用作切，割，刮，削之工具者（如图版29，并插图陆：8）。

圆石片：仅一器，略成椭圆形，两面及边均磨光，厚约三·〇〇公厘（如图版30，并插图陆：9）。

角器

角器仅鹿角制之一件，长约一二·〇〇公分。成圆锥状，似作钻孔之用。因经久用之故，圆润光滑异常。（图版36，插图陆：10）。

骨器

采得兽骨共十八件，但均为小形。其有人工刀切痕者，共十器，然九器未成，仅可谓之骨料；（如图版31—34）其一器似为制骨镞而未成者，然器形已清楚可辨。长七·〇〇公分（如图版35，并插图陆：11）。至其余诸兽骨，多有火烧痕，但无刻纹等。

蚌器

蚌器之完整者，未见，仅残片二（如图版37，38，并插图陆：12、13）。

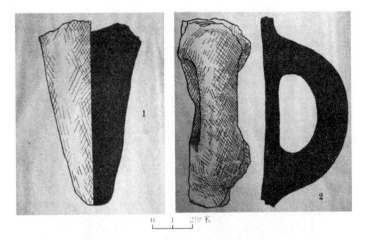

0 1 2厘米

插图陆(1—2)

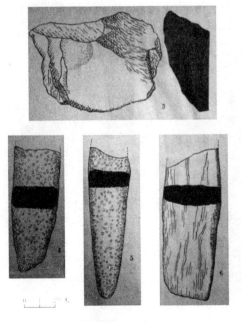

插图陆(3—6)

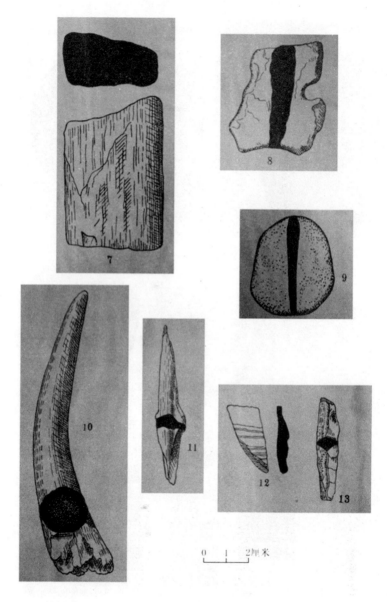

0   1   2厘米

插图陆(7—13)

(1)西望中之鱼化寨新石时代遗址全景

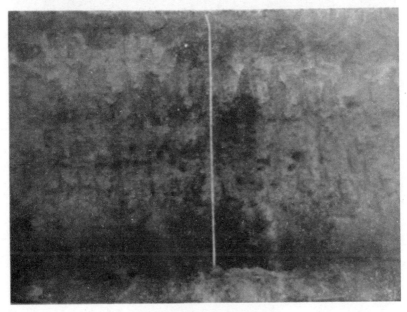

(2)鱼化寨遗址断陂之最厚灰层

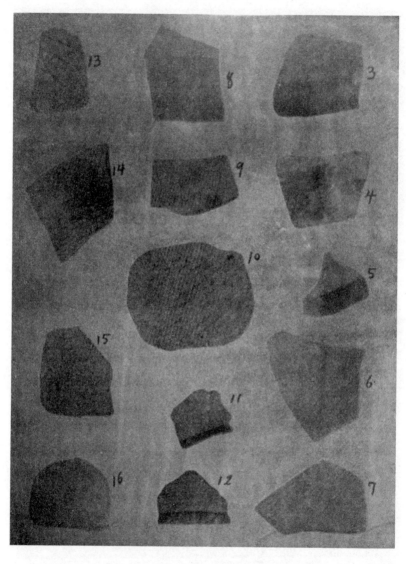

图版比例：全缩成 $\frac{1}{2}$

图版比例：全缩成 $\frac{1}{2}$

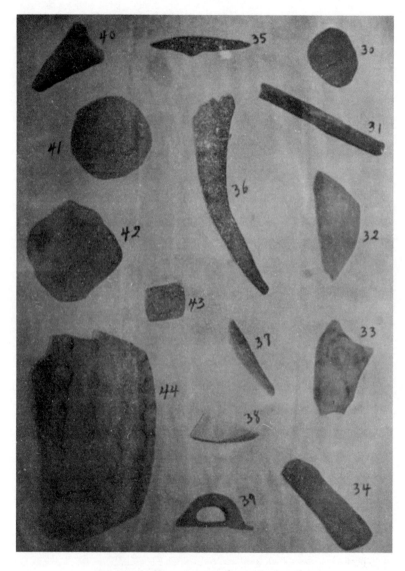

图版比例：**39、40、44** 缩成 $\frac{1}{3}$　余全缩成 $\frac{1}{2}$

——原刊于《西北史地》第 1 期，1938 年。

今后之考古学

真理无穷，人生有涯，以渺小有涯之人类，追求宇宙无穷之真理，虽间有若干精确智识之获得，而其所受之辛苦艰难，自可不言而知。然聪明有为之士，决不以此种困难而阻碍其前进而甘心自封于区区已得之智识而止。故常以极丰富之想像，构成其极伟大美妙之假定，处处找寻其真实可信之材料，以客观的态度处置一切。前瞻后顾，东比西较，综合分析，以求得新发明而扩大其未来智识之领域；或求出其结果，以补充、改正其已得智识之部份；并于其所假定之问题，亦得证明确切而无疑。此现今科学家之所以为"怀疑的"与"实证的"也。宇宙间之真理无穷，科学家之怀疑与实证亦无尽时。

然一般畏难苟安之人，或鉴于前人已成工作之伟大，遂震眩而不敢自主，竟丧失其前进、改正、批判之勇气，而成为宗教式之赞美、崇拜，阻止其宇宙间全面真理之研究，而专力于前人著述之故纸堆中，而不知对于故纸材料之应加以怀疑、抉择，用历史家公平正当之眼光以定其应得之价值，则又为人类智识进步之障魔，与科学家之罪人矣。

吾人生当今日，虽不敢以科学家自名，然自今日以至今后无论对于任何学问之研究，脑经中绝不应有"畏难"与"满足"等观念。惟有时时具备远大之目的，多方之假定，丰富之理想，浓厚之兴趣，敏锐之眼光，深刻之怀疑，勇猛之精神，冷静之态度，坚忍之意志，谨严之方法，高超之技术，置身于宇宙万物之间，筑心于真理真智之所在，以求得实证之效果,与优越之收获,使人类对于整个宇宙之智识大系,无分与未知与已知,人为与自然,传说与记载,实物与理论,日趋进步,日晋完美。斯吾人今日及今后应有之职责,亦所以远胜于前人也。

夫研究全体之智识既如是,研究个别之科学亦何独不然。考古学者,本为历史学之一门,而其所包涵之范围,有时实且过之。盖历史多偏重于人事之变迁,与事变之沿革。而考古则在未有人类以前,及人类以外之天文、地理、动、植、矿各门,凡存留于地上地下之遗物遗迹均包括之。惟历史之目的为求真,而考古则为求真之惟一法门,故谓考古为历史科学之一门也可。

至历史之有较善之著作,在欧洲则纪元前第五、六世纪之希腊已有。至真能超出古人之范围而成为实证之科学,则实受第十九世纪中叶黑格尔、孔德两派哲学之影响。前者以历史为绝对理性之发展,后者以历史为社会科学所必不可缺之根基。于是历史科学之地位突然增高,而研究历史之人亦骤然增多。一方对于史料之本身(如传说等亦在内。)亦知加以极缜密之探讨,而不敢以轻信。一方对于史料之来源,亦知尽量扩大以至于一切有文字之著录以外,或发掘,或整理,或取诸世上遗留之浅化民族之文化以为旁证与比较。于是人人对于历史之智识,不仅限于人类数千年有文字之著录,而在有人类及人类以前数十万年之经过,亦知广搜博证,考察其变化,寻求其因果。而历史乃开辟一新局面,而成为一种崭新独立之科学。吾国文字著录之历史发展时期,与希腊亦大致相似。而人间、地上、地下所遗留之文字与非文字之史料之丰富,实可谓全世界难有其比。然历来史家之著作,大都千篇累牍,抄袭雷同,几全成虚文。而尤大之缺点,则为人人以主观为出发点,故中国纸外之材料,既不为人所重。而纸上之材料,亦极少一部真实可信之著作也。直至清代末年之孙诒让、罗振玉、王国维,民国五、六年之梁启超、胡适、李济诸先生,先后盛倡以科学方法整理国

故之说,于是史学之面目一新。而对于史料本身及来源,均一致主张
缜密鉴别、评判、发掘、考查、整理,不再蹈前人墨守书本,迷信旧说以
为史家之责任已尽,而始使中国之历史崛然新兴,同列于世界独立科
学之林,则实由于清末以来诸先生提倡考古,运用考古方法以为改造
史学运动之基础故也。

今则全国学者已公认考古功绩之不虚,对于史学全体之推进,亦
已确实走入实证之阶段。吾人而不欲使此新兴生命之前程遭遇挫折
或夭亡,则惟有如骥以上所述,一秉科学家研究一切科学之精神方
法,併力以赴之而已。上承中外学者既启之风,继开后人研求无穷之
门,使昔日改造史学之运动,今日成为事实;今日已走入实证阶段之
史学,益臻于完美。不仅地位提高,得同列于世界历史科学之林,而国
人此后亦能确得一部科学的中国大历史以为民族走向光明路上之向
导,是则今日及今后考古学界责无旁贷之使命也。

虽然,以今日科学家怀疑实证之精神方法,而整理中国历史,使
成为一部科学的中国大历史,固为吾人从事考古学者责无旁贷之使
命,然此犹限于国别之见,拘于一隅之论。若以全世界人类文化而论,
则吾人今后之考古工作,当有更重于此者。吾中国为世界一大古国,
历史之悠久,文化之发达,世界罕有其匹。"成为东方文化中心"之评
论,学者早无异议。然此伟大之文化,固何自来乎? 谓发生于本土乎?
谓来自外方乎? 是诚一大问题也。世之讨论此问题者,已不乏人:如主
巴比仑①说或旧西来说者,有法人拉克伯里(T.de.Lacouperie)等,谓中
国之文化,系由巴比仑传来,黄帝即为巴比仑巴克族之酋长,率其族
东徙而至中国云。主埃及说者,有德人契且(A.Kircher)等,谓中国文

① ("巴比仑"今译作"巴比伦"——编者按)。

字与埃及同,可证中国人出自埃及;又法人余厄(Huer)德几尼(De Guignes)等,亦谓中国文化出自埃及云。主印度说者,有法人戈比脑(A.de Gobinean)等谓中国人之祖盘古氏,原系印度族人,由印度而来。此说虽指民族,然民族既由印度来,则其文化亦自由印度来矣。主印度支那说者,有德人维格耳(P.Wieger)等,谓中国人出自缅甸,先入华南,后至中原云。主中亚细亚说者,有英人保尔(Ball)美人攀柏尔(R.pumpelly)等,谓人类应发生于中亚细亚,后乃分二支东西迁移,一支入巴比仑,一支入中国云。主新疆说者,有德人李希霍芬(Richth-obfn)等,谓中国人出自中国土耳其斯坦即新疆,即由于阗东来云。主甘肃说者,有日人鸟居龙藏等,谓甘肃古有一族,尊上帝而敬祖宗,即为汉人之祖,后乃向东迁移云。主土耳其族说者,有瑞典人珂罗屈伦(Karlgren)等,谓新石器时代河南之文化,受西方影响甚大,如彩色陶器乃为在甘肃之土耳其族所传授云。主蒙古说者,有美人安得鲁(R.C.Andrew)及奥斯朋(N.F.Osborn)等,探险蒙古,谓蒙古或为人类发生地云。主新西来说者,有瑞典人安特生(C.G Anderson)及奥人师丹斯基(O. Zdansky)等,自民国十年以来,发现河南渑池县之仰韶村,辽宁锦西县之沙锅屯,及甘肃之贵德县、导河县、宁定县等处,皆有新石器时代以至铜器时代之遗址,以其遗物甚类于中亚细亚安诺(Anan)地方之古迹所发见者,因推论中国文化由西方或即巴比仑传来云。主本土说者,有法人罗苏弥(L.Rossomy)、英人洛斯(G.Ross)等,皆谓中国民族即发生于本地。而英人罗素(Russel)及韦尔斯(H.G. Wells)等亦谓中国文化系独立发展者。近复有世界文化移动,分为南北中三线,而中国文化属于中线者。

然案以上诸说,旧巴比仑说,早失学者信仰;埃及说近于荒诞;印度说出于种族偏见;印度支那说、中亚细亚说、新疆说、甘肃说、土耳其说、蒙古说等均近于理论及推想,而无确实可信之证据。维新西来说据陶器之制作,色彩,及形式而立论,方法较为精密,或有一部份可信。而中线移动说,大致无异于文化西来说。然均不如土著说之为有力也。吾国近年来华西华北各地,史前遗址,日有发见。铜器新石器时代之遗址尤多,而旧石器时代之遗址亦颇不少。(如甘肃庆阳、河套南鄂尔多斯①、陕西榆林、热河朝阳②、赤峰等地是。)甚至世界极古之人类遗骸即周口店之北京猿人,亦于一九二二年发见。(北京猿人,当居世界最早之爪哇直立猿人之次。直立猿人距今约四十七万五千年。北京猿人,距今约四十万年。或谓百万年。似未可信。)今复以发见旧石器各地点观之,则周口店似适居中心。则中国文化之发生于本土,与发生于本土之北京周口店,似极可信。然此说之完全成立,尚待多方之求证。倘此说而果证实,则北平研究院,中央研究院与其他学术机关各地之发掘,必可由点的文化,连成线的文化;由线的文化连成面的文化。复推而至于世界文化与中国文化相互之关系亦可求而得。其功绩之伟大,岂仅一部科学的国别史已耶?虽曰比美于哥伦布之发见新大陆,亦不为过也。是则吾人身任考古事业者,今日今后之使命,宁有更大于此者乎?吾愿吾同志之速兴而共勉之也!

一九四〇,于陕南城固

——原刊于《读书通讯》第 7 期,1940 年。

---

① (今内蒙古自治区鄂尔多斯市。——编者按)。

② (今辽宁省朝阳县。——编者按)。

西北考古记略

民国二十七年春，骥与国立北平研究院史学研究所一部份同人，随西安临时大学，由西安同迁城固，遂在西北联合大学（临时大学改称联合大学）兼课，以陕南古迹有关历史文化至巨，乃与许季茀、李季谷、陆咏沂、黄仲良诸先生，商请常委李云亭、徐轼游、李耕砚、胡春藻诸先生，组织西大考古学会，委员为黎劭西、许季茀、李季谷、陆懋德、黄仲良及骥诸人。后复成立考古室。骥以担任考古学功课关系，对于工作方面，遂多负其责。常利用假日，率领学生作公私费之课外实习，但所得仍属枝节问题。其中稍较具体者，为许（季茀）、李（季谷）、陆（咏沂）三先生任史系主任时之修理张骞墓，调查武侯墓，清理汉王城古墓三事而已。兹将所有经过工作情形，分城固、南郑、褒城、沔、洋五县，略述如左：

城固县萧何墓、樊哙墓、李固墓、杨从仪墓之调查——萧樊两墓本不可信，（《史记》太史公谓适丰沛，问其遗老，观故萧、曹、樊哙、滕公之冢）地面亦无何等古物之发见。李墓有二：在原公村者，伪；在长柳村者可信。（墓址与《水经注》所云合）墓前有宋乾道（南宋孝宗）年间立"汉忠臣太尉李公神道碑"。又有石兽二，制作与张骞墓前者同。又发见汉代之砖瓦陶片等颇多。杨为宋吴玠吴璘部下抗金名将，墓在杨填堰开国侯祠后院。墓前有宋乾道五年墓志铭，作碑碣状，碑阴刻有宋主诏谕，尚可辨认，为历来著家所未录。（杨公抗金功烈甚伟。《宋史》不载，仅附见于《宋高宗本纪》《张浚传》《金史》及墓志铭等。骥曾有专文论之,载二十八年《西北论衡》)。

张骞墓之调查与整理——(张骞为汉中人,《史》《汉》均有记载。《大宛传》索隐谓城固人)墓前有埋没土中之石兽二,现已清出,建筑砖台,展列墓前,墓身作覆瓦形,全为几何纹砖所砌成。方向东西,西门为侧门。但全部未清出。墓道内发见"博望□造"篆文陶印,及陶罐、带釉陶片、绳纹瓦片、五铢钱、铁钉、铜饰物、硃红土、漆皮、兽骨、螺壳等。墓已修葺,倍加封固,较前益为壮观。

汉王城(用县志名)下汉墓之清理——墓为驻军筑路时所掘出。建筑形式,与张骞墓相似。墓内发见博山炉盖一,上有云山、珍禽、异兽,状极生动,色为银绿釉。铜盘一,有游丝草花纹。又有五铢钱、带银釉蛟首陶勺、带绿釉兽首衔环残陶钟、残铁剑头、绳纹陶片及硃色绘纹陶片等。在清理前被乡民窃去者,有带釉陶灶、陶仓及灰绳纹陶罐等。

各地古砖之调查——多数为汉砖。字纹者,有篆书之"元凤(西汉昭帝)三年十月十日孟氏造"砖,"君贤宜□"砖,"子孙烦殖"砖,"大吉"砖,"五铢"钱模砖,"大泉五十"钱模砖。花纹以几何纹为最多;又有服牛乘马、倒立人、射猎、亭长、武士、朱雀、楼树、兽面、鱼虾、鸟、龙、虎、龟、凤、猴、鸡、马、牛、麟、蛇各种花纹砖。汉以后者,字纹有"建元(秦苻坚)十□"砖,"元康(西晋惠帝)八年七月十一日造"砖,"元嘉(刘宋文帝)三十年八月七日□造"砖,"成化(明宪宗)二十年八月□"砖,及其他各种图案纹样砖。总计骥及冒兴汉、刘朴、赵擎寰、徐褐夫、杜学知诸氏所藏所拓,花纹已多至四百余种,(但多数为大同小异之几何纹)拟将来合出一《城固砖录》云。

唐仙观遗址之调查——观内现有"唐仙人公房碑",记王莽居摄二年公房升仙事。立碑年月日虽不明,观其文字制作,当系东汉时物,为陕南碑记之最古者。观外地面有汉代陶砖瓦片等甚多,以近湑水河岸一带为尤甚。

霸王寨汉王城之调查——案诸史籍,汉王、霸王,未有建都城固之事,故名称未必确是。但两址隔汉水南北对峙,其形势足以控制汉江上游通道,为古时用兵之地无疑。而遗址中各有汉砖,陶、瓦片,残瓦当等之发见。据民间所云,往时尚有铜箭镞之犁获,而贾晰光氏且谓霸王寨有石斧之发见也。(骥于汉王城亦发见小形石器,但用途不明)。

胡城遗址之调查——胡城又名古城。县志,及《史记·大宛传》《汉书·张骞传》均载有"张骞与胡妻及堂邑父返汉"之事实。而《水经注》《读史方舆纪要》《汉中府志》等,亦有胡城及胡城为张骞返汉后所居之记载。但确否待证。而以所出器物观之,上层有汉砖瓦陶片等,下层有瓦鬲足,瓦鬲片,含石英砂砾之粗绳纹灰红陶片等,似尚在汉以前。面积东西南北各长二百十九公尺,确似一古贵族之住宅。今年春假,余复率西大史系学生朱端伦、刘磊、阎蕙涵、王瑞明、朱洪涛、李廷举、唐承庆等,西北师院国文系史地系学生曹述敬、古德敷、李式岳、陈鸿秋、李武身、王维民、赵汇泽等作私费之调查,曾于城外发见汉墓两区,已被文川河所冲毁,砖砌拱门已大半呈露。砖纹均为绳纹及几何纹。又发见残破之灰色兽首衔环汉陶钟一,及汉陶片、硃红土等。惜未完全清理,恐尚有可参考之史料存焉。

各地造像经幢之调查——在元公寺者,有北周建德(武帝)二年之石造像一,及无字之石造像三。或谓碑阴有字,现因树立壁间,故未及见,视其作风,当为同时之物,又有唐乾符(僖宗)六年经幢一,余于瓦砾堆中寻得之。(仍存寺内)在青龙寺者,有石造像二,有铭文者,已被土人易去,现存者伪,又有古刻青龙寺图碑一。在宝山、斗山者,有明代铜造像多尊,内尚有弘治(明孝宗)时铭文者。

庆山赤土坡之调查——庆山上相传有烽墩古基,现已不见。山西南有赤土坡,地当湑水谷口,形势极为险要。据志,谓系诸葛武侯驻兵拒魏之处。现山石上尚发见古时椽眼多处,惟是否确系武侯遗迹,则未敢定。

各大水堰之调查——城固最大水堰为五门堰,始建于元县令蒲庸,重修于明县令郝晟、乔起凤,清县令毛际可等,灌溉全县水田。其次为杨填堰,为宋杨从仪去安康郡侯职后所建。灌溉城、洋两县水田。(有清吴荣光等碑记可以参考)。再次为高堰、百丈堰、上官堰,水利较小。城、洋地称富庶,赖此诸堰之力为多。碑记数十种,完存无缺,可资研究水利者之参考。然各堰实与汉山河堰有渊原之关系也。(可参看褒城宋摩厓《汉中新修堰记》等文)。

其他各种古物之调查——城固各地明代之建物尚有,如石坊文庙(一部)等是。而明代碑刻尤多,其中以无年月之西人传教碑,(记法兰西人方神父自明崇祯庚午来华传教事,现城固各县信奉天主教者甚多)。尤可宝贵。壁画明以前,或明代者,未见。书籍字画,元明者,藏家尚有。古窑发见一处,在汉王城莲花池旁,遗物有汉砖瓦片等。钱范(大泉五十)五铢钱、大泉五十、货布、宋钱(以修路某军队所发见者为最多,数量为一大瓮,瓮口尚盖一花纹之铜镜。钱文有宋太祖时之"圣宋元宝",仁宗时之"皇宋通宝",及"天圣""庆历""熙宁""宣和"等等。无南迁以后者)。石斧、石凿等,亦时有发见。类似仰韶期之绳纹红陶片,及汉以前之云雷纹陶片,虽有极少。山叶虫化石,铺路之水层岩石板中,随在皆有,均出于褒城之梁山。南宋开禧元年之铁法轮一,在宝山寺中,上有年月及第几世祖至第几世祖之铭志。

南郑县城郊及小南海石灰岩洞之调查——南郑城郊亦有汉代陶片及石器等之发见。城南七十里有小南海,其石灰岩洞有二,颇大。上洞现已筑室数十间以备香客之居住。下洞大而且深,寺僧谓可通至四川。光线沈黑,水势甚巨,燃灯而进,可数里不敢复入。惟未见有化石类之古物发见。

青石关青狮之调查——关去小南海约六七里,去四川约四十里。关址已废。相传谓有宋代之青石狮二,现仅见不明形状之一青石而已。而土人尚有香烛之供奉焉。视关之形势,当为先时由汉中入川要口之一。

褒城县石门、鸡头关、褒河沿岸之调查——石门诸刻全在,无须多述。鸡头关在最高峰,势极险峻,古栈道之遗址尚存。褒河沿岸,有宋乾道二年摩厓之山河堰记。又有小形之灰土堆数处,内有汉代之陶瓦,砖片等。

沔县定军山武侯墓,武侯祠各地之调查——诸葛武侯墓有二:一在定军山山麓(与亮本传遗命死葬定军山之说合)。有明代万历年间碑记。墓龛系砖石砌成,建筑古拙,当为真墓。一在院落,上建茅亭,当为后起之土堆而非墓冢。山之附近,昔日农人耕种,时有铜蒺藜、铜箭镞之发见。(余与陆咏沂先生亦有购得)武侯祠有武侯塑像,为清代物。有章武(蜀汉昭烈帝)二年之石琴,系一伪品。又有唐贞元(德宗)十一年碑记,碑头系元时所加。武侯读书台,已无古迹可寻。惟汉代之砖陶瓦片等,各地均有。

沔惠渠附近之调查——渠旁有被工人掘出之汉墓数处,汉砖堆积甚多。砖纹与城固发见者略同,惟作车轮状之模印纹,较为别致。又见有"建初(东汉章帝)四年造"字纹砖,及字纹陶片、饕餮纹陶片、云雷纹陶片、圆凹底绳纹陶罐、铜镜、残铜洗等。而"五囗"(或"囗五"篆文之残铜器一小件,"形似五铢钱",最为少见。马超墓上,亦见有汉砖,瓦片等之堆积也。

洋县城附近之调查——开明寺在县城南门内,据明弘治年间碑记,谓自唐宋以来,迭有修建,今寺已废弃。有塔一座,作风与长安城南小雁塔颇相似。然屡经修筑,痕迹显然。仰望塔龛内所有佛像,有铜,有石,有泥,多为后代增补。塔旁土坑内,汉唐宋元明陶瓦砖瓷片等,约略可见。据段子美氏所知,尚有宋庆元(南宋宁宗)六年铁鼎,现已移置东岳庙化迷亭前云。造纸坊相传为汉蔡伦造纸处,实不足信。地面亦未有何种古物发见。城内外所见汉砖,花纹较异者,有鱼纹上加以"五十"二字者,又有模印"□中部曲□"字纹者。县署二堂壁上,有卧碑三:一为唐韩幹所画马,二为唐戴嵩所画牛,神情至为生动。惟是否真迹或重刻尚待考。至题辞则因前时县令恶上峰索取之烦,已尽行铲削,现仅存"韩幹"二字而已。余尚有宋皇祐(仁宗)四年,及伪苏东坡题诗卧碑数方。(苏碑真者,闻已被清时县令窃去)。今岁五月间,在开明寺附近,复发见宋墓一,由西大史系学生刘磊、李廷举、阎蕙涵等自费前往调查,明确无误,略得宋瓷片,残陶器片等,数件。

谢村镇智果寺一带之调查——谢村镇一带,由土人所藏石器观之,分量颇多,而形制亦颇不一。冒兴汉、赵擎寰两先生各购一件,余亦于坡地上拾得一器。但土人均名为雷楔,谓用此可以辟邪,故价值颇昂。智果寺闻有宋明藏经,但未获见,现已设有保管委员会保存。明代铜像,则有嘉靖(明世宗)年间铭志者,亦有无铭志者。多为坐像,约六七尊。作风与宝山、斗山者相同。至汉代之砖陶瓦片,自城固以至洋县五十里内,一路均有发见。

总上所述,调查之处,就陕南全区而论,尚属极小部分,而材料采集,亦有得有不得焉。然工作经过,前后断续,时阅数载,亦可见经济、时间、人事,各种困难之多。现余拟于课暇与学生共同编整之,作成一比较详明而有统系之报告也。至于此后室外工作之进行,因学校当局赖校长(琎)、杜代院长(光埙)、王代院长(文华)及丁主任(山)等,提倡学术,均非常热诚,将来定有更大之发展也。时三十一年夏。

——原刊于《读书通讯》第 52 期,1942 年。

考古一得

昔吴大澂于长安得古陶器,名曰"汉瓴",喜而为之叙曰:

> 大澂得此于长安,陈寿卿丈极赏之,以为未见未闻。惜阮刘叶张诸老之不得见也!旋又获一瓴,制与此同。有一杨字作"𥴩",亦残缺不完。是器下宽上杀,中空无底,有"霸陵过氏瓴"五字。按《汉书·高帝纪》"犹居高屋之上建瓴水也,"注引如滴曰,"瓴,盛水瓶也。"《说文》"瓴,瓮似瓶也。"《管子·度地篇》"瓴之尺有十分之三,"注云"瓴,谓瓴瓶也。"《汉书·酷吏尹赏传》"致令辟为郭,"注云,"令辟,甀瓨也。令辟即瓴甓之省。"今观是器,非盛水之瓶,其为屋上注水之具无疑。瓴甋当即零滴,甋即滴字,为今江东呼檐瓦为滴水,得此,可正《汉书》注之误。殊可宝贵。双瓴居士记。

读吴氏此文,知因得是器而特名曰"双瓴居士",其欣喜之情,可以想知。盖以为从此不仅"瓴"字得其造谊,即"高屋建瓴"一语之解说亦由是获一定论,可以发历来注家之覆矣。骥始亦深觉此种新颖可贵材料之发见为吴氏幸,愿以仅见其图录(附图一,系吴氏原图。)未获睹其实物为憾!自是每出调查,必特加注意。一日赴市肆,见二器与吴氏所云者同,不禁大喜,以为奇遇。急购之归,欲作研究以补吴氏之缺,因吴氏对于古器物之研究,仅言其用,而未详其质(质地)色(颜色)制(形制)纹(纹饰)之何如也。

既已稍加整理,即取吴氏之文校阅之,乃恍然于吴氏考鉴之未审,与予读书之粗疏也。按騹二器,(附图二、三,)一器文曰"霸讃過氒肜"五字,中一字稍泐。(附图二,)又一器文同。惟首二字,仅存"陵"字下半之一部,而"过氏瓴"三字,则完好无缺。(附图三,)取以与吴氏所录者(附图一,)相校,则完全符合。且见吴氏所录之铭识为更明晰之"霸陵过氏瓴"五字也。至是始悉吴氏之所谓"瓴"者,乃一从瓦今声胡男切之"瓵",而非从瓦令声郎丁切之"瓴"也。盖旧本传说之有待于实物之证验者,如此。兹为订定其名称曰"汉瓵",而略加考释附于后:

一、用途

《说文》"瓵,冶槖榦也。从瓦。今声。"徐铉补音,胡男切。段注改治作冶。又云,"冶槖为排囊,排读普拜切,其字或作鞴,或作橐。冶者以韦囊鼓火。老子之所谓橐也。其所执之柄曰瓵。榦,犹柄也。引许者冶皆讹治,而其义湛薶终古矣。"段说极是。惟谓瓵为所执之柄,则非。按榦,《说文》"筑墙端木也。"《玉篇》"榦,柄也。"《广韵》"肵,排囊柄也。"(案《广韵》瓵从月,当为从瓦形近之讹,因篆文月瓦形极相似也。至谓"亦作瓵",当为后起之字。)段氏盖为用《玉篇》,《广韵》之说而致误。而许君以榦释瓵谊,亦非是。窃谓榦即管字,《后汉书·窦宪传》注:"榦,主也。或曰古管字。"《文选·洞箫赋》"原夫萧榦之所生兮",注谓"小竹",实亦管也。竹管中空,吹之发声,古人用为乐器,故管籥又多礼用,《孟子·梁惠王下》所谓"管籥之音",是也。又籥亦管也,以竹为之,郑君于《诗·宾之初筵》"籥舞笙歌"下所笺是也。而范应元注《老子》于"天地之间,其犹橐籥"下云,"冶炼之处,用籥以接囊橐之风冞,吹炉中之火",明籥即管,管即冶槖之榦,说最精确。盖冶槖以皮为之,则为古之韦囊,(今亦有用者,)以木为之,即为今之风箱;接冶槖之风而导入于炉令吹火炽盛者,则为榦,犹乐人所吹之管籥也。

是诚冶橐鞴之本谊,亦即䤛字之本谊矣。器古以瓦为之,故字从瓦;后以木为之,故《集韵》作梣从木。今予与吴氏所得,均为管状之瓦筒,且为汉代之器物,确合䤛字之造谊。清陈诗庭著《(读)说文证疑》,谓"鞴当以瓦为之,故字从瓦,形如竹筒,故曰鞴曰柄。"陈氏虽未见是器,可谓卓识!

至䤛字从今,许谓今声,则予犹有说也:盖字之从今声者,无不含有今义,即无不含有交接连合之义也。按今,《说文》是时也。从人从乀。乀古文及。言及(逮也)时弗失则为今也。含,《说文》嗛也。从口今声。言口有所衔蓄也。金,《说文》五色金也,亦从今声,言集合众金而成五色也。吟,《说文》呻也,亦从今声,言口噤禽而声不舒出也。贪,《说文》欲物也,亦从今声,言敛聚贝货而不与人也。念,常思也,亦从今声,言时思而不释于心也。䤪,《说文》酒味苦也,(《说文》此字,段补。)亦从今声,言饮酒而闭口,示味苦也。歆,《说文》歠也,亦从䤪声,䤪又从今声,(古文歆从今水)言饮者必合其口而始不外遗也。衾,《说文》大被也,亦从今声,言被大能受人而掩覆之也。又衾与襟同,《释器》襟下郭注,谓交领也。方言,衿谓之交,是衿又有交接连合之义也。裣,《说文》交衽也,亦从金声,而金又从今声,是裣又有交接连合之义也。其他从今之字尚多,兹不悉举,盖凡从今声之字,无不含有今义与交合之义者。今䤛既从今声,《集韵》又作梣,从䤪,自必含有今义而为交接之器或连合他物之器无疑。又《广韵》作肣,亦云作䤛,按肣为函之或体,(见《说文》)从含亦有空义,则是物之必为外实中空之器甚明。今以验诸实物,无不合者。则䤛之为排囊与炼炉间之通风管也,复何疑哉?抑亦可以知古人造字运思之精矣。

䤛字之造谊既悉,用途既明,则《说文》系传之改"鞴"作轮,《玉篇》之释䤛为似瓶有耳,许君之作冶橐为治橐,均可不辨而知其诬矣。

二、质地

器之质地为泥质(似胶泥)而含细砂,硬度极大。砂砾之大者,径约三公厘弱。泥砂之间,时见有闪光之极小石英片与砂金屑。若仅论其质地而不睹小篆之铭识,则几疑为仰韶期同时之物。

三、颜色

器之全体,表里均为灰红色,盖由烧制时激水而成。里面灰色程度较大。筒口较小之一端,两器虽均残毁,而细察图二之一器,尚留有烟火之痕迹故颜色较黑,盖为当时衔接于炼炉者。

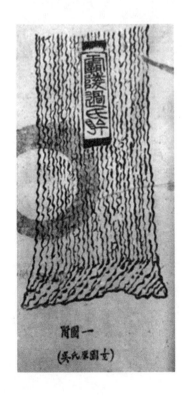

附图一
(吴氏藏图—)

附图二
陆大吉

附圖二(仮切面)

原大玄

附圖四(縱切面)

附圖五(橫切面)

四、形制

　　器之形制，均为圆筒状，现长三公寸弱。(按原长似不止此。)系范制而兼轮制者。其较小一端为直口，(现口径五·八公分)虽已残缺，考其筒壁厚度，则渐小渐厚，(厚薄不一)(附图二，三，五)其较大一端，则筒壁厚度，渐大渐薄，至口缘而外敞。(亦厚薄不一，现口径，九公分)(附图二，四)表面满被粗绳纹,方向与筒身平行。惟较大一端,则有环绕口外之绳纹多道,方向与筒身平行之绳纹成钝角,(附图一,二,三)盖系烧制前用绳缠缚之所致也。

又小口表面之绳纹多磨灭,两器亦各残毁过半,颜色亦较他处为灰黑,足为此端接风时纳入炼炉气口内易于损毁之一证。大口口缘既外敞,表面绳纹及颜色亦完好,损毁亦仅极小之一部,足为此端接风时套在风箱或韦囊气口外不易损毁之一证。

五、纹饰

器之表面,全为粗绳纹,(已如上述)各有"霸陵过氏砐"五字,篆文,阳识[1]。外加长方廓。(附图一,二,三)字既精神,式亦美观。里面全部平滑,似曾经用器之打磨者。惟因质地过于粗硬,缺蚀之点甚多,且兼有裂纹也。

予写此文即毕,尚有不能已于言者:即吴氏清卿,治金文,多所发明,有功字学。著《字说》、《说文古籀补》、《愙斋集古录》,均称精审,成一家言。独于此器,误释若是,何也? 又潍县陈寿卿氏,考鉴古器物文字,精审冠一代,而于此器竟不加是正,反极赏之以为未见未闻,则又何也? 吴氏以阮刘叶张诸老之不及见为可惜,予亦以吴氏之不及见为可恨也! 愿世之好古同志,当亦知斯学之不易矣!

——原刊于《国立西北师范大学季刊》,1942 年。

---

[1]("识"疑为"刻"。——编者按)

陕南考古记

余读三十四年一月三十日国立西北图书馆所主办之《西北文化周刊》"文化动态"内载有教部艺文考察团在城固发现东汉花纹砖二十余种一文。余不禁旧地重怀,欣然久之。爰将流居陕南数载(二十七年至三十二年)调查所知之古迹物记载,汇而集之,作简要之叙述,以备研究西北文化诸同志,采择焉。

兹分城固、南郑、褒城、沔县、洋县五区述之如次:

城固县萧何墓、樊哙墓、李固墓、杨从仪义墓之调查——萧樊两墓本不可信,《史记》太史公谓:"适丰沛。问其遗老,观故萧、曹、樊哙、滕公之家。"是不在城固可知。地面亦无何等古物之发现,李墓有二,在原公村者,伪。在长柳村者,可信(墓地与《水经注》所云相合),墓前有宋乾道年间立"汉忠臣太尉李公神道碑"。又有石兽二,制作与张骞墓前者同。又发见汉代之砖瓦陶片颇多。杨为宋吴玠吴璘部下抗金名将,墓在杨填堰开国侯祠后院,墓前有宋乾道五年墓志铭、作碑碣状、碑阴刻有宋主诏谕,尚可辨认,为历来著家所未录。骥以重修城固县志而发见之。杨公以靖康(钦宗)丙午勤王之诏。奋身投募,其抗金功勋至震伟烈,先后与金房转战于和尚原、益门镇、大散关、凤岭、宝鸡、凤翔,渭河南北各地,凡数十战,战无不克。而尤以救二亲于青溪寨之役,最为神勇,最为吴忠烈玠所心服。因此宋军声势大振、得挽颓局。说明:当时号曰"忠孝两全"。然《宋史》不为立传,旧见于《宋高宗本纪》《金史·张浚传》墓志铭等。骥曾有专文论之,载二十八年《西北论衡》后复有文载于重庆《读书通讯》。窃谓此碑之价值,实足与《裴岑记功碑》先后彪炳于宇宙间不朽。

张骞墓之调查与修理——张骞为汉中人,《史》《汉》均有记载。《大宛传》索隐谓城固人,其墓前有埋没于土中之石兽,现已清出,由西北联大建筑砖台,展列墓前。墓身作覆瓦形,全为几何纹砖所砌成,方向东西,西门为侧门。但全部未清理,墓道内发见"博望口造"篆文陶印,及陶罐带釉陶片、绳纹瓦片,五铢钱、铁钉、流金铜饰物、硃红土、漆皮兽骨、螺壳等等。

现墓已于民国二十七年由西北联大考古委员会派骥清理修葺,倍加封固,较前益为壮观矣。至博望开发西北、抚慰边廷之功烈、昭垂史册,有口皆碑,固无揆于骥之赘述矣(详细报告曾有部份发表于《西大校刊》及《说文月刊》"西北文化"专号)。

汉王城(用县志旧名)下汉墓清理——墓为驻军筑路时所掘出,建筑形式与张骞墓相似。墓内发见博山炉盖一,上有云山、珍禽、异兽,状极生动。色为银绿釉。铜盘一,有游丝草花纹,又有五铢钱、带银釉蛟首陶勺、带绿釉兽首衔环残陶钟、残铁剑头、绳纹陶片及硃色绘纹陶片等。在清理前被乡民窃去者,尚有带釉陶灶、陶仓及灰绳纹陶罐等多件、未竟收归公有。

各地古砖之调查——多数为汉砖,字纹者有篆隶书之"元凤(西汉昭帝年号)三年十月十日孟氏造"砖、"建初(东汉章帝年号)四年造口口口"砖、"永元(和帝年号)十六年九月作"砖、"口君贤良子孙"砖、"君贤宜口"砖、"子孙烦殖"砖、"大吉"砖、"五珠"钱模砖、"大泉五十"钱模砖。花纹以几何纹为最多,又有服牛乘马、倒立人、骑凤、猩猩形(猴?)、射猎、亭长、武士、朱雀楼树、兽面、鱼虾、鸟、龙虎、凤、鸡、马、牛麟、山水、星辰、鹿、麝、龟蛇交泰、交颈鸳鸯各种花纹砖。汉以后者,字文有"建元十口"砖、"元康八年七月十一日造"砖及其他僧像、亭园、林鸟、各种图案花纹砖。总计骥及赵擎寰、冒兴汉、刘朴、徐褐夫、杜学知诸氏所藏所拓花纹已多至四百余种（但多数为大同小异之几何纹砖,而以汉代为最多。考其不同种类,至少亦在一百种以上）。拟俟抗战胜利后,合出一《城固城录》云。

唐仙观遗址调查——观在神仙村,观内现有《唐仙人公房碑》,记王莽居摄二年公房升仙事,立碑年月日虽不明,观其文字制作、当系东汉初年时物,为陕南碑记之最古者。文虽剥蚀,犹大半可读。观外地面有汉代砖陶、瓦片等甚多,以近渭水河岸一带为尤甚。

霸王寨汉王城之调查——案诸史籍,汉王、霸王未有建都城固之举,故名称未必确是。但两址隔汉水南北对峙,其形势足以控制汉江上游通道,为古时用兵之地无疑,而遗址中各有汉砖、陶、瓦片,残瓦当之发见□□□之"服千乘马"花纹砖即在汉王城麓所获得。亦为同人友朋招寻汉砖之先声。据民间所云,往时尚有铜箭簇之犁获、而贾晰光氏且谓霸王寨有石斧之发见也。（骥于汉王城亦发见小形石器,霸王寨则未得,似两址于汉以前已有人居住者。）

胡城遗址之调查——胡城又名古城,县志及《史记·大宛传》《汉书·张骞传》均载有"张骞与胡妻及堂邑父返汉"之事实,而《水经注》《读史方舆纪要》《汉中府志》亦有胡城为张骞返汉后所居住之记载。由余与友人及西大学生调查所发见之器物观之,上层有汉砖瓦陶片等,下层有瓦鬲足、瓦鬲片,含石英砂砾之粗绳纹灰红陶片等。似尚在汉以前,面积东西南北各长二百十九公尺,确是一古贵族之住宅。三十一年春假,余复率西大历史系学生朱端伦、刘磊、阎蕙涵、王瑞明、朱洪涛、李廷举、唐承庆等,西北师院国文系史地系学生曹述敬、古德敷、李式岳、陈鸿秋、李武身、王维民、赵汇泽等作竟日之调查,曾于城外发见汉墓两区,已被文川河所冲毁;砖砌拱门已大半呈露、砖纹均为绳纹及几何纹。又发见残破之灰色兽首衔环汉陶钟一、汉陶片、砟红土等。城西墙外□□见□□□□□一残毁之墓址,惜均未完全清理,恐尚有可贵之参考史料存焉。

各地造像经幢之调查——在原公寺者,有北周建德二年之石造像及无字之石造像三,或谓碑阴有字,现因树立壁间,故未及见。视其作风,当为同时之物。又有唐乾符六年经幢一,余于瓦砾堆中寻得之(现仍存寺内),在青龙寺者,有石造像二,有铭文者已被土人易去,现存者伪。又有古刻青龙寺及士女礼佛图碑。在宝山、斗山者,有明代铜造像多尊,内尚有弘治时铭文者。

庆山赤土坡之调查——庆山上相传有烽堠古基,现已不见。山西南有赤土坡,地当湑水谷,形势极为险要。据志谓系诸葛武侯驻兵拒魏之处,现山石上尚发见古时橼眼多处,惟是否确系武侯驻兵遗迹、则未敢定。

各大水堰之调查——城固最大水堰为五门堰,始建于元县令蒲庸。重修于明县令郝晟、乔起凤,清县令毛际可等,灌溉全县水田;其次为杨填堰,为宋杨从仪去安康郡侯职后所建,灌溉城、洋两县水田(有清吴荣光等碑记可参考)。再大为高堰、百丈堰、上官堰,水利较小。城、洋地称富庶,赖此诸堰之力为多,碑记数十种,完整无缺,可资研究水利者之参考,然各堰实与汉山河堰有渊源之关系也(山河堰,传系汉萧何修,可参看宋乾道二年“汉中新修堰记。”在褒城摩崖)。闻五门堰等,曾经西北水利专家李仪祉先生亲自测绘,亦可见其关系民生之重要矣。

其他各种古物之调查——城固各地,明代之建筑物尚多,如石坊(系明代城固□□□□□□□□所建,人兽雕刻,至为生动)文庙(一部□□□□□□□)尤多,其中以无年月之西人传教碑(记法兰西人方神父自明崇祯庚午来华传教事,现城固各县信奉天主教者甚多)尤可宝贵。壁画明以前或明代者,未见;书籍字画,元明者,藏家尚有、(闲高家尚有宋元明版藏书多种,曾官清代抚道。)古窑发见一处,在汉王城莲花池旁,遗物有汉砖瓦片等。钱范(大泉五十)、五铢钱、大泉五十、货布、宋钱(以修路某军队所发见者为最多,数量为一大瓮,瓮口尚盖一宋代花纹之铜镜)钱文有宋太祖时之"圣宋元宝"、仁宗时之"皇宋通宝"及"天圣""庆历""熙宁""宣和"等等。然无南迁以后者,盖为当时避难他徙之人民所埋藏者。石斧、石凿等,亦时有发见。类似仰韶期之绳纹红陶片、及汉以前之云雷纹陶片,虽有,极少。山叶虫化石、铺路之水成岩石板中,随在皆有,均出于襄城之梁山。南宋开禧元年之铁法轮,在宝山寺中,上有年月及第几世祖至第几世祖之铭志。□修塕惠渠,吾友郁士元先生于斗山冲积层中复发见剑齿虎头部化石、象牙化石、及其他哺乳类化石等,价值尤大。继而求之,或可与北平周口店有同样重要之史料发现。

南郑县城郊及小南海石灰岩洞之调查——南郑城郊亦有汉代陶片及石器之发见,城南七十里有小南海,其石灰岩洞二,颇大。上洞现已筑室数十间以备进香人之居住,下洞大而且长,寺僧谓:可通四川。光线沉黑,水势甚巨,燃灯而进,可沿洞边石道而行约数里,□□□□□□□□□类之古物发见。然□两洞情形,当有发见古人居住遗迹之可能,因距小南海不远之牟家坝一带,有玄古代岩石发见,距今已为一万万年以前者,则此带地壳造成之早。而在远古之有生物生长,当可想知。

南郑龙岗寺史前遗址之调查——民国三十一年二月,教部令师院派□赴城、洋诸县辅导各中学教课,余亦为被派辅导国文之□□;至三月二十九日,为黄花岗烈士纪念日。汉中各校停课,余遂赴南郑西关外十二里之龙岗寺作考古之调查,同行者有邹豹君、李玉涵两先生及学生丁峥嵘君一人。及至,地处汉濂两水之间,灰土遍地,一望而知为古人居住之遗址也。石器之多,俯拾即是,仰韶陶片,到处可见。

石器制作方法约可分为三期：第一为打制石器，第二为琢磨石器，第三为磨光石器。余深喜第一种石器时代，之早，有旧石器同步之可能。□□亦当为真正新石器时代之物也。在华西各地虽略有发见，而在汉水流域如此大量发见，则尚为第一次（据石璋如先生来信所云）。五月初旬，陆懋德先生率学生作休学旅行亦往观之，亦深信有旧石器遗物之可能云。至于陶片，则红灰色粗绳纹陶片外，有细泥质之红陶片，简单黑彩之红陶片，深黑色之薄陶片等，用器则有鹿角器等，化石则有蚌类化石，土人称之为龙鳞云。而□□后王□基先生之调查，则谓尚有冰川遗迹之发见。据黄仲良、殷伯西两先生之继续调查，则谓此遗迹发现之价值极大，并嘱余为西大史学系学生作以发掘之实习，余以来兰，未克举行。至龙岗寺之西数里，即连接褒城之梁山山脉，而梁山固为出大量古生代化石者：如寒武纪之三叶虫、奥陶纪之石燕、直角石，志留纪之笔石、二叠纪之□刺贝等甚多。□龙岗寺之有旧石器时代人类遗址之发见，非全无可能也。

青石关青狮之调查——关去小南海约七十里，去四川约四十里，关址已废。相传谓有宋代之青石狮二，现仅见不明形状一青石而已。然土人尚有香烛之供奉焉。视此地形势，当为由汉入川要口之一。

褒城县石门、鸡头关、褒河沿岸之调查——石门诸刻全在，无须多述。鸡头关在最高峰，势极险峻。余立其上，俯视县属各地，如在目前。古栈道之遗址尚存，褒河沿岸有宋乾道二年摩崖之山河堰记，又有小形之灰土坑数处，内有汉代之陶瓦、砖瓦等。

沔县定军山武侯墓、武侯祠各地之调查——诸葛武侯墓有二，一在定军山麓（与本传亮遗命死葬定军山之说相合），有明代万历年间碑记，墓龛系砖石砌成，建筑古拙，当为真墓。一在院落，上建茅亭，当为一后起之土堆而非墓冢。山之附近，昔日农人耕种，时有铜蒺藜、铜箭镞之发见（余与同人亦有购得）。武侯祠有武侯塑像，为清代物，有

"章武二年"则字之石琴,系一伪品。又有唐贞元十一年碑记,碑头系元时所加,武侯读书台已无古迹可寻,惟汉代之砖陶瓦片寻,尚各地多有。

沔惠渠附近之调查——渠旁有被修渠工人掘出之汉墓数处,汉砖堆积甚多,砖纹与城固发见者略同,惟作车轮状之模印纹较为别致。又见有"建初□年造"之字纹砖及字纹陶片、饕餮纹陶片、云雷纹陶片、圆凹底绳纹陶罐、铜镜、残铜洗等。而"五□"篆文之残铜器一小件(形似五铢钱)最为少见,马超墓上亦见有汉砖瓦片等之堆积也。

洋县城附近之调查——开明寺在县城南门内。据明弘治年间碑记,谓自唐宋以来迭有修建,今寺已废弃。有塔一座,作风与长安城南小雁塔颇相似,然屡经修筑、痕迹显然,以望远镜仰望塔龛内所有佛像,青铜、有石、有泥,多为后代所增补。其砖质者盖系原物,塔旁土坑内,汉唐宋元明陶瓦砖瓷片等,约略可见。据同人段子美氏所知,尚有宋庆元六年铁鼎,现已移置东岳庙化迷亭前云。造纸坊相传为汉蔡伦造纸之处,实不足信。地面亦未有何种古物发见。至蔡侯祠之壁上,尚有汉代字纹(已忘)之汉砖,城内外所见汉砖,花纹较异者,有鱼纹上加以"五十"二字者,又有模印"黎平部曲□"字纹者。县署二堂壁上有卧碑三,一为唐韩幹所画马,二为唐戴嵩所画牛,神情至为生动。惟是否真迹或仿刻则尚待考。至题辞则因前时县令恶上峰索取之烦,已尽行铲削,现仅存"韩干"二字而已。余尚有宋皇祐(仁宗)四年,及伪苏东坡题诗卧碑数方,(苏碑真者,闻已被清时县令窃去)。三十一年五月间,在开明寺附近复发见宋墓一,由西大史系学生刘磊、李廷举、阎蕙涵等前往调查。携回瓷器残片及残陶片等,确系宋墓无疑。盖洋县城附近之□布河旁,亦间有瓦离片之发见。

谢村镇智果寺一带之调查——谢村镇为洋县较大之一乡镇、由土人所藏之石器观之,分量颇多,而形制亦极不一。冒兴汉、赵擎寰两先生各购一件,余亦于坡地上拾得一器,为灰绿岩,但土人均名为雷楔,谓用此可以辟邪,故价值颇昂。智果寺闻有宋代藏经,但未获见,闻现已设有保管委员会保存。明代铜像,则有嘉靖年间铭志者,亦有无名志者。多为坐像,约六、七尊,作风与宝山、斗山者相同。复以碑记参考之,盖藏经亦明代物也。至汉代之砖陶、瓦片,自城固以至洋县五十里内,一路均有发现。

以上所述仅据骥调查所知者,略记之如此,其详则尚待他日著专文也,至所有重要之采集物,则均存于西大考古室内。

三十四年二月一日于十里店

——原刊于《西北文化》第 14 期,1945 年。

十里店新发现的屈肢葬与交肢葬

　　自从人类知道用埋葬方法来掩埋死人以后,其放置尸体的姿式,大约可分为直肢葬、屈肢葬,与交肢葬三种(据现在已发现者而言)。直肢葬虽然还可以分作仰身直肢与俯身直肢,但在古今墓里较为普遍(尤其是仰身直肢),兹不赘述。次之则为屈肢葬,再次则为交肢葬;而交肢葬且为吾人最新之发现,为一极可宝贵之创获,极有价值之史料。兹为分别研讨如下:

　　欧洲在上古石器代、中古石器时代,以至新石器时代,已有屈肢的葬法。以后到了欧洲的青铜器时代,如瑞典、丹麦、德国、西班牙、葡萄牙、英国与中欧,也有这样的葬法。其他如非洲、亚洲、北美洲各地,也曾经在古代盛行过。甚至非洲的 Hottentot 部族与 Banta 部族,亚洲的安南、日本,美洲的某些埃斯克摩部族与某些红印度部族,及澳洲各地,到现在仍然继存着这种风气。这样看来,屈肢葬是很悠久的时代性与很普遍的地方性的。现在就中国本地来看,也已发现不少。比较著名的,如河南安阳县的大司空村,河南辉县的琉璃阁,山西①历城县的城子崖,甘肃宁定县半山区的边家沟,镇番县的沙井村,接近我们国家北部的亚洲俄罗斯的南部,也有不少的发现。这些屈肢葬的通行区域,实在可以说是很大,而数量也可以说是很多了,惟交肢葬

---

　　①("山西"当为"山东"。——编者按)

则在各地尚未见过。我们十里店这次的发现,可以说是第一次的新发现,实在是一种文化史上、宗教史上很有研究价值的珍异史料。

屈肢葬的姿式有几种？大约可分为"上下肢均屈"与"仅屈下肢"的两种。上下肢均屈的,即两下肢并向右侧或左侧屈着;上肢则右肢向上屈举着,左肢则伸直而置手于骨盆上或其近旁,曾见于上述的大司空村、城子崖、边家沟各地。仅屈下肢的,即两下肢并向右侧或有[①]侧屈着,两上肢则均伸直而交会两手于骨盆上,曾见于上述的大司空村、琉璃阁、城子崖、沙井村各地。今十里店所发现的两种葬式,我们姑且以甲乙两墓之名称代之,则乙墓为上下肢均屈的葬式,而甲墓则为完全未曾见过的上下肢均交的葬式。

乙墓(见图)发现于十里店油矿局西约半公里的山沟西侧(为一黄河冲积扇上的第三层台地,高出河面约四十五公尺)。原为山水所冲出,已露一殉葬陶罐之半而被同学康秉衡、陈必忠、漆树藩、侯畿、史琮、张清海等所发现。墓底大致平面,圹的四壁不甚规则,高约〇·六〇公尺,宽约一·二〇公尺,长约 一·四〇公尺。惟因圹底的土质土色与填入的完全一样(为风与水冲积成的净黄土)。故两相黏合,几乎已经不能分开,且无棺木白灰物的痕迹,殆为当初随便掘一土圹而埋入者。由其土圹的长度看来,也可知道不能容纳人之全身而为一屈肢之葬(因足后尚置有殉葬之大陶罐)。头顶向北,偏东十五度;面向右;上身向左侧仄着,而略近仰身平放;两上肢均向右向上屈举着,而左手则置于肋骨及胸骨之上,右手则置于地上;两下肢亦则均向右侧屈着,其姿式几与两上肢之屈势相似,两股骨几与两上肢之尺骨桡骨之屈势相平行;惟两股骨与脊柱骨所成之屈度甚大。右股骨已压于骨盆

---

①(据文意,"有"当为"左"字。——编者按)

与脊柱骨之上,而两股骨与两胫骨两腓骨的屈度亦甚大,所成之内角约在三十二度左右。虽与上述各地之屈肢葬式略有不同,然其为一屈肢葬则甚明。殉葬物品,则有灰黑色粗质含沙小陶罐侧置于枕骨之旁;红色细质黑彩腹带两耳之陶罐正置于左肩之后上方;灰黑色粗质含沙口边附带两耳(各耳从口边连接肩部)。肩周黏有指捺上条纹之陶罐正置于足跟之下方(器残,仅有口与肩部,视其形状颇大)。

甲墓(见图)发现于十里店西北师院大礼堂左侧的台地上(亦为黄土冲积扇上的第三层台地,高度约同上)。圹口距地面约二·三公尺,圹底留成平面,内外土质土色与乙墓情形相同。圹之四壁,已甚难辨,故高度不明,宽约一·三六公尺,长约二·五〇公尺,亦无棺木白灰物之遗迹。殆亦为随便掘一土圹而埋入者。头顶正向东南,足部正向西北;面稍向右;上身仰身平放;两上肢均伸展,而至尺骨桡骨部分则交会于脊柱之上,两手骨则成交叉状而分置于骨盆之上(左前臂骨在右前臂骨之上)。两下肢亦伸展,至胫骨腓骨部份而成交会,两足骨亦如手骨而成交叉之状(左小腿在右小腿骨之上)。殉葬物品,自左足端至右足端联列共四器:(1)(2)为红色光素细泥薄肉颈部附带两耳之陶器。(3)为灰黑色粗泥含砂肩部附有一耳口边带有交叉刻纹之陶罐(残)。(4)与(3)相似,惟颈周为黏有指捺土①条纹之陶罐。左上肢骨之旁联列共二器:(1)红色粗泥带绳纹之小陶罐(形似铜器之觯,当为觯之前身)。(2)为灰黑色粗泥含砂之陶碗。头部上方自右面至左面联列共五器:(1)为红色粗泥绘彩带一残耳之陶罐。(2)为灰黄色细泥绘彩带两耳两瘤耳之陶罐。(3)(4)为红黄色细泥绘彩(极精美)各带两耳之陶罐。(5)为大形红色粗泥无砂而器身绘有环绕黑带纹之陶罐。再

---

①("土"当为"上"——编者按)

此人牙齿之形状,亦甚为特别,与乙墓中人颇不相同。乙墓中人之牙
齿与今人相差不多,而此人则上下门齿均成为磨平之柱状(与辽宁砂
锅屯洞穴层的老人牙齿相似,盖因当时食物含砂过多所致。)又上下
门齿与门齿并大齿之间,距离自二公厘至八公厘,九公厘至十一公厘
之宽,似为寻常所少见者。

　　兹复为讨论此种葬仪之时代、来源与意义于后:

　　屈肢葬葬仪之时代,据安特生氏《甘肃考古记》谓边家沟之葬仪
为甘肃彩陶的仰韶期,时代在公元前三千二百年至二千九百年之间;
吴金鼎氏《中国史前陶器》谓与河南后岗之第三期(即小屯文化期)陶
器同时;高去寻氏《黄河下游的屈肢葬问题》谓最少要比战国时代早
六、七百年。高氏又推定大司空村、琉璃阁、城子崖、沙井村各墓的屈
肢葬均为春秋至战国时代的葬仪。吾亦以此说为可信。今案各墓之殉
葬物品,为陶器、骨器、铜器(如带钩、戈、矢、剑、鼎、铜杆头饰、鉴等)、
车马饰物(如辖、镳、镳、勒等)、玉器(如佩玉、玉璧等)、棺木、白灰物
等等。虽亦偶有不见殉葬器物与棺木者,盖为平民墓葬之故。是则此
等墓葬之时代,最早恐在殷周以至春秋战国时间。至沙井葬地所出之
陶器,既带有外来之风气(安氏以为在苏萨之后),又有松绿石饰珠,
及小件铜器,带翼铜镞等等,则更可见时代之晚,无怪安氏后来重订
其时代为公元前六百年(案:即东周定王之时)至一百年(案:即西汉
武帝之时)之间也。惟边家沟之屈肢葬古墓,殉葬物品为石斧与彩色
陶器,绝无铜器一类之物,与十里店之甲乙两墓极为相似。又边家沟
殉葬器物之陈列情式,为围绕于尸体之四周,与十里店甲墓亦极相合
(见图)。虽十里店之甲、乙两墓无石斧之发现,而十里店经吾人五、六
年来之详细考查,本少石器之发现(仅一石斧、一石线板而已)。则此
二墓当不能因无石器而推断其年代之较晚。且观其彩绘亦确与甘肃
彩陶的仰韶期者相同,则吾以为此二墓与墓内的主人翁,非仰韶时代

之人、物,亦必为西周初年之人、物也。而甲墓之交肢葬,观其骨骸、头骨、与牙齿之情状,或尚较乙墓为稍早(裴文中、黄文弼两先生亦如此说)。

屈肢葬来源之一问题,据吾国年来考古学界之调查,黄河下游如鲁(城子崖)豫(仰韶村)各省,自新石器时代末期以至春秋以前,均为直肢葬而无屈肢葬之发现,按诸史籍则自春秋以后黄河流域华北各地,均有异族等(戎、狄、羌、苗等)之侵入与居住记载。再观诸器物的作风,亦可看出受有司克泰西北利亚文化的影响(如沙井村等)。则春秋以后的屈肢葬,或以受有外来文化的影响,很有可能(高去寻氏对于此说,亦多所证明)。至甘肃西北各省,本来地处边塞,历代多以荒服视之,则在古代葬仪之受外来影响,更觉可信。至交肢葬不仅在其他各省尚未发现,而在甘肃亦尚为首见,则将来当有更多之发现,以为其更有力之证明也(如十里店所发现之彩陶及墓葬,土人均谓为西番之遗留,亦可为外来色彩旁证之一)。

至此种葬仪之意义,究竟何在?虽为吾人所欲急知之一重要问题,但再三思之,实未能得其结论。窃思人类最早之时,必不知有埋葬之法。至有埋葬,乃为后来人文进化之事。诚如孟子所谓:"盖上世尝有不葬其亲者,其亲死,则举而委之于壑。他日过之,狐狸食之,蝇蚋姑嘬之,盖归反虆梩而掩之,……"者是。至于人尸之放入圹中,亦必以挺直之姿势为最早。盖人之既死,除伛偻脰挛有特别病故者外,其身手四肢,必僵硬挺直,俗语称人死为"两脚笔直",殆真为写死人之实状者。故吾以为直肢葬当为人类最原始之葬仪,亦自然之姿势使然。吾人今日从考古上发掘之经验言之,亦确知自新石器时代末期以至现在,为一脉相承的仰身直肢葬仪,而屈肢葬仪则为至战国时代始发生者(已见上)。至交肢葬之姿式,虽较直肢葬为人为,但较屈肢葬为自然,或即为直肢葬与屈肢葬中间之一种过渡葬仪欤?若然,则今日得此以补直肢葬与屈肢葬中间之缺，诚不可谓非极有价值之新发现也。至于世人所推测之屈肢葬理由有"返回胎儿之原状""捆住死人之安坐""表示要生之姿态""合乎睡眠之休息""节省埋葬之地方"以及其他种种宗教上之说法。窃思交肢葬殆即"捆缚死人""表示安坐"与含有若干宗教上之意义者也，若谓此外而尚有其他独特之含义，则其价值尚且更大。吾深望考古学界之同志有所研究之而教益之，幸甚！

再:乔敬众、戴鸿杰两先生，为协助画图及清理一切，敬谢。

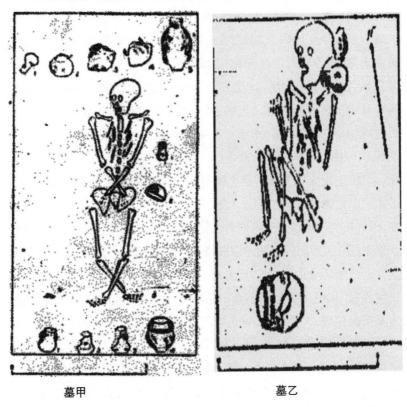

墓甲　　　　　　　　　　　墓乙

十里店新发现之墩军碑

余于民国三十二年由城固来十里店,沿黄河北岸西行有土墙,春季随校旅行安宁堡,同人同学谓余曰:"此古长城也"。余察其形制而答为明物。然未及细考,急欲得《皋兰县志》一查而未果。及夏间访友人唐节轩先生于城内,以志之古迹部份相赠。余展卷,即见有"长城在黄河南岸,明万历元年补修;旧边城在黄河北岸,建筑年月无考。新边城在皋兰县北,明万历二十七年筑"。余始信余说之不甚诬也。余尝以为今日十里店沿河西行之土墙,及断续相望之废堡残墩,即志所载之旧边城也。其建筑基层,间或有在明以前者,而大致均为明物。《县志》又载"旧边城东起盐场堡,西止沙冈墩,共长五千六百二十丈"。沙冈墩,余尚未往,未知其审。而志则引明三边总制杨一清诗(见《县志·古迹志》)以为边城时代之证明。余以为此诗一可为边城筑于清或明以前之证,一可为边城筑于一清同时之证。案一清为明孝宗弘治间人,今安宁堡东门外关王庙内有明世宗嘉靖三十九年立之《创建关王神庙碑》。其言云:"先是河北农家,常被虏患。少傅邃菴杨公为总制时,建议于朝,以河北临河要害,建置二堡:东曰盐场,西即安宁。戍以重兵,严以烽燧。由是虏患稍熄,人得耕牧,明弘治乙丑(案:即孝宗弘治十八年,公元一五〇五年)。"夫杨氏既筑二堡以驻重兵,则其外间筑边墙、墩、台以资守望可知。又今十里店东口有一堡,视其规模制作,余亦疑为明代物。案志有"大芠口堡,正统十年(案:即明英宗正统十年,公元一四四五年),守备李进以兰州卫地接瓦剌、赤金、哈密,恐被侵略,完要塞以守边。正统十二年,复筑哨马营堡,以绝贼寇往来之通道。此营堡以里数计之,当即今之费家营及十里店堡"之记载,足为吾说之佐证矣。

余存此观念已久,虽间复考其建筑,稽诸史籍,略可自信其不诬,然总以未得实物文字之记载为憾。故每于授课之余,间步之际,往来城侧,未尝不特别注意。月前有土人挖窑于边城之下,余亦再三往视,□□其有无古物发现,而卒无所得。此次全国动员,驻军于校址(西北师院)北首之墩上筑防御工事,余以其范围较大,或有珍贵史料获得之希望,乃时命国文系工友往探,一日归报,果出一石也。余急偕孙涧滨、何汝壁、乔敬众诸同人往视,则见刻文清楚,题额略蚀而字迹可辨,不胜欣幸之至!遂商得同意,舁回本院史地系保存,以资研究。碑长〇·六四公尺,宽〇·五一公尺,厚〇·一〇公尺(又附出一砖,长〇·三九公尺,宽〇·二〇五公尺,厚〇·〇七公尺。虽无文字,确为明砖)。其文曰:

深沟儿墩

墩军伍名口

丁杲妻王氏　丁海妻刘氏

李良妻陶氏　刘通妻董氏

马名妻石氏

火器

钩头炮一个　线枪一杆

火药火线全

器械

军每名弓一张刀一把箭二十支

黄旗一面　梆、铃各一付

软梯一架　柴堆伍座

烟皂伍座　擂石二十堆

家具

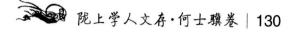

锅伍口　　缸伍只　　碗十个

筋^①十双　　鸡犬狼粪全

万历十年二月　　　日立

今得此,确可为吾说做铁证矣。多年宿愿,一旦获酬,快何如之!兹复参稽史志碑碣所记,而为之疏释诠征如左:

一、明代边防与甘肃之关系

明虽灭元,而元之部族,遁据漠北,自号鞑靼,联络西北各族,屡谋兴复。永乐迁都北平,三面近塞(东、西、北)。正统以后,敌患日多,故终明之世,边防甚重。东起鸭绿,西抵嘉峪,分地守御,绵亘万里。辽东、宣府、大同、蓟州、偏头、延绥、宁夏、甘肃、固原并设九镇;而综以延绥、宁夏、甘肃号为三边。复以险分内外,设内边外边之制;冲有缓急,立极冲次冲之防。可谓营堡墩台,星罗棋布;峻垣深濠,烽堠森严矣。隘口通车者,以百户守之;通樵牧者,以甲士十人守之。烟墩务筑高厚,贮粮常逾五月。柴薪药弩,积备必丰。墩旁凿井,视若重门,以蔽蕴藏。平时则遣游击哨马,以探瞭焚荒;秋冬则诏诸王公侯,以阅边巡塞。故御暴之旨,在有明一代,常凛凛也!即以甘肃一省之自明以来之地名称卫、镇、营、堡、屯、墩、台者考,亦足以见当时守备之严密,与在军事上关系之重要矣。

今按此碑所刻,额曰"深沟儿墩",题曰"墩军伍名口",又以位于十里店堡与盐场安宁两大堡间边墙之旁,则其占有军事上之一重要据点甚明。况与此墩大小相若,东西连列者,不一其数,是由墩之重要,更足以证明甘肃全省在西北边防上地位之当冲矣。

---

① (筋:据文意当为"箸"。——编者按)

二、明代东北一带之边堡建筑与甘肃现存者之比较

明代边防，殆以卫、堡、墩、台、边墙，为其主要建筑。往往沿河越山，利用天然形势，加人工而成之。据辽海丛书《全辽志·边防志》所记：每卫必设筑与边墙若干，堡之周侧，高处率以屯兵，低处多用按伏，并择要建置墩台若干（案：二者大致同用）。以为据高临下，成守瞭望之所。建筑多以土与砖石为之。边墙名类较多，有劈山墙、石墙、山险墙、土墙、柞墙、木板墙、砖墙、石垛墙之别。今以见于甘肃者言之（如十里店沿河西行所见之边墙、堡、墩是）。墩多杂以砖石，而墩、台、边墙多为土筑（似亦有土砖并用，而今被拆毁者）。且亦沿河越山，似无大异。甘肃省之推全，当亦如之。至此等建筑程序之演进，《辽志·边防志》以为"边墙之初筑也，仅利用山脉，堆砌石垒，利用河川，立木作栅，或堆土为堑。后于最重要处，始立烽燧、台、城、屯、堡，其后乃改筑土墙，最后又更砌砖墙"云云。不悉甘肃各地，亦如是否？吾将于十里店东西一带，再作详细之考查也。

三、明代兰州卫在西北边防上之重要性

甘肃全省为我国历史上各民族之接触地，故成为政治军事之摩擦面，而在明代则为最西之一镇（其重要已见上述），尤以兰州为其最大核心。盖不仅为今日交通上之枢纽，国防上之咽喉而已。然欲防卫兰州，必先防卫兰州西北之外线，此古今之所同，而明代君臣尤深知之：按明洪武中《河桥记》云："兰州城北近河，河故有津，控扼冲要。洪武五年宋国公冯胜，奉命西征，造浮桥以济师。又三年卫国公邓愈帅师定地，置西凉、西宁、庄浪诸卫，乃造桥以通往来，以制西域，以伸威千里，名曰镇远。"又正统十一年《金城关记》及张维氏后按云："关为隋置，宋明以来，屡加修葺。尤以正统间边患日急，瓦剌潜蓄窥边异

志。陈镒巡抚边卫,以兰州通连外境,为西陲重镇。是关复为西州要塞,遂请于朝,重加修拓,以壮威远夷,而屏藩中国。"又成化二十年《城新城记》云:"皇明太平日久,边备渐弛,北虏乃深入寇吾兰。兰之西七十里有积积滩者,环山滨河,河冻时,贼往来之要地也。于斯筑城屯兵于内(案:此为新城,盖对《方舆纪要》所云兰西四十里之西古城言之)。则进可以遏贼来,退可以截贼去。自今至后,吾兰有备,贼必不敢逾河为寇矣。"又弘治十二年《修西古城记》云:"兰州治西五十里许,有古城焉,郡志以为汉故允吾,周环三里有奇,废为古迹久矣。弘治戊午秋,始修之以遏虏冲。至癸亥而工毕,乃分兵守御之以为常。"又《兰州卫重修水利记》叙成化、弘治、正德间事云:"吾兰古金城郡,密迩北塞,城郊内外,军民屋庐,不下万余区。北逼黄河,岸峻。吾兰素业耕牧,而土地莫善于河北,所谓金城沃壤千里者,在是。顾以数年边备驰而虏侵扰,耒耜不敢越河梁。倘后来讲求余公之议:以成之,吾兰之利,不尤大欤!"又嘉靖十六年《重修金城关记》云:"金城当两河重险,自汉以来重之,盖譬之人身,三韩五郡,则匈奴左右臂,而辽与金城,咽喉也。扼咽喉以断其臂,至便计也。本朝开基,四郡仍汉唐之旧,而斥地则自关以北,尚数百里。曾踰定火城见陇畔遗迹,与由凉庄径抵宁夏,故道犹存。正嘉以来,守臣不戒,浸湮损没,遂使松山前后,莽为虏穴。胡儿往往立黄河饮马,甚谓当闯夺河桥,大肆恐喝,则此关尤为重矣。岁乙未,予备兵于此,与参戎阎君登九龙台之巅,周环四顾,见洪波西来,层峦北峙,居然天堑,独金城关,路才一线,西达四郡,而关门颓矮,仅数木覆其上,宜虏之易视也。遂谋所以设险者。……甃台构基,直接河流,门上为注孔防火,山城为炮眼防攻。上为楼三楹,拟下石矢,可百步,人不能近。盖屹然足守,不独雄壮可观已矣。……诹日偕计部周昆明氏落成之,会金米兔等数十夷来求款,呼赏其上谓曰:'若能踰此望河桥乎?'各夷咋舌不敢应。计部乃酌而谓曰:'是真重险也!'"

由上区区所记,不仅知兰州为西北边防上之重镇,亦足以知兰州以西,由盐场堡而安宁堡,而西新城、西古城,以迄于西宁、嘉峪之为一重要防线矣。今深沟儿墩既占防线上之一点,又北凭边城,东西各临深沟(详后),据高凌下,用以驻军,不其宜欤!

四、明万历十年前后之西北边患与边防

明代西、北两方边患,自英宗正统十四年瓦剌之变(即英宗北虏事)以后,虽略告平静,而小举入寇,仍所不免。观碑碣史志所记,可以明之:

嘉靖三十九年《创建关王神庙碑》(已见前),盛成教授考之云:"弘治为明孝宗年号,乙丑为十八年。是时套虏乜也已死,小王子立,屡犯甘肃。孝宗以提学副使杨一清亲莅河西,留心边政,复以一清总制三边。十八年于临河要害,建置盐场、安宁二堡。武宗正德十六年,小王子虽内犯至庄浪,卒不得逞。"又碑文云:"嘉靖壬寅,寇南犯我西鄙,屠掠而去。其始自李成、黑石等沟隘口破垣突入,兹堡实邻其旁,虏去虏来,若障蔽然。"万历二十七年《景泰三眼井堡碑》记云:"三眼井堡在州北五百里(案:张维氏《陇右金石录》谓实三百九十里)。与红水、芦塘等堡,棋布星列,皆新复地也。爰自我太祖驱逐残元,再造实区,此地已入版图。迨后正统己巳之变(案:即正统十四年),沦入于异域,百五十年。索罕、定火诸城,遗址尚存,而大小松山,莽为虏薮矣。虏恃地利,东寇延绥宁夏,南犯固宁兰州,西侵武威张掖,往往饮马黄河。边民疏息,沿边疆吏,莫敢谁何,未闻有窥穿庐一矢相加者。今天子(案:即神宗,年号万历)圣武天授,御极之初,虏即款贡,二十余年,乃复寒盟。天子震怒,益饬武备,专任督抚大臣,严励各边将士,直捣巢穴,一时斩馘招降,以数万计,松山毡幕为之一空。时大司马田公抚治甘凉,慨然兴恢复之计,区画已定,图上方略,天子可其奏。于是画

界筑边，工役大起，予（案：即兵备荆州俊）方承乏臬宪，备兵金城。同靖虏兵，督率陇上郡吏材官，运储捍御，各尽乃职。凡筑边自乌兰哈思吉至大靖泗水堡，延袤四百里，建堡十有二，而三眼井其一也。分属兰州卫，移军守之。得百户苗荣领其事，居三年，虏无入寇之警，而有招降获马之绩。……"

　　至《明史》所载，西北、西南部族之入贡、入寇，事迹更为明悉：按自嘉靖隆庆之间，大敌如俺答已与内地通贡，封顺义王，其子孙袭封者累世，得稍获安息。迨万历之季，西部遂不竞，而土蛮部落虎墩兔炒花宰赛煖兔辈，东西煽动，将士疲于奔命，未尝得安枕卧也。兹复就万历朝西北与西南之边族贡寇与防御情形述之：万历即位（案：即穆宗隆庆六年）之十月，即遣侍郎王遴、吴百朋、汪道昆等分阅边防。元年遣将讨平四川都掌蛮，三年土鲁番等入贡。四年乌斯藏、土鲁番、天方、撒马儿罕、鲁迷、哈密入贡。六年乌斯藏入贡。七年复遣使分阅边防，乌斯藏入贡。八年讨平广西八寨贼。九年土蛮犯锦州、辽阳、广宁、义州，西北波动，遣将御却之。复敕边臣备警，而安南、土鲁番、天方、撒马儿罕、鲁迷、哈密、乌斯藏入贡。十年二月顺义王俺答卒。四月宁夏土军马景杀参将许汝继，遣巡抚都御史晋应槐等讨平之。而哈密、乌斯藏入贡。十一年复敕外臣严边备，俺答子乞庆哈袭封顺义王，缅甸寇永昌。十二年遣刘綎讨平陇川贼，安南、乌斯藏入贡。十三年四川建武所兵变，伏诛。松茂番作乱，土鲁番、乌斯藏入贡。十四年四川松茂番平，土鲁番入贡。十五年乞庆哈子擀力克袭封顺义王，哈密、乌斯藏入贡。十六年四川建昌番作乱，甘肃兵变，青海部长他不囊犯西宁，杀副将李魁。乌斯藏入贡。诏敕定边臣考绩法。十七年云南永昌兵乱。讨平之。安南、乌斯藏入贡。十八年六月青海部长、火落赤犯旧洮州，副总兵李联芳败没。七月再犯河州，临洮总兵官刘承嗣败绩。遂召阁臣议边事，命举将材，兵部尚书郑雒经略陕西四镇及山西宣大边务。

复遣廷臣九人阅边，安南入贡。十九年总兵官败火落赤余众于莽剌川。四川四哨番作乱，渐讨平之。河套部敌犯榆林，延绥总兵官杜桐击败之。二十年春宁夏致仕副总兵哱拜杀巡抚都御史党馨，副使石继芳据城反，后会师讨平之。六月贼诱河套部入犯，诏天下督抚举将材讨平之。暹罗、土鲁番入贡。二十一年乌斯藏入贡。二十二年春，各省盗贼四起，七月河套部长卜失兔犯延绥，击败之。乌斯藏入贡。二十三年青海部长永邵卜犯甘肃，参将达云击败之。二十四年火落赤犯洮河，河套部敌犯甘肃、宁夏。虽先后击败之，然直至四十八年秋神宗之崩，寇乱遍地，西北尤紧。史不一书，姑不具举。

总观上述，北与西北、西、西南诸口，各族治乱，时生联系。而万历十年以后，西北益甚，尤为显著。国家诏救屡下，亦多以西北为对象。今碑刻虽云万历十年二月，与史书似不全符。但迹象所在，综其前后，当时君臣，亦未必不明。所谓势有必至，理有固然：祸之作不作于作之日，乱之起不起于起之日也；则兰州卫西路防线之宜注重，镇堡墩台之宜加筑，深沟儿墩之宜驻军，亦自在当时君臣计划之中也。况欲刻之石以垂永久，则其于后患方殷，防难将来之用心，亦可以了如指掌矣。观神宗即位之初，即知令饬全国口防，宜其遐迩不遗，细大不捐，虽"沟儿"小墩，亦知重视如此。诚不愧为明主之作风也。

五、明代军火之概述

古所谓炮，皆以机发石。元初得西域炮，攻金蔡州城，始用火。然造法不传，后亦罕用。自明成祖平交趾，得神机枪炮法，特置神机营肄习制用，大利于守，小利于战，随宜而用，为行军要器。永乐十年以后，于重要山顶隘口，多架炮以御敌。宣宗宣德五年，以利器不可示人，神铳国家所重，在边堡墩所，量给以壮军威而已。英宗正统末年，边备日亟，始造两头铜铳。景宗景泰天顺之间，复铸九龙筒及其他诸器，颁发各边。自后尤以世宗嘉靖八年,诏造之佛郎机炮(谓之大将军)。万历中之神异火器,红夷巨炮(天启中锡号大将军,遣官祀之。崇祯时大学士徐光启请令西洋人制造,发各镇备用)最称利器。总有明一代,军械火器,名目繁夥:如神机炮、襄阳炮、盏口炮、椀口炮、旋风炮、流星炮、虎尾炮、石榴炮、龙虎炮、毒火飞炮、连珠佛郎机炮、信炮、神炮、炮里炮、十眼铜炮、三出连珠炮、百出先锋炮、铁棒雷飞炮、火兽布地雷炮、椀口铜铁铳、手把铜铁铳、神铳、斩马铳、一窝蜂神机箭铳、上中小佛郎机铜铳、佛郎机铁铳、木厢铜铳、筋缴桦皮铁铳、无敌手铳、鸟嘴铳、七眼铜铳、千里铳、四眼铁枪、各号双头铁枪、夹把铁手枪、快枪以及火车、火伞、九龙筒之属,凡数十种。而以武宗正德、世宗嘉靖间铸造最多。其诸器如刀牌弓箭枪弩狼筅蒺藜甲胄战袄针工鞍辔盔甲等类,无不设有专局,以资制造,可谓备矣。又洪武六年曾令六部朝臣议定军士教练之律:"骑卒必善驰射枪刀,步兵必善弓弩枪"云云。其他诸器用法,亦各经规定,盖当时军士均优用之。

今碑刻有钩头炮、线枪、火药、火线、刀仗、弓箭之发给,既可以证《明史·兵志》诸篇之为实录,亦可以知当时国家军械之充备,颁用之普遍,与边备之认真矣。

六、明代军制中之旗

按《明史·兵志》,"以五十人为总旗,十人为小旗。"但无颜色之规定。今碑刻为黄旗一面,而又题曰"墩军伍名口",似与官制所定稍异;然与妻室五名合计,则诚为十名也。

七、明代随军之眷属问题

明代军士携眷问题,于史未见详载。惟洪武二十七年,有"念京城卫士劳苦,令家有婚丧疾病产子诸不得已事,得自言情"及"军士战斗伤残,难备行伍,可于宫墙外造舍以居之,昼则治生,夜则巡警"之命令。然此乃为特别优待京师卫士之办法,而非所以论于一般也。今此碑亦列有妻室五名,岂神宗效法先王,念军士在外,久役劳苦,而亦开此宽典欤? 或谓此碑仅刻妻姓而无子女,似仿汉代营妓之制,即以慰军士之苦,亦以安军士之心而坚其戍守之志;且所以符于十人一旗之律,与得夫马夫人、沈夫人等同样相助之力欤?

八、明代军队之给养问题

明代军队之给养,史亦未见每旗每人详细分配之记载。惟兵志边防志武安侯郑亨充总兵官时,有敕书:"各处烟墩,贮五月粮"云云,则军粮似亦由公家规定者。但碑刻于家具器物,小至碗筷鸡犬狼粪甚全,而未及此,不知何故? 岂亦如后世任军士向民间自由筹饷欤?抑亦屯田自给欤? 若果为各军自由筹饷,则诚一大失民心之举也! 不仅不足以卫民,实足以害民;不足以保国,实足以亡国也!

九、附考

甲、梆铃:梆为木制,①铃为金属,或击或振,均所以鸣声示警,与号召军士者。

乙、柴堆:柴薪本以供炊爨,此碑即云五座,数量甚多;而又有鸡犬狼粪以代燃料,则当为燔柴举火。既以侦察敌人所在,亦以警告敌人来袭,殆与上述郑亨敕士兵"高筑烟墩,积聚柴薪药弩"者,意相同也。

---

① 原文为木梆为制。据意改。——(编者按)

丙、软梯：以为爬城之用。

丁、烟皂：烟皂当即烟灶之俗写，炊物之所也。今尚有写作煙灶者。

戊、檑石：檑或作擂，堆积城头，自上下击，以御敌者。上述金城关记所谓"上为楼三楹，拟下石矢，可百步，人不能近。"盖即言檑石之用也。

己、深沟儿墩：此盖因墩旁深沟得名。今考实地形势，东临山水沟（俗名狼沟，或可强名为时令河）。每当大雨，山洪下注，流入黄河，其势甚激。吾人赴校，往往为其所阻。西临洼地，今虽无水流痕迹，然视其斜势，直达黄河，且较东面者为宽，在往时或亦有名"深沟"之可能也。余曾问诸土人，谓四、五十年前，果为山洪入河之通道；且至今尚有"深沟"之名云。惟按现沟距墩面之深度，似已因数百年冲积而日减，非复明代之旧状矣（以万历十年迄今计，为三百六十五年）。

庚、墩：墩之造谊，本为平地高出之土堆。古字只作敦，后因用以驻兵，与屯字音近义通，遂有书"墩堡"为"屯堡"与"屯保"者。

辛、军械家具：刻石垂远，义见上述。然亦足证当时军律严明，移交瓜代，按石查缴，丝毫不得有误之意。

予撰此文已毕，自觉遗误多有，尚请读者原谅！惟谓此碑价值，除关于明代西北边防、军事诸问题外，所记纤详，亦足以补明史之不足也；诚不可以通常断碑残碣视之。

卅六年胜利纪念日于西北师院

——原刊于《和平日报》1947 年 9 月 8 日

兰州附近古物调查

我自到十里店西北师院以后。即与同人(如赵海峰、刘耀藜、凌洪龄诸先生、)同学(以史地系同学为最多,其他各系科亦有。因人数太多,姑从略。)作随时之古迹调查。历年颇有发见。兹略述之如左:

(一)西果园及洮兰公路两岸:古人居住遗址如灰坑、灰层等;范围甚大,为各地所稀见。用器如石斧、石锥、石刀、石锛、石凿、石环、石弹、陶弹、白陶环、骨针、骨钻、彩陶片以及各种纹饰之陶器残件及陶片等甚多(又形状功用不明之石料亦甚多)。

(二)十里店师院礼堂附近在古人遗址中,发现有彩陶片砖红色,灰色、刻文等陶片,石器仅一件,至形如石料者,尚多有。古墓中所发现见者,有彩陶器、陶片、人骨等。

(三)油矿局左右两边所发见者亦有遗址中之彩陶片、残石纺轮等,古墓中之彩陶器、人骨等。

(四)水掛子村后面,亦发见彩陶片、红陶片、灰陶片等,达家庄坡地亦有同样之发见,并有灰层等遗迹。

(五)盐池沟口外山坡,亦发见有彩陶等片。

(六)回水湾马路旁坡地,亦发见有灰层遗迹及石料,粗细泥砂质之各种文饰陶片等。

(七)盐场堡亦有灰坑发见,内贮彩陶片以及各种文饰陶片甚多。

(八)黄河南岸自面粉公司往西,沿山坡一带,如蒋家坪、土门墩、崔家崖各地以至沿河三十余里许,均陆续有彩陶文化之陶片及汉代之各种色文陶片发见。

（九）华林山一带，闻张展先生言，有彩陶片之发见。后同人乔敬众君又有石斧（新石器）及残石环之发见。余亦往看，彩陶片等确甚多。

（十）四墩坪，乔君亦发现灰坑等遗迹，并石器一件，至彩陶片则甚多，并发见较可珍贵之骨锥与陶镰也。余亦往观于碉堡附近，见灰层甚厚（惟因土人盖房，多被损毁）。并获得残陶鬲一件（肥袋足式），为兰州附近所第一见。又灰绿色页岩刀一件，其形制亦颇特别。如今鞋匠所用之切皮刀然。然形状不大。二者亦极可珍贵之史料也。至以上所有器物，余已与同学崔绿峰君等研发中，容稍缓再为发表以求正于世之同志。

——原刊于《甘肃民国日报》1947 年 9 月 13 日

临洮考古小记

去秋老友裴文中先生自北平来西北考古，得与畅谈余到兰后五六年中与同人同学考古所得见闻所及之古迹古物，为之快慰者累日，后裴先生赴临洮考古，复发现原始人类居住之遗址。（当时传闻如是）。一时学术界大为震动，余亦为之惊喜不已。承老友不弃，由中央地质分所王所长曰伦转约前往参观，遂得偕辛校长树帜、董教务长爽秋、教授徐褐夫、吉祥、张德光诸先生，率同兰大文史系同学樊军、李生华、何步芳、刘广毅、李肇坪、周天年、张令瑢、梁振基、叶秉元、王德成、焦学诗、何永福、贾维周、张自勇、辛毓南、耿靖宇、刘志祥、王金印、张绍祖、祁全学、丁维善、金堤、马万里、董葆藩、姜连尚、玉棠泽、费耀普等数十人作首次之实地考查也。然余之获参加此次工作，对于辛校长之电邀，所长之函告，曹团长（叔希）之协助，固当致至敬之谢忱，而尤不得不感激于第一日大队出发因汽车肇事致死之李殿元司机也。若非李君之不幸，则骥以距兰大仅十余里之路途，恐并第二次之出发亦无法加入也。交通之不便，困人如此！（王所长送信晚到，辛校长电话不通，曹团长为派专人洽询，始克成功，）惜此次所得仅系参观性质，不足以酬友好之热诚，与李君之灵为可愧耳。

兹者，诸事姑不再提，仅将古址之情形，就见闻所及，作一约略之记述。至详细之研究，则俟诸将来裴先生再来西北作扩大发掘后为之。

遗址在临洮县瓦家坪麻峪沟之东北岸第三层台地上，高约三十

余公尺。北靠山,南(偏西)临麻峪沟。沟址今虽干涸①,雨季仍有山洪注入洮河本流。故此沟虽名之曰洮河之支流亦可。在古代当为一水势丰盛,沿适岸②于人类居住之水草地带无疑。且犹有洮河巨流所造成之优渥平原为其生活上之根据地,诚人类活动之一极好场所也。凡吾人平日所见各室古人遗址,大抵无不坐北朝南,背山面水,除平日日常用品取给于水草动物,河滩积石外,尤赖于水陆交通之便利也(如赖沿河流,最为普通)。

遗址住室,共分两处。其上层建筑,虽各完全毁灭,而两室之相邻甚近,遗迹显然。室内,地基上层,均为石灰面,坚致光滑;下层均为泥和草,铺设亦甚平正。各堂尚留有高约数公寸之残余墙脚,外亦粉以石灰。中各有直径约九公寸余之火烧红土残圆坑。西堂在火烧圆抗③东侧(偏北),有人骨三具,一为成人女性,余为两小儿尸骨。女尸骨上,尚有骨□一件(?),同侧切近火烧圆坑边旁有光面薄肉灰黑色肥袋足式之三足鬲一,西侧有粗绳纹灰素(?)陶罐,五器素。东室全无遗物,惟近室之东南角外,亦有女性人骨一具,并佩有琉璃珠饰物等,两室之大小相似,据现存之残余遗址,西室东边南北宽二公尺,五公寸余,南边东西斜长二公尺九公寸余(火烧残圆坑即在此断边上),西边破毁较甚,仅存五公寸余,北边最完整,东西长二公尺六公寸余。东室大小相似,火烧残圆坑位置亦相同。其两室残留之墙角,均作锐圆形而非直角。石灰层厚各约六公厘许,泥和草层,则较稍厚也。惟以上所述情形,除残留基地及火烧圆坑外,均由裴先生面告知之,至实物均

---

①(据文意,"涸"当为"涧"。——编者按)

②(据文意,"适岸"当为"岸适"。——编者按)

③(据文意,"抗"当为"坑"。——编者按)

因收藏装箱,未及见焉。

余对于此次之发现,在裴先生未作较大规模之补充发掘前,不敢有所置喙。惟可注意之问题约有六点:一、石□灰之一问题也:按诸史籍记载,石灰应用似不甚早,然据余经验所知,则在陕西渭河流域,亦曾数有发现。如岐山周公庙前麦地断坡所发见者,最为清晰。且在此层曾掘得圆形、厚壁红色、粗绳纹、粗质(含砂),扁圆足(短)之残陶鼎一,时代时约在商周时期。在北平据梁思永先生所云,在河南所发见者(石灰层)。尚较早而相当于黑陶文化期也。二、陶鬲之一问题也:闻此次西室所发见之陶鬲,为一小形、薄肉、黑灰色、内外无纹,而三足成肥袋式(?)者。此种作风,在殷周前后均有见之。三、陶罐之一问题也:闻此次西室所发见五器,会□□□□灰色而粗绳纹及素面之别。且闻为平底而形制极似汉物者。四、泥和草底层之一问题也:据余目验,草虽腐朽,而茎叶之形迹尚存,铺设亦至为整齐,似非随意抓取杂草而用之者。余曾取以询诸博物系同人,据大略之检查,似为禾本科之植物云。(余已托临洮同学往取一完好者,将再作一较详之检验。)五、东室外尸骨之一问题也:闻此人佩有琉璃珠饰物,其位置所在,现因室之南边全部破坏,伸展宽度,无从确知。若果远在室外,则自与筑室之时代无关。苟为当时之另一邻居,则又成一问题矣。六、未见石器与彩陶之一问题也:据闻两室均无石器与彩陶之发现,惟于西室有灰黑素面之陶鬲,与炎素或绳纹之陶罐而已。两室之外侧,则出彩陶甚多,且亦闻[1]石器之出土,案石器时代之早晚,固可一见即辨;而彩陶则未必全为仰韶同期之文化,应当视其地域传播之先后而定其时代。且余以为由人文进化而论,制陶之术,当以灰、灰黄、黄、红各

---

①("闻"后缺一字,据文意推测为"有"。——编者按)

色及粗质,手制无文饰者为最早;其次则为细质、范质、转盘兼手制、轮质,与绳纹、编草纹、编条纹、篦纹、席纹、指捺纹、刻划纹、模印纹、彩绘等,惟灰素陶器之粗质者,迄今仍多用之。时代之早晚,仍当由识者则自辨之,未足概论也。

总之:任何古迹①物之发见,除获有时间之死证可以一举而定全局大致均须求其交互错综之共存关系而始敢下确切之结论也。裴先生系吾之老友,亦今之学术界权威也。一切问题,均当俟其重来发掘后与之商讨间决定之。

附:余作此记,因距遗址发见之时间已久,恐多错误之处,尚乞读者予以指正,幸甚!

——原刊于《甘肃民国日报》1948 年 2 月 14 日

---

①("迹"后缺一字,据文意推测为"古"。——编者按)

兰州新石器时代的文化遗存

一、总　说

　　甘肃是彩陶最丰富的产地。据过去调查所知,首先为洮河流域大夏河流域的洮沙、临洮、宁定(现广通自治县)、临夏各地;次之为渭河上游西汉水流域的天水、甘谷、武山、陇西、成县、礼县、西和以及祖厉河流域、泾河上游,白亭河流域的各地。兰州处在以上各流域的中心,而黄河又恰好东西贯穿其间,南北山脉围绕,成一极大的河谷平原。沿河两岸山坡地带,统是发育极佳的肥沃黄土台地,下自 5~10 米的河滩冲积面起, 有高出河面 20~30 米的第一台地, 第二第三台地高 40~80 米左右, 这地区是极适宜于人类活动的。故新石器时代的人类,就在这儿居住着。

　　总括我们调查、探掘所知,兰州新石器时代的文物群中,绝对无任何一件铜器的发现。无论各地都以陶器、陶片为多。至比较集中的地点,在黄河北岸为十里店、徐家湾、大沙沟坪、穆柯寨、盐场堡(此地内有另一徐家坪和刘家坪)、白道沟坪、碱水沟、马家铺;在黄河南岸为西古城、土门墩、蒋家坪、彭家坪、牟家坪、西果园、青岗叉(上二地现行政区属皋兰县)、龚家湾、颜家坪、梁家庄、兰工坪、骆驼巷、牟家湾、华林坪、满城、四墩坪、中山林、雁儿湾等共 26 处(图一)。其中尤以白道沟坪、雁儿湾、西果园、华林坪为古代人类活动最繁荣的场所,故所出彩陶等物亦最为丰富(图版壹,1—3)。而牟家湾所出,已有汉式陶器(灰黑色绳纹陶等),时代似已稍晚,故不在此文论列。至其他各地,虽亦有零星文物、黑灰土等的发现,但是否有主要遗址的存在,尚有待于将来进一步的勘查和探掘。兹将比较完整而具有重要性的遗址、灰坑、制陶工场、墓葬,分别说明如下:

二、雁儿湾的仰韶灰坑

此坑为铁路工人挖方所发现。坑址在兰州城正东的黄河南岸、距城约 10 公里的桑园子乡的雁儿湾台地上。坑边紧临黄河,全部遗址可能已有部分早被河水所冲毁。台地高出河面约 80 米以上,坑址在第二台地到第三台地之间。

坑作不规则的椭圆形,北部较大,南部较小,入口似向西面。坑的口径最大处为 2.90,最小处 1.60 米。坑底最深处成圆形的窖,底径 0.90,距坑面深 1.90 米。坑边虽为黄土,似有一部份非原状而为耕种时挖掘所破毁者。故黄土内亦偶有零星杂入的灰土。坑面为耕种土。坑内土层高低不平,所出器物杂乱,层次不明。坑内积土全为灰土及木炭末、黄土块。余均系细泥彩陶片、粗泥砂陶片和陶环、陶刀、骨锥、骨针、骨珠、石环、石器、碎石片、兽骨等(参阅图版贰,1—12)。坑底发现红烧土,既不多,也不很规则(似为炊燃地点)。坑内深浅不同的底层面上,有大小不等的圆形或椭圆的柱穴直洞,但无朽木痕迹在内,只满填灰土及碎陶片等。

根据此坑情况,似废弃后即被遗物堆积而且经早期打破扰动过的。出土器物多盆缸之类,陶片在 11560 余件之中,细腻陶完全为手制磨光,再加绘黑彩烧成,且多为平行黑条纹,表里口缘均有;即有其他纹饰,亦多为仰韶彩绘一类的作风。粗陶除 5 片表面绘黑条纹外,均为粗绳纹及篮纹,可说包括性质极其纯粹,故此坑当是一仰韶文化的灰坑。惟坑中尚出有 5 片打击而成的细长的细石器,看来时代确实

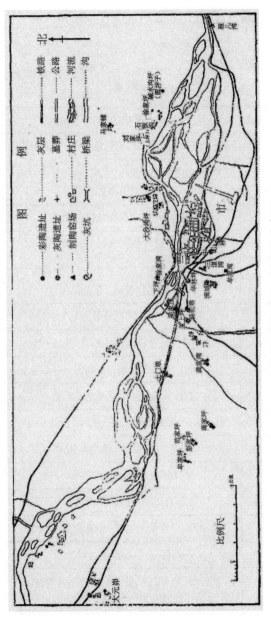

图一 兰州附近的新石器时代遗址分布图

（兰工坪误为兰上坪）

较晚;但陶片中无篦纹的发现,则此细石器可能为早期所传入或可能为扰动时所落入者。

灰坑所出器物列表说明(表一)。

表一 雁儿湾灰坑出土器物表

种类	名称	数量	器物说明
石器类	石器	1	圆形,已残,打击而成,质白色,有孔似椎类工具
	石器	1	腰圆形,完整,两端微凸,光滑,腰部打击而成,质白,似为摩擦工具
	石球	2	圆形,天然卵石略加打击而成
	石磙	1	长方形,一端残缺,一端侧刃,质灰绿色
	石刀	2	长方形,一件完整,一长边为刃,两侧有缺口,一件残,磨光,有两孔
	石环	7	圆形,均为残段,断面作长方形,三角形
	细石器	6	片状,为小石片打制,有绿、黄、紫、白四色
	石片	44	为制石器所打的碎片
骨器类	骨锥	6	三件完整,一件经火烧成黑色
	骨针	3	二根有尖,一根缺尖,针眼残毁,最长的65厘米
	骨珠	2	完整,中有圆孔,饰物类用品
	骨戒指	4	均残断,断面作扁圆形
骨类	兽骨	68	有羊角、羊骨、猪骨等
陶器陶片类	陶器	1	长圆形,一端成断面,一端有扁嘴状沟痕
	陶器	4	小陶杯1,小陶盘1,小陶缸2
	陶刀	1	长方形,绘平行黑条纹的橙色陶片制成,一长边有刃,两侧边各有缺口

续表

种类	名称	数量	器物说明
陶器陶片类	陶环	81	有灰、灰黑、红黄各色，红黄者加彩绘，断面作长方形、方形、椭圆形
	彩陶片	7224	黑彩无陶衣
	夹沙粗红陶片	3710	内含沙粒甚多，均为粗绳纹及篮纹，偶有附加堆纹的
	红素陶片	623	色灰黄、红、黄，细薄，光面，一片为带孔陶甑底
	夹沙粗彩陶片	5	有黑彩条纹

三、白道沟坪的窑场和墓葬

白道沟坪是一个黄土台地，距兰州城东黄河北岸约 11 公里，高出河面约 60 余米的几个小坪组成的。北边靠山，南边紧临黄坷，河沿以下，尚有高出河面约 10 米左右的平地，现为农耕场所，河水暴涨时即可淹没。再下即为河流中的大小不等的沙滩，可以清楚地看到为白道沟坪侵蚀而成的弧形河湾。现在因河岸底部已露出有黄土砂岩及砾岩，形势已较固定。这里是一个地理条件非常优越并适宜于人群活动的地方和葬地。

现在坪上有从北面山地因山洪冲下黄河形成的石板沟（在西）、打狼沟（在中）、深沟子（在东）三道水沟，划分成东面圆坪子（即碱水沟坪），中间徐家坪，西边刘家坪（即上坪）三个高耸河沿的台地。经过我们调查是丰美的新石器时代的文化遗存地区。现在把他们分别说在下面：

（一）白道沟坪的制陶窑场

白道沟坪经我会调查发掘的结果，知道墓葬集中在刘家坪，遗址、窑场集中在徐家坪。在刘家坪我们曾作过面积达 120 平方米的探方,仅找出扁圆形短高足一个(高 5 厘米,内实,外绳纹)、彩陶片 3 片,且无灰层的痕迹,因未作全面的翻掘,不敢决定完全如此;但不如徐家坪的遗址集中,是很显明的。由是可以推断出那时的人类,已知道生居与死埋的地方是分开的。也可以知道作为这两处分界线的石板沟的造成,是远在人类居住以前(当然有陆续的变动)。

现在再说那时人类活动最繁荣的徐家坪,他的代表性的遗存,就是制造陶器的窑业生产工场。

1. 陶窑的形制和窑场

窑场的遗址在徐家坪偏东靠近打狼沟、偏南靠近黄河岸的地方。清理了 12 个窑。每个窑距地面的深度,最深的是 45~50,最浅的是 30 厘米左右。窑的上面是多年掩盖上去的黄褐色的熟土,内含有陶片之类。窑的底部都是生黄土。窑的高低,最高的不过 80,最低的也有 70 余厘米,看起来几乎成了一个平面的样子。窑的位置有四个在窑场的北边,有五个在窑场的中间,有两个在窑场的南面,另有单独的一个在窑场的东面。前面的三区几乎成了三个组的南北联列的形式;每一组之间,都有一个灰土坑,坑内乱堆着经火烧过的红黄色土、青灰色土(质甚硬)、木炭末、植物灰、炭油子、破陶片等,犹如现在的垃圾坑一样(陶片彩陶最多,红灰素陶次之,夹砂粗陶最少。质料、彩绘、色地、制法,完全与地面采集和墓中所出的相同,有许多有火烧的烟痕,有几片且烧成和炭油子一样),不像是有人住过的。这些杂乱的东西,完全与窑内所出的相同,大概就是当年烧制陶器的窑工掷进去的。每个窑都是从地面挖下一坑,利用生黄土层而挖制成的。窑上身都是方形,最大的长宽各是 1,次之各是 0.88 米,还有更小点的。底部都作锅底形,底面有沉积坚实的白灰土层。因为窑内久经火烧的原故,窑边成了红烧土及青灰色土,质硬,而与地中生黄土略呈分离的现象。他们的结构,都开着一个火门,四面的边缘上,都有高出 15~20 厘米的土壁,用以防止陶器的下坠。窑上部都开着 9 个直孔(孔的形状,有椭圆的、扁圆的,孔径 25,最小是 10 厘米左右),用以通火烧陶器。孔的底部接着燃烧的一面,都横搁着五、六块陶片,似乎是当作炉齿一类以便当①住燃料中杂物的上飞而损害了陶器用的。窑的总数据被破坏或早在地下被压而倒塌的遗迹看来,为数很多,决不止像我们所清理的 12 个而已。其中惟第七号窑最为完整。窑内共出细泥彩陶片 39 块,细泥红素陶片 33 块,红色火烧土、白色灰烬土、木炭末、植物灰等均有。灰坑内共出细泥深橙色陶片 355 块,细泥红素陶片 288 块,夹砂粗红陶片 15 瑰,夹砂粗灰陶片 4 块,残石片 6 块,其它均是火烧土、炭末等。

再在窑场里还发现一个底小、口大、周壁外凸成弧形的小圆坑,口径 0.58,深 0.44,腹径 0.60,底径 0.20 米。里面周围有红胶泥断续附着其上,坑口地平面上周围也发现许多红胶泥块和夹砂红泥块及圆棒状的红胶泥小土条。此坑可能为当时塑造陶器的地方。

2. 窑内及其附近出土的器物

总计我们清理的 12 个窑内所出的陶片,为数有 5447 块。其中细泥彩陶片为 3390 块,细泥红素陶片为 1445 块,夹砂粗红陶片为 229 块,夹砂粗灰陶片为 83 片,以彩陶片占半数以上。在其附近,也有石器出土。在一灰坑内发现陶刀 1 件。又一灰坑内发现一个两头作锯齿状中间有两孔一长边磨刃的长方形石刀。其中最值得我们注意的,就是画陶器上花纹用的两个工具:一个是研磨颜料用的石盘,一个是调配紫红颜色用的高边分格的陶碟,两器都是出土在窑的旁边,在他们

---

① (据文意应为"挡"。——编者按)

上面,还留着很鲜艳的颜色。可惜不是我们自己清理所得。至于窑场及其附近所出的陶片,总计为2916块,仍以彩陶占过半数,而红素陶次之。

3. 陶窑的时代

由窑的现存部分窑台、窑壁、通火孔、烧火门、燃烧坑五部看来,与过去山西万泉、陕西宝鸡、河南等处所发现的古代窑灶颇为相似。现在我们再从窑内、窑旁、窑间灰坑以及其周围一带出土的器物来看,无论是彩陶、红灰素陶、夹砂粗陶、打击石器、磨光石器,都是新石器时代的东西,故可断定它是新石器时代的遗物。

(二)白道沟坪的墓葬

1. 墓葬的形制

墓葬的数量和遗迹,因已被挖土方所破毁,我们无从知悉,仅收集到153个陶器。我们自己清理发掘的墓葬共有24座,均在刘家坪,有11座是比较完整的。墓坑是打在熟土层之中或生黄土层之上,故边缘有明显和不明显的分别。大致是长1~2米以上,宽70~90厘米以上,坑边不很整齐。东西向的为长方形坑。坑底距地表深度是1米左右的居多(唯15号墓较深),尸骨多数是盖着厚约10厘米左右的树枝,虽成朽末,却痕迹清楚。一般骨架多成为粉末,仅可辨其痕迹,多数是头部向东,单身侧卧的屈肢葬,面部是完全向北的。殉葬的陶器,每墓有从2个到10个,多少的不同。其放置的位置,多数是在面向的一边,有从头侧一直陈列到足侧的,有仅在头侧的,有在头足两侧的。有些陶器内还有谷灰和骨骸的遗存。如19号墓的头侧还殉葬着265颗小骨珠,12号墓的头骨上还发现一个石质的小饰物。现在举15号墓为例,作为研究此群墓葬的代表。

15号墓(图二,中间一墓。"重绘插图时,误为5号墓"),是距地面深1.10米以下发现的。是一个土坑墓,墓口上盖着树枝的朽木土层,墓底距地面深是 2.13 米,墓口略大于墓底,内葬侧身屈肢头东面北的男性一人。全部殉葬品在面侧到足侧,有陶器 10 个:3 个为彩绘陶罐(1、6、9),2 个为细泥红陶钵(3、10),1 个为细泥红陶罐(2),1 个为夹砂粗红陶钵(5),3 个为夹砂粗红陶罐(4、7、8)。陶罐内尚有存谷灰骨骸遗物的。又在此骨架的两侧,有距面侧 80 和距背侧 20 厘米分头西足东的两个墓葬:其中 13 号墓的骨架仅存残末的痕迹,殉葬的陶器,有双耳细泥红陶罐 2(1、6)、彩陶壶 1(2)、双耳细泥红陶杯 1 个(4)、单把手细泥红陶罐 1(5)、细泥红陶盂 1(7)、单把手夹砂粗红陶罐 1(3)。1 个摆在头部,6 个摆在足部。14 号墓骨架尚存大半,殉葬的陶器,有彩陶豆 1(1)、双耳彩陶罐 3(2、5、7)、双耳彩陶盂(釜)1(4)、夹砂粗红陶罐 1(3)、单把手夹砂粗红陶罐 1(6)。5 个摆在头部,2 个摆在足部(参看图二)。此三墓是相当靠近,和其他各墓之间的情形不同。

2. 随葬器物

随葬的物品,多为陶器。在白道沟坪清理发掘并零星收集所得,共计有 351 件。据我们初步的看法,似同为白道沟坪墓葬所出,也同为白道沟坪窑场所制造。且多数是那时人类生前所用过的,或也有部分是烧成末用而即用以殉葬。

据我们现有的整个白道沟坪(包括马家铺在内)所发现的陶器看来,可以说同于仰韶的纹饰,如彩绘遍及全体,繁复而精致的较少,仅有 1 罐、1 盆、1 瓮。而瓮与盆,质极细腻,色较黄红,器面尤为光泽,其纹色均为纯黑的平行线条、平行曲线条、附带圆点或椭圆点及螺旋纹等。无轮制的痕迹,器形也均是仰韶式,而盆且为内外皆彩。至于马厂式的器形和纹饰,则为数最多。大器多作卵形,体高颈短,近颈处隆起,腹部以下渐渐缩小成小圆平底,两耳亦较低而小,统可名之为瓮。纹色不论器之大小,多作灰黄色及红黄色,偶有加红衣的,口缘有时有轮制的痕迹,器的外部多有刮削磨光的现象。花纹有云纹的,有圆圈形中实以"之"字形纹的,有圆圈形中实以方格形或菱形纹的(有斜的正的,在方格中又加以粗笔界线而画成各式各样的纹形)。有在"之"字形的转角处及它的起笔或收笔的头尾上画成参差的手指形纹的,且有几乎成为人形或动物形的。小罐除它的特点口大、耳高以外,纹饰更为复杂,腹外满被各种花纹,而在近口的全部满绘着横纹、直枚、斜纹、及斜方形、圆形、斜圆形、椭圆形、三角形、而中实以交叉纹、方格纹、曲线纹等等;又有在口外仅作大形弧线纹及单线纹的。全部陶器与仰韶陶器比较起来,时代似乎稍晚。其他的器形,有粗砂浅边火力极弱的双耳大口钵,有似小圆粗陶罐加高其足部而成带两耳的圈足豆形器,有圈足的碗与豆,有小圆罐形的带耳杯,有双大耳杯。其他的纹饰,有篦纹,有多道的横行波纹,有多道的直行波纹,有粗泥砂陶器的腹、肩、耳、颈各部上附加的凹凸土条纹,有粗泥砂陶器外表及口缘用石器刻划锥刺的点线纹或锯齿形纹。

(三)白道沟坪零星出土的器物(图版肆,1—9)

在白道沟坪沿铁路线东西约3公里余的范围内(即包括刘家坪、徐家坪、圆坪子三个小坪),都有彩陶片、泥质红素陶片和带有点线纹、刻划纹、附加土条纹或素面无纹等等的夹砂粗红陶片的发现,其中以彩绘陶片居大半数。此外并在徐家坪获得陶土制成带彩绘的陶纺轮1个,又在徐家坪和他其两坪获得打击石器和磨光或部分磨光的石器:石刀、石斧、石锛、石凿等共16件,最大的长至29厘米。又在徐家坪、圆坪子各发现墓葬1座,内各出彩绘陶罐、红素陶罐、夹砂粗红陶罐等4个。又在白道沟坪北6公里的马家铺发现双大耳齐家式的细泥红光面、黄光面的陶杯2个,无耳细泥红光面高腹陶杯1个。又收集零星发现的彩陶器29个,红素陶器22个,夹砂粗红陶器18个,共计69个。虽详情不明,可能全从墓葬出土的。至于距白道沟坪北约30余公里之蔡家河,尚有多数彩陶器出土,仍当与兰州白道沟坪新石器时代的文化有相当的关系。

（参加整理者：张学正　朱耀川　吴伯年　陈贤儒　杨重海

执笔者：何乐夫）

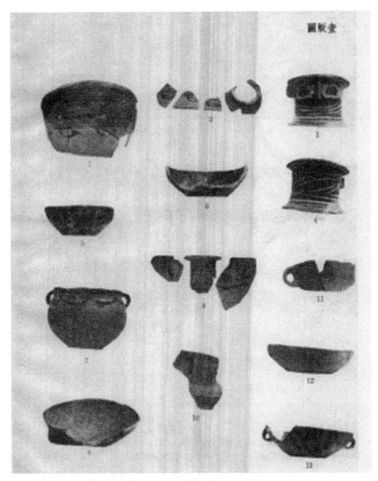

图版壹　兰州华林坪出土的彩陶

1—6.仰韶式（3、4 为一器的两面）　7—9. 马厂式　10.齐家式

11、12.仰韶式（红泥沙陶绳纹钵）　13.马厂式

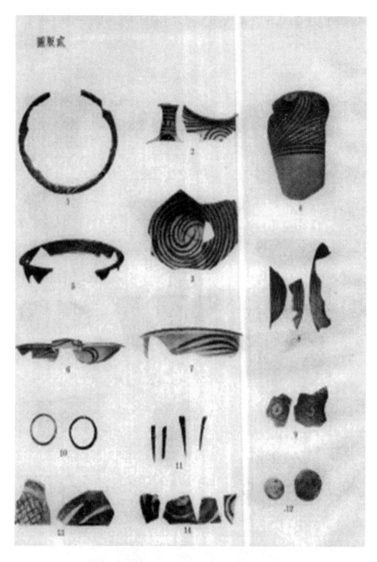

图版贰　兰州雁儿湾、徐家坪出土彩陶片

1—9.仰韶式彩陶片　10.陶环　11.骨针

12.石弹(以上雁儿湾出土)　13、14.徐家坪陶窑出土彩陶片

图版叁　兰州刘家坪墓葬出土随葬的器物（马厂式彩陶）

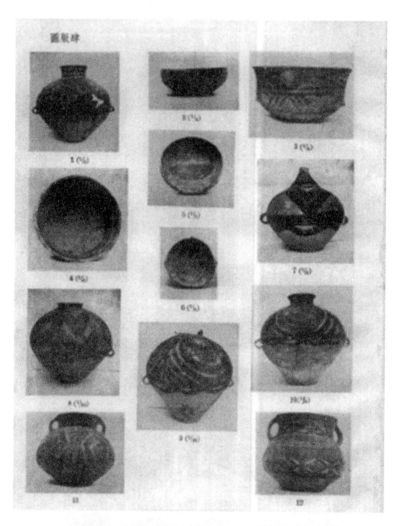

图版肆 兰州白道沟坪零星遗址和墓葬出土彩陶

1—6.仰韶式彩陶　7—9.马厂式彩陶

10.蔡家河出土马厂式彩陶　11、12.十里店出土彩陶

——原刊于《考古学报》第 1 期,1957 年。

部曲考

引言

部曲二字，世多作士卒解，而《唐律》与奴婢联文，殊有考索之必要。今年秋，负笈来此，梁任公师以"部曲考"命题研究，予于是根据《唐律》，参稽群籍，起战国，讫唐末，录得百数十条。综核比观，列为三章：一曰部曲之意义；二曰部曲之起源及变迁；三曰部曲之身分。虽不无遗漏，而变迁之迹，可瞭然矣。

民国十四年云南起义纪念日书于北京清华研究院。

部曲之意义

何谓部？《说文》云：部，天水狄部也。本无部署之义。盖部署字，实宜为㫄。《说文》云，㫄，相比次也。即相次处曰㫄；能次第之亦曰㫄。言部署部曲者，盖本作㫄署㫄曲矣。作部者，以㫄部同音，假借为之也。

《汉书·高帝纪上》："部署诸将。"注云："部署，分部而署置。"

《汉书·杨雄传上》："浸淫蹴部。"注云："部，军之部校也。"

《后汉书·桥玄传》注云："部，犹领也。"

《文选·羽猎赋》："浸淫蹴部。"注云："部，军之部伍也。"

按上一、三两条，"能次第之亦曰𠦆"之义也。二、四两条，"相次处曰𠦆"之义也。

何谓曲？《说文》云："𠚖，象器受物之形。或说，𠚖，蚕薄也。"是𠚖本无部分之意。作部分者，实局之段字。《说文》："局，簙所以行棋也。棋局有方卦，如槃有尺寸，故得引伸为部局矣。后人以曲局同部，遂以曲为局耳。

《方言》五："所以行棋谓之局，或谓之曲道。"

《释名·释言语》："曲，局也。"

《广疋·释器》："曲道，楇也。"

《国语·周语》："少曲与焉。"注云，"曲，章也。"

按上"曲"字，皆有部分之义；而一、二、三，三条，尤为曲局通转之明证。

何谓部曲？部曲二字之分义，已见于前。而其合义，似仅于军制上用之。《孙子·计篇》云："法者，曲制官道主用也。"杜牧注云："曲者，部曲队伍有分划也。"王晳注云："曲者，卒伍之属。"由是，已可略知曲部之义矣；然犹未得明确之解释也。

《史记·李广传》云："及出击胡，而广行无部伍行阵。"部伍字下，《索隐》云："案百官志云，将军领军，皆有部曲。大将军营五部，部校尉一人。部下有曲，曲有军候一人也。"

（附）部伍"伍"字，疑"曲"字之误？

《前汉书·李广传》云："及出击胡，而广行无部曲行阵。"师古云："《续汉书·百官志》云：'将军领军，皆有部曲。大将军营五部，部有校尉一人。部下有曲，曲有军候一人。今广尚于简易，故行道之中，而不立部曲也。'"

《流沙坠简》卷二，四十二："敦德步广尉曲平望塞有秩候长敦德"（王静安先生谓王莽时物。）王静安先生考释云，

"曲者,部曲。《续汉志》领军皆有部曲。大将军营五部,部校尉一人,比二千石。部下有曲,曲有军候一人,比六百石。曲下有屯。其余将军亦有部曲都尉秩视校尉,则其下亦有曲矣。"

《后汉书·光武帝纪》云:"五校檀乡五幡五楼富平获索等,各领部曲。"注云:"《续汉志》云,大将军营有五部,部三校尉。部下有曲,曲有军候一人。"

(附)部三校尉"三"字,疑"一"字之误?

总观以上,可知部曲二字之连文者,确为兵制上之一种专名词。而其一定之解说,则实始于《后汉书》之《百官志》。今复引《百官志》之原文如左:

《后汉书·百官志》云:"其领军皆有部曲。大将军营五部,部校尉一人,比二千石。军司马一人,比千石。部下有曲,曲有军候一人,比六百石。曲下有屯,屯长一人,比二百石。其不置校尉部但军司马一人。又有军假司马假候,皆为副贰。其别营领属为别部司马,其兵多少,各随时宜。门有门候。其余将军,置以征伐,无员职,亦有部曲司马军候以领兵。"

此说直至《宋书·百官志》,犹沿用之。而《隋书·礼仪志》,于部曲将,部曲督,犹有礼制之规定,盖唐以前之部曲,大都可以此说解之也。然汉时亦稍有出入者:

《周礼·大司马》郑康成注云:"群吏既听誓,各复其部曲。"贾公彦疏云:"群吏既听誓命,各复其部曲者,军吏本各主其部分曲别,若伍长主五人,两司马主二十五人,卒长主百人之等,皆是部曲。……听誓讫,各复其部伍本处,故云复其部曲也。"

此汉时异说之一证也。惟要其归,则仍不外乎军队士卒而已。今复引《宋书·百官志》之原文于后,以明汉唐之间之多用此说也。(《隋书·礼仪志》,止有部曲将部曲督礼制之规定,故不引。)

> 《宋书·百官志上》云:"大将军一人,……其领兵外讨,则营有五部。部有校尉一人,军司马一人。部下有曲,曲有军候一人。曲下有屯,屯有屯长一人。若不置校尉,则部但有军司马一人,又有军假司马,军假候。其别营者,则为别部司马。其余将军置以征伐者,府无员职,亦有部曲司马军候以领兵焉。……晋末以来,参军事行参军,又各有除板板行参军,不则长兼行参军参军督护江左置,本皆领营,有部曲,今则无矣。"

惟至唐代,则完全与此义不同。今试举《唐律疏议》所说部曲之义而论证之:

> 《唐律疏议》卷十七,《贼盗一》,"祖父母父母夫为人杀"条问答二云:"奴婢部曲,身系于主。"
>
> 《唐律疏议》卷二十二,《斗讼二》,"部曲奴婢过失杀主"条《疏议》云:"部曲奴婢,是为家仆。"
>
> 《唐律疏议》卷二十二,《斗讼二》,释文云:"时人多不辨此等之目。若依古制,即古者以赃没为奴婢,故有官私奴婢之限。荀子云,赃获即奴婢也。此等并同畜产,自幼无归,投身衣饭,其主以奴畜之。及其长成因娶妻。此等之人,随主属贯,又别无户籍,若此之类,各为部曲。"
>
> 《唐律疏议》卷二十三,《斗讼三》,"部曲奴婢詈旧主"条,问答一云:"至如奴婢部曲,唯系于主。"
>
> 《唐律疏议》卷二十四,《斗讼四》,"部曲奴婢告主"条《疏议》云:"部曲奴婢,虽属于主……"

观是诸条,知唐时部曲,对于其管辖者,全为主仆关系,而无复从前兵士之意义矣。

兹复总括本章对于部曲意义研究所得之结果为四类如左:

一、部字之本义为斗。

二、曲字之本义为局。

三、部曲二字连文之本意,即军制上士卒队伍之义。

四、部曲在唐代为仆众之义。——为一种变义。

部曲之起源及变迁

部曲何自起?曰起乎将帅之久典兵柄也。盖我国古时,兵由征调,将无私卒。国家既无军队之设,部曲自无由而生。及后征调之制渐废,而为将者,遂得久拥重兵,以为己有。而草泽英雄亦多私行招募,图谋非常。故每当天下大乱之际,辄赖之以成大业,是盖部曲之始也。然此犹普通之兵士也。至于相随日久,关系既切,不惟子身壮丁相从,往往举家相附,以是迁徙不易,行动困难,久而久之,遂成一种永远不能脱离之因,而结果则为一姓一将之所有物矣。故凡一将之部曲,除特别情形为他人所击散或攘夺外,类皆父子袭领,世为主臣。而史传所书,亦往往与戚族连类,不同外人,尤可见其关系之密切也。此部曲起源及其变迁之大略情形也。兹就考究所得,起自战国,讫于唐末,按次(年次)论列于左。然予犹欲附带声明者,数事:

(一)历代史传中所见之部曲,其情形不如予说之简单而有规则。阅者舍其部分之小节,而重其全体之大观,则自知予说之不诬。

(二)凡特别重要而足以代表一时代之趋势者,即于当条说明,以示区别。否则合数条,而作一结论。

(三)凡意思重复者,权其轻重,或并录,或节录。(如一事见于前后二史者亦是。)

(四)无关紧要者,不录。即录,亦不加说明。

　　《孙子·计篇》云:"法者,曲制官道主用也。"曹公注云,
　　"曲制者,部曲旛帜金鼓之制也。"李筌云,"曲,部曲也。"
(附注)《孙子》一书,一说战国时人作,一说汉初时人作。
部曲之名,始见于此。然原文止一曲字,而注释亦不详其原委。故谓之
影响于此时则可;若谓真正之部曲成立于此时,则不可。

　　《史记·李将军列传》云:"程不识故与李广俱边太守将
　　军屯。及出击胡,而广行无部伍行阵。……程不识正部曲行
　　伍营陈。"

　　《前汉书·李广传》云:"程不识故与广俱以边太守将屯。
　　及出击胡,而广行无部曲行阵。程不识正部曲行伍营陈。"
李程二将,皆为久屯边疆之人。由是可得二重要之观念也:一、部曲确
起于将帅之久典兵柄;二、部曲起于久典兵柄之边将。可为此佐证者,
复有下例:

　　《前汉书·赵充国传》云:"充国奏曰,……今留步卒万人
　　屯田,地势平易,多高山远望之便,部曲相保为堑垒木樵,校
　　联不绝,便兵弩,饰斗具,烽火幸通,势及并力,以逸待劳,兵
　　之利者也。"
总观以上三例,是盖部曲真正之起源矣。

　　《后汉书·光武帝纪》云:"又别号诸贼,铜马大彤……富
　　平获索等,各领部曲,众合数百万人,所在寇掠。"
夫铜马等,既为别号诸贼,则所领部曲,必为私党,而非国军矣。此盖
草泽英雄私有部曲之起源也。兹复继续论证之如左:

　　《后汉书》卷四十六[①]《邓禹传》云:"嘉相李宝,倨慢无

---

　　① 　(百衲本《后汉书·邓禹传》卷数为一六。——编者按)

礼,禹斩之。宝弟收宝部曲,击禹。"

此兄弟相继袭领之证也。

《后汉书》卷四十九①《耿弇传》云:"诏弇进讨张步。弇悉收集降卒,结部曲,置将吏,率骑都尉刘歆,太山太守陈俊,引兵而东。"

《后汉书》卷五十一②《任光传》云:"更始立,遣使降,拜子郡徐州牧,为其部曲所杀。"

《后汉书》卷五十三③《窦融传》云:"诏报曰,吾与将军,如左右手耳,数执谦退,何不晓人意。勉循士民,无擅离部曲。"

《后汉书》卷六十一④《陆康传》云:"时袁术屯兵寿春,部曲饥饿,遣使求委输甲兵。"

《后汉书》卷九十下⑤《蔡邕传》云:"董卓宾客部曲,议欲尊卓比太公称尚父,卓谋之于邕。"

《后汉书》卷一百二⑥《董卓传》云:"遂等稍争权利,更相杀害,其诸部曲,并各分乖……寻而何进及弟苗先所领部曲,皆归于卓……催随收兵,比至长安,已十余万,与卓故部曲樊稠李蒙等合围长安城……安西将军杨定者,故卓部曲将也,惧催忍害,乃与汜合谋迎天子……又以故牛辅部曲董

---

① (百衲本《后汉书·耿弇传》卷数为一九。——编者按)
② (百衲本《后汉书·任光传》卷数为二一。——编者按)
③ (百衲本《后汉书·窦融传》卷数为二三。——编者按)
④ (百衲本《后汉书·陆康传》卷数为三一。——编者按)
⑤ (百衲本《后汉书·蔡邕传》卷数为六〇下。——编者按)
⑥ (百衲本《后汉书·董卓传》卷数为七二。——编者按)

承为安集将军……腾乃应召,而留其子超领其部曲。"

以上各条,所有部曲,皆私人之兵士而已。惟末条所云"留其子超领其部曲,"是父子相继袭领之证也。

《后汉书》卷一百三①《刘虞传》云:"初诏公孙瓒讨乌桓,受虞节度。瓒但务会徒众,以自强大,而纵任部曲,颇侵扰百姓……瓒时部曲放散在外,仓卒自惧不免。"

《后汉书》卷一百三②《公孙瓒传》云:"阎柔将部曲,从曹操击乌桓。"

《后汉书》卷一百五③《刘焉传》云:"鲁部曲多在巴土,故以义为巴郡太守。"

《后汉书》卷七五《袁术传》云:"孙坚死,子策复领其部曲。"

以上各条,亦无他义。惟末条,为父子相继袭领之证。

《魏志》卷④《袁术传》云:"术前为吕布所破,后为太祖所败,奔其部曲雷薄陈兰于灊山,复为所拒。"

《魏志》卷⑤《李典传》云:"时太祖与袁绍相拒官渡,典率宗族及部曲,输谷帛于军……典宗族部曲三千余家,居乘氏,自请愿徙诣魏郡。……遂徙部曲宗族万三千余口,居邺。"

《魏志》卷十八《李通传》云:"通亲戚部曲流涕曰,今孤危独守,以失大援,亡可立而待也,不如亟从。"

---

①　(百衲本《后汉书·刘虞传》卷数为七三。——编者按)
②　(百衲本《后汉书·公孙瓒传》卷数为七二。——编者按)
③　(百衲本《后汉书·刘焉传》卷数为七五。——编者按)
④　(百衲本(三国志)《魏书(志)·袁术传》卷数为六。——编者按)
⑤　(百衲本(三国志)《魏书(志)·李典传》卷数为一八。——编者按)

以上，后二条，部曲与戚族连文，是为关系密切之证。李典有部曲宗族三千余家，是为举家相附之证。典徙部曲于邺，是为随主将迁徙之证。

> 《魏志》卷十八《庞德传》云："将军董衡，部曲将董超等欲降，德皆收斩之。"

部曲将，即部曲中之将校也。意与部曲督同。余仿此。

> 《魏志》卷二十一《卫觊传》云："时四方大有，还民关中，诸将多引为部曲。……归者无以自业，诸将各竞招怀，以为部曲。郡县贫弱，不能与争。"

诸将竟招纳流亡，以为部曲，是私行招募之证也。

> 《魏志》二十三卷《杜袭传》云："时将军许攸，拥部曲，不附太祖而有慢言，太祖大怒。……"

> 《魏志》卷①《满宠传》云："时郡内李朔等，各拥部曲，害于平民。"

> 《魏志》卷二十八《钟会传》云："怿兄子辉仪留建业，与其家内争讼，携其母，将部曲数十家渡江，自归文王。"

以上末条，亦为举家相附，随主将移徙之证。

> 《蜀志》卷六《关羽传》云："先主为平原相，以羽、飞为别部司马，分统部曲。"

> 《蜀志》卷六《马超传》云："后腾与韩遂不和，求还京畿，于是征为卫尉。以超为偏将军，封都亭侯，领腾部曲。"

> 《蜀志》卷十《魏延传》云："以部曲随先主入蜀，数有战功。"

> 《蜀志》卷十三《吕凯传》云："及丞相亮南征讨闿，既发

---

① （百衲本《三国志》《魏书（志）·满宠传》卷数为二六。——编者按）

在道,而阎已为高定部曲所杀。"

上惟第二条为父子相继袭领之证,曾见《后汉书·董卓传》。余皆一将私下之部属而已。

《吴志》卷一《孙坚传》云:"坚方行酒谈笑,勒部曲整顿行阵。"

《吴志·孙策传》云:"兴平元年,从袁术。术甚奇之,以坚部曲还策。"

由上第二条,知部曲各有其主。虽经没收,犹可放还。盖主将与部曲之间,确有一种特别关系,非他人所得乱焉。

《吴志》卷①《孙皓传》云:"熙部曲杀熙,送首建业。"

《吴志》卷②《孙奂传》云:"奂亦爱乐儒生,复命部曲子弟就业。……一知其攻已,率部曲千余口,过将胤妻奔魏。"

《吴志》卷六《孙韶传》云:"明日见韶,甚器之,即拜承烈校尉,统河部曲。"

《吴志》卷七《张昭传》云:"封都乡侯,领部曲五千人。"

《吴志》卷九《吕蒙传》云:"常以部曲事,为江夏太守蔡遗所白,蒙无恨意。"

《吴志》卷十《韩当传》云:"综内怀惧,载父丧,将母家属部曲男女数千人奔魏。"

《吴志》卷十一《朱桓传》云:"桓左军进谏,刺杀左军,遂讬狂发,……权惜其功能,……使子异摄领部曲。……部曲万口,妻子尽识之。"

---

① (百衲本《三国志》《吴书(志)·孙皓传》卷数为三。——编者按)
① (百衲本《三国志》《吴书(志)·孙奂传》卷数为六。——编者按)

　　《吴志》卷①《陆逊传》云："讨治深险,所向皆服,部曲已有两千余人。"

　　《吴志》卷②《陆凯传》云："凯陈何定不可任用……,遂卒,时年七十二。子祎初为黄门侍郎出领部曲,拜偏将军。"

观上,第二条为随主将移徙之证;第三第九两条为父子袭领之证;第六条为与家属连文,及随主将移徙之证。第七条则举家相附,又父子袭领之证也。

　　《晋书》卷三《武帝纪》云："泰始元年诏,复百姓徭役。罢部曲将吏长以下质任。"

　　《晋书》卷三《武帝纪》云："咸宁三年,大赦,降除部曲督以下质任。"

梁先生《中国文化史》云："质,即周官所谓质剂。任,保也。"质任",盖如后世投靠卖身之甘结。"盖部曲至是,已浸假而为法律上之一种特殊阶级矣。罢除须有明诏,则其不易解除可知。是为变迁上所宜注意之第一条。

　　《晋书》卷七《成帝纪》云："癸酉,以车骑将军……征虏将军郭默为北中郎将,假节监淮北诸军。刘遐部曲将李龙史迭,奉遐子肇,代遐位以距默。"

　　《晋书》卷③《段灼传》云："会受诛之后,艾参佐官属部曲将吏,愚蠢相聚,自共追艾,破坏监车,解其囚执。"

上二条,一立遐子而距默;一破监车以救艾,亦可知其关系之切矣。

---

①　（百衲本《三国志》《吴书（志）·陆逊传》卷数为一三。——编者按）

②　（百衲本《三国志》《吴书（志）·陆凯传》卷数为一六。——编者按）

③　（据房玄龄：《晋书》卷77《殷皓传》,北京：中华书局,1974 年,原文空缺卷数为 77。——编者按）。

《晋书》卷六十二《祖逖传》云："帝乃以逖为奋威将军豫州刺史，……使自招募，仍将本流徙部曲百余家渡江。"

《晋书》卷六十三《李矩传》云："时大饥……藩荟部曲，多为所啖。"

《晋书》卷六十三《魏浚传》云："马瞻率该余众降曜……部曲遣使呼该，该密赴之，其众杀瞻而纳该。"

《晋书》卷①《庾亮传》云："又以陶称为南中郎将江夏相，率部曲五千人入沔中。"

《晋书》卷②《殷浩传》云："初降人魏脱卒，其弟憬代领部曲。"

《晋书》卷八十一《朱伺传》云："伺部曲等，以诸县附昌。"

《晋书》卷八十一《刘遐传》云："遐卒，……子肇年幼，成帝以郭默为北中郎将，领遐部曲。遐故将吏史迭卞咸李龙等，不乐他属，共立肇，袭遐位以叛。"

《晋书》卷八十六《张轨传》云："骏受诏，遣部曲督王丰等报谢。"

《晋书》卷八十八《庾衮传》云："衮乃勒部曲，整行伍。"

《晋书》卷八十九《沈劲传》云："众败而逃，为部曲将吴儒所杀。"

《晋书》卷九十六《张茂妻陆氏传》云："陆氏倾家产，率茂部曲，为先登以讨充。"

---

① （百衲本《晋书·庾亮传》卷数为七三。——编者按）
② （百衲本《晋书·殷皓传》卷数为四二。——编者按）

《晋书》卷一百《王弥传》云："弥将徐邈高梁,辄率部曲
数千人随嶷去,弥益衰弱。"

按上各条,第一为举家相附,随主将移徙者;第三迎立故主,意同第七
之立故主之子。皆感情深切之证也。第四与第一相似。第五则兄弟袭
领,第十一则夫死妻领,皆一家私有之证也。

《晋书》卷一百《苏峻传》云："苏峻……少为书生。……
永嘉之乱,百姓流亡,所在屯聚,峻纠合得数千家……推峻
为主……峻惧,率其所部数百家,汛海南渡……至是有锐卒
万人……抚纳亡命得罪之家,有逃死者,峻辄蔽匿之,众力
日多……遂下优诏,征峻为大司农,加散骑常侍,位特进,以
弟逸代领部曲。"

凡草泽崛起之徒,其部曲之来源,可以此为通例。末云,"以弟逸代领
部曲",即相继袭领之证也。

《晋书》卷一百十六《姚弋仲记》云："弋仲部曲马何罗,
博学有文才。"

《晋书》卷一百十六《姚苌记》云："王统符胤等皆有部
曲,终为人害。"

《晋书》卷一百十七《姚兴记上》云："公威名宿重,部曲
最强。"

《晋书》卷一百十八《姚兴记下》云："谦江左贵族,部曲
遍于荆楚。"

《晋书》卷一百二十《李流记》云："乃表庠为部曲督,使
招合六郡壮勇至万余人。"

《晋书》卷一百二十一《李雄记》云："加范长生为天地太
师,封西山侯,复其部曲,不豫军征,租税一入其家。"

《晋书》卷一百二十四《慕容宝记》云："段仪段温,收部

曲于内黄,众皆响会。"

第六条谓"复其部曲,不豫军征",则部曲只供私人之用而已。可见当时已有此种家众仆丁之趋势。宜与晋武帝诏除"质任"二条同一重视。并宜视此为部曲变迁之一极大关键也。

《宋书》卷一《武帝纪上》云:"王元德等,并率部曲,保据石头。"

《宋书》卷四十五《王镇恶传》云:"时有一人邵平率部曲及并州乞活一千余户,屯城南。"

《宋书》卷四十五《刘粹传》云:"赵广张寻梁显各率部曲归降。"

《宋书》卷五十《垣护之传》云:"护之即率部曲,受车骑大将军沈庆之节度。"

《宋书》卷五十《张兴世传》云:"每战,辄有禽获,玄谟旧部曲诸将不及也。"

《宋书》卷五十一《宗室传》云:"载妇女尽室奔石头,部曲数百,赫弈满道。"

《宋书》卷五十七《蔡廓传》云:"公威风先著,统戎累朝,诸旧部曲,布在宫省。……初玄谟旧部曲,犹有三千人。"

《宋书》卷七十一《徐湛之传》云:"鲁爽兄弟,率部曲归顺。"

《宋书》卷七十四《鲁爽传》云:"率部曲及愿从合千余家奔汝南。……爽北镇义阳北来部曲凡六千八百八十三人……率部曲至襄阳。"

《宋书》卷七十六《宗悫传》云:"蛮帅田彦生,率部曲反叛。"

《宋书》卷七十八《萧思话传》云:"思话即率部曲还彭城。"

《宋书》卷八十三《吴喜传》云:"其统军……无所裁检,故部曲为之致力。"

《宋书》卷八十三《黄回传》云:"遂率部曲辄还。"

《宋书》卷八十四《邓琬传》云:"陈绍……与其部曲,俱还鹊尾。"

《宋书》卷八十七《萧惠开传》云:"惠基率部曲,破其渠帅马兴怀等。"

《宋书》卷八十七《殷琰传》云:"琰素无部曲,门义不过数人。……郑墨率子弟部曲及淮右郡,起义于陈郡。……仲怀部曲,并欲退就叔宝。……"

《宋书》卷八十八《沈文秀传》云:"文秀将之镇,部曲出屯白下。……卿独何人,而能自立?便可速率部曲,同列军门。"

《宋书》卷八十九《袁粲传》云:"乃狼狈率部曲,向石头。"

《宋书》卷九十二《杜慧度传》云:"李脱等,奔窜石碕,盘结俚獠,各有部曲。"

《宋书》卷九十五《索虏传》云:"胡兰洛生等,部曲数千,拟击伪镇。"

《宋书》卷九十六《鲜卑吐谷浑传》云:"欲率部曲,入龙涸,越嶲门。"

《宋书》卷九十八《氐传》云:"难敌即位,与坚头分部曲。"

《宋书》卷九十八《氐传》云:"天水任愈之,率部曲归顺。"

《宋书》卷九十八《氐传》云:"蒙逊代父领部曲……蒙逊率部曲投业……将部曲走投晋昌太守唐瑶……蒙逊乃谓其部曲曰,段公无道,枉杀辅国……五月率部曲,至治城峡口渡河……杀唐契,部曲奔无讳。"

右例,惟第九条为举家相附,随主将移徙之证。第十六条,部曲与子弟连文,为关系密切之证。而末条蒙逊代领父部曲,又父子相继袭领之证也。至余诸条,皆不过表明私人部众,无甚他义,故不再分说。

《南齐书》卷三《武帝纪》云："遂率部曲百余人,举义兵。"

《南齐书》卷二十二《豫章文献王传》云："部曲不得赍府州物出城。"

《南齐书》卷二十四《张瓖传》云："环宅中,常有父时旧部曲数百……环部曲顾宪子手斩之。"

《南齐书》卷二十五《垣崇祖传》云："率部曲归降。……崇祖囚将部曲据之……执其母,使湛告部曲……太祖召崇祖领部曲还都。"

《南齐书》卷二十七《李安民传》云："父钦之殿中将军补薛令,安民随父之县。元嘉二十七年,没虏,率部曲自拔南归。……宋泰始以来,内外频有贼寇,将帅已下,各募部曲,屯聚京师。"

《南齐书》卷二十七《王玄载传》云："昶于彭城奔虏,部曲皆散。"

《南齐书》卷二十八《刘善明传》云："弥之出门,密谓部曲曰,始免祸矣。……收集门宗部曲,得三千人……僧副将部曲二千人,东依海岛……遣部曲健儿数十人随僧副。……"

《南齐书》卷二十八《桓荣祖传》云："因收集部曲,为安都将。……"

《南齐书》卷二十九《周山图传》云："太祖遣山图领部曲镇京城。"

《南齐书》卷二十九《王广之传》云："启上求招诱乡里部曲。"

《南齐书》卷三十《薛渊传》云："太祖使领部曲,备卫帐内。"

《南齐书》卷三十《桓康传》云："回时为南兖州,部曲数千。"

《南齐书》卷四十五《宗室传》云:"遥光弟遥昌先卒,寿春豫州部曲,皆归遥光。……八月十二日晡时,收集二州部曲于东府门。"

《南齐书》卷四十六《萧惠基传》云:"惠基西使,千余部曲,并欲论功。"

《南齐书》卷四十七《王融传》云:"特希私集部曲,豫加习校。……融被收,朋友部曲,参问北市,相继于道。"

《南齐书》卷五十一《裴叔业传》云:"叔业率部曲,于城内起义。"

《南齐书》卷五十一《崔慧景传》云:"刘山阳与部曲数百人,断后死战。"

《南齐书》卷五十七《魏虏传》云:"沈陵率部曲降。"

《南齐书》卷五十八《东南夷传》云:"部曲据交州叛……将部曲袭州,执法乘。"

《南齐书》卷五十九《河南氐羌传》云:"广香翻迷反正,可特量所授。部曲酋豪,随名酬赏……率厉部曲,树绩边城。……率部曲三万余人,举城归附。"

总观《南齐书》各条,所最宜注意者,为第三条;次之为第七、十三、十五,三条。余如随主将移徙等等,则已概见于前史,姑不具论。第三条云:"环宅中,常有父时旧部曲数百。"由"父"字"旧"字,知为父子袭领之部曲。又由"宅"字,知当时环已不与部曲分居。今既为世世所有之部属,而又居于主将之家内,是几与仆人无异矣。故此条又当视为部曲变迁上之一极大关键也。(可与《晋书》诏罢质任、复部曲不预军征二条,先后比观。)至第七条之部曲与门宗(按门即门徒,宗即宗族。)连文,第十五条之部曲与朋友连文,则皆为感情深切之证。而十三条,则又兄弟相继袭领之证也。

　　《梁书》卷十《邓元起传》云:"及书至,元起部曲,多劝其还郢。"

　　《梁书》卷十一《张弘策传》云:"弘策申勒部曲,秋毫无犯。"

　　《梁书》卷十八《冯道根传》云:"为将能检御部曲,……其部曲或怨非之。"

　　《梁书》卷二十八《夏侯亶传》云:"有部曲万人,……领其父部曲。"

　　《梁书》卷三十二《陈庆之传》云:"令昕收集部曲,将用之。"

　　《梁书》卷三十二《兰钦传》云:"率其部曲邀击景,兵败,死之。"

　　《梁书》卷三十九《王神念传》云:"乃率其部曲来降。"

　　《梁书》卷三十九《羊侃传》云:"侃辞不受,部曲千余人,并私加赏赉。"

(附)"侃辞不受",按原文,谓不受朝廷之赏。

　　《梁书》卷三十九《羊鸦仁传》云:"三年,出奔江陵,其故部曲数百人迎之。"

　　《梁书》卷四十三《韦粲传》云:"收旧部曲,据豫章。"

　　《梁书》卷五十一《张孝秀传》云:"顷之,遂去职归山,居于东林寺,有田数十顷,部曲数百人,率以力田。"

右例,第四条为父子相继袭领之证。第八条云:"侃辞不受,部曲千余人,并私加赏赉。"可知当时侃之部曲,已完全为私人所有,而不与国家发生关系矣。至末条则尤为重要:盖既已去职归山,则部曲无用。今云:"率以力田",即明非部下兵士之确证。故此条所说之部曲,即张氏一人之仆众也。既当与"诏罢质任""复其部曲,不预军征""环宅中,常有父时旧部曲数百",诸条并重;尤当视为部曲变迁上之一极大关键也。

《陈书》卷一《高祖纪上》云:"高祖纳其部曲三千人而
还。……其将士部曲,一无所问。"

观此条部曲与将士并立,则部曲决非将士之类矣。

《陈书》卷二《高祖纪下》云:"诏曰,罚不及嗣,自古通典;罪疑惟
轻,布在方策。沈泰反复无行,……其部曲妻儿,各令复业。"是盖以沈
泰之罪,罪及部曲妻儿者也。可与《唐律疏议》"谋反大逆"条相证映。
《唐律疏议·贼盗一》"谋反大逆"条云:"诸谋反及大逆者皆斩。父子年
十六以上皆绞。十五以下及母女妻妾祖兄弟姐妹若部曲资财田宅并
没官。"今将《陈书》所云,与此比观,彼此相合。是当时社会,对于部曲
之处置,已渐如《唐律》所定矣。此又部曲变迁上之一极大证据也。(当
与前"诏罢质任","复其部曲","环宅中常有旧部曲","率部曲力田",
诸条连观。)

《陈书》卷三《世祖纪》云:"世祖尽收其部曲家累。"

此条亦主人获罪,收没其部曲家属之义也。例同前。

《陈书》卷八《周文育传》云:"以其部曲,分隶众军。"

《陈书》卷九《吴明徹传》云:"其旧部曲多在军中。"

《陈书》卷十三《荀朗传》云:"时京师大饥,百姓皆于江
外就食,朗更招致部曲。……承圣二年,率部曲万余家,济江
入宣城郡界立顿。"

《陈书》卷十八《沈众传》云:"众表于梁武帝,称家代所
隶故义部曲,并在吴兴。"

《陈书》卷二十二《陆子隆传》云:"世祖义之,复使领其
部曲。"

《陈书》卷二十九《蔡徵传》云:"遣徵收募兵士,自为部曲。"

《陈书》卷三十一《樊毅传》云:"毅率部曲,随叔父文皎

援台城,……毅率子弟部曲还朝。"

《陈书》三十一《鲁广达传》云:"时江表将帅,各领部曲,动以千数。"

右列诸条,第三条既为收纳流亡,私行招募之证;又为举家相附,随主将移徙之证。第四条为世代相继袭领之证。第七条为与子弟连文,关系密切之证。末条则为将帅拥部曲以自重之证。然此皆屡见于前,无待详述矣。

《魏书》卷十《孝庄纪》云:"是夜仆射尔朱世隆荣妻乡郡长公主,率荣部曲,焚西阳门,出屯河阴。"

是条与《晋书》卷九十六《张茂妻陆氏传》条同意。亦夫妻袭领,为一家私有之证。

《魏书》卷十四《神元平文诸帝子孙传》云:"拥率部曲,屯据鄴城。"

《魏书》卷三十《车尹洛传》云:"夺无讳子乾寿兵规领部曲。"

《魏书》卷三十六《李顺传》云:"以在郡贪污,辄召部曲还京师,弃市。"

《魏书》卷四十七《卢玄傅》云:"引为兼属,仍领部曲。"

《魏书》卷五十五《刘芳传》云:"兄廞死,粹招合部曲。"

《魏书》卷五十八《杨播传》云:"遂领其部曲千余人来降。……鸠率部曲,在于梁沛。"

《魏书》卷六十一《田益宗传》云:"又诏益宗,率其部曲。……拥率部曲三千余家,弃彼边荣,归投乐土。"

《魏书》卷七十一《傅竖眼传》云:"灵庆兄弟,并有雄材。兼其部曲,多是壮勇。"

《魏书》卷七十一《裴叔业传》云:"率合部曲,欲图领军。"

《魏书》卷七十一《江悦之传》云:"善待士,有部曲数百人……部曲稍众,……悦之率部曲及梁秦之众,讨灭之。"

《魏书》卷七十一《李苗传》云:"荣从弟世隆拥荣部曲,屯据河桥。"

《魏书》卷七十四《尔朱荣传》云:"荣遂严勒部曲,广召义勇。"

《魏书》卷八十《斛斯椿传》云:"收尔朱部曲,尽杀之。……劝出帝置阁内都督部曲……号令部曲,别为行陈。"

《魏书》卷八十《侯渊传》云:"渊率部曲,屯于郡南……渊争门不克,率骑出奔,妻儿部曲,为遏所虏……卿勿以部曲轻少,难于东迈。……渊乃复还,遏始归其部曲。……渊袭高阳郡克之,置部曲家累于城中,身率轻骑,游掠于外。"

《魏书》卷九十六《僭晋司马睿传》云:"令峻弟逸领峻部曲。"

《魏书》卷九十七《岛夷刘裕传》云:"今亲勒部曲,镇扞徐兖……遂广募义勇,置为部曲。"

《魏书》卷一百一《蛮传》云:"率部曲四千余户内属。……率部曲断之。……其部曲相率内附。"

《魏书》卷一百三《蠕蠕传》云:"其严勒部曲,勿相暴掠。"

观上诸例,第七、第十七两条,为举家相附,随主将移徙之证。第五、第十一、第十五,三条,为兄弟相继袭领之证。余除第十四条外,无足述者。兹就第十四条而研究之十四条云"率骑出奔,妻儿部曲,为遏所虏。"又云"置部曲家累于城中,身率轻骑,游掠于外。"凡两言率骑而不及部曲;再言部曲,皆与妻子连文。足见斯时之部曲,常与家人同处,而非时随左右之士卒也。是亦为部曲变迁上所极宜注意者。与"诏罢质任","复其部曲","环宅中常有父时旧部曲","率部曲力田","诏令沈泰部曲妻儿复业",诸条并重可也。至云"遑始归其部曲",是又物各有主,不能相乱之证也。

《北齐书》卷三《文襄纪》云:"诵鲍明远诗曰:'将军既下世,部曲亦罕存。'"

《北齐书》卷十四《平秦王归彦传》云:"常听将私部曲三人,带刀入仗。"

《北齐书》卷二十一《高乾传》云:"及武帝置部曲……听慎以本乡部曲数千人自随……乃请还本乡,招集部曲……昂自领乡人部曲……敕曹所将部曲,练习已久……自领部曲千余人……所亲部曲,请季式曰:'今日形势,大事去矣。'"

《北齐书》卷二十一《封隆子传》云:"仍听收集部曲一千人。"

《北齐书》卷二十二《李元忠传》云:"悉勒部曲数千人。"

《北齐书》卷二十三《崔㥄传》云:"寻除徐州刺史,给广宗部曲三百,清河部曲千人。

《北齐书》卷三十二《陆法和传》云:"梁元帝以法和功业稍重,遂就加司徒都督刺史如故。部曲数千人,通呼为弟子。"

《北齐书》卷三十二《王琳传》云:"令长史陆纳,率部曲前赴湘州。"

《北齐书》卷四十二《卢潜传》云:"敕潜与琳为南讨经略,琳部曲故义,多在扬州。"

君主以奴婢牛马杂物赐人,史中屡见。以部曲赐人,始见于此(《北齐书》卷二十三《崔㥄传》(观上。))盖当时部曲,已渐与奴婢等物相类似矣。此亦为部曲变迁上一极重要之证据也。当与前诸重要条并看(如"诏罢质任","复其部曲","环宅中常有旧部曲","率部曲力田","诏

沈泰部曲妻儿复业"，"侯渊率骑出奔"诸条是。)至陆法和之呼部曲为
弟子，不过称谓上之特别，实际上仍与兵士无异。

《周书》卷一《文帝上纪》云："赵贵率部曲收岳尸还营。"

《周书》卷六《武帝纪下》云："诏自永熙三年七月以来，
去年十月已前，东土之民，被抄略在化内为奴婢者，及平江
陵之后，良人没为奴婢者，并宜放免，所在附籍，一同民伍。
若旧主人犹须共居，听留为部曲及客女。"

此条与《唐书·高宗纪》"显庆二年十二月勅放还奴婢为良及部曲客女
者听"条同意。又与《唐律·户令》所谓"放奴婢为良，及部曲客女者，并
听之"之说相吻合。可见尔时之部曲，已如《唐律》所定，为高于奴婢而
贱于良民之人矣。是又部曲变迁上极显明之证据也。可与前述重要
诸条连观之。(如"诏罢质任"……"给广宗部曲，清河部曲"诸条
是。)

《周书》卷二十二《杨宽传》云："尔朱荣被诛，其从弟世
隆等，拥部曲，烧城门，出据河桥。"

《周书》卷二十八《权景宣传》云："率其部曲，侵扰州境。"

《周书》卷三十六《令狐整传》云："固之迁也，其部曲多
愿留为整左右。整喻以朝制，勿之许也。"

由上第三条，知部曲既为一人所私有，即不得自由转事他人。故《唐
律·贼盗二》问答，有"部曲既许转事，奴婢比之财货"之说。盖部曲欲
转事人，必得主人之许可，并具一定之手续也。否则人未有敢受之者。
此又部曲之所有权在主之一明证也。

《周书》卷四十三《陈忻传》云："朝廷以忻雅得士心，还
令万敌领其部曲。"

《周书》卷四十四《李迁哲传》云："及其父为衡州，留迁
哲本乡监统部曲事。"

《周书》卷四十六《杜书毗传》云:"各领部曲数百人。"

右第一、第二两条,为父子相继袭领之证。

《隋书》卷十一《礼仪志》云:"部曲督司马吏部曲将,铜
印环钮,朱服武冠。司马吏假墨绶兽爪鞶。"

部曲至此时,已完全成为一姓一将之所有物。惟观此条,知前时遗制
犹有存者。故予于首章中即提及之。

《隋书》卷三十九《窦荣定传》云:"赐马三百匹,部曲八
千户而遣之。"

奴婢与杂物(如牛马等)赐人,史中屡见,予前已言及之。部曲赐人,则
始见于《北齐书》(卷二十三)《崔㥄传》,再见于此传。盖此时部曲,已
完全与奴婢相近似矣。是又为部曲变迁上之一极大证据也。(可与"诏
罢质任""复其部曲",……"给广宗清河部曲""诏放奴婢,听为部曲客
女"诸条连观。)

《隋书》卷六十四《陈稜传》云:"父岘少骁勇,事章大宝
为帐内部曲。"

《隋书》卷六十五《周法尚传》云:"法尚遣部曲督韩明,
诈为背己,奔于陈。"

此二条亦无他义,故不赘说。

《南史》卷一《宋本纪上》第一云:"王元德等,并率部曲,
保据石头。"

《南史》卷四《齐本纪上》第四云:"上遂率部曲百余人
起义。"

《南史》卷六《梁本纪上》第六云:"帝避时嫌,解遣部曲。"

《南史》卷十五《徐羡之传》云:"鲁爽兄弟,率部曲来奔。"

《南史》卷二十一《王弘传》云:"融被收,朋友部曲,参问
北寺,相继于道。"

《南史》卷二十六《袁湛传》云:"今年事败矣,乃狼狈率部曲向石头。"

《南史》卷三十一《张裕传》云:"瓛宅中常有父时旧部曲数百。"

《南史》卷三十七《沈庆之传》云:"将之镇,部曲出次白下。"

《南史》卷三十九《殷孝祖传》云:"琰素无部曲,无以自立。"

以上诸条,或已见前史,或不甚重要。惟末条云:"琰素无部曲,无以自立。"足见当时部曲之重。

《南史》卷四十《黄回传》云:"遂率部曲辄还,改封安陆郡公。"

《南史》卷四十二《豫章文献王嶷传》云:"先是王蕴荐部曲六十人……部曲不得赍府州物出城。"

《南史》卷四十四《齐武帝诸子传》云:"以寅有部曲,大事皆委之。……又张欣泰尝为雍州,亦有部曲。……勒留西楚部曲助镇襄阳。……殿下若不留部曲,便是大违勒旨。……子懋部曲,多雍土人。"

《南史》卷四十五《张敬儿传》云:"集部曲……以此诱说部曲。"

《南史》卷四十六《孝安人传》云:"安人寻率部曲,自拔南归。"

《南史》卷四十九《刘怀珍传》云:"密谓部曲曰,始免祸坑矣。……收集门宗部曲,得三千人。……僧副将部曲二千人,东依海岛。"

《南史》卷五十《庾易传》云:"元起死于蜀郡,部曲皆散。"

《南史》卷五十五《曹景宗传》云:"部曲残横,部下厌之。"

由第三条,知部曲极为当时将主所重。由末条知部曲确与部下不同。末条云:"部曲残横,部下厌之。"推其文义,必部下为普通兵士,而部曲则为关系较切,感情较深之另一团体也。故此条亦可为当时部曲与部下不同之证。(至此,部曲与"士卒""部下"之性质,相离渐远之证,已得数条。可参看"《陈书》卷一《高祖纪上》"条。)

> 《南史》卷五十五《夏侯详传》云:"夔在州七年,……有部曲万人……子撰嗣,……领其父部曲。"

> 又云:"弘率部曲数百,悉衣锦袍。"

> 《南史》卷五十五《冯道根传》云:"为将能检御部曲,……每征伐,终不言功,其部曲或怨非之。"

> 《南史》卷五十七《沈约传》云:"召募故义部曲以讨贼。"

> 《南史》卷五十七《范云传》云:"又为始兴内史,旧郡界得亡奴婢,悉付作部曲。即货去,买银输官。"

首条为父子相继袭领之证。末条云:"得亡奴婢,悉付作部曲。"是又同于《唐律》"放奴婢为良及部曲客女者听"之意。故此条又足为当时奴婢部曲相差甚近之证。宜与"诏罢质任","复其部曲",……"诏放奴婢,听为部曲客女","赐部曲八千户",诸条并重。

> 《南史》卷六十四《张彪传》云:"颇有部曲……沈泰说陈文帝曰,彪部曲家口,并在香岩寺,可往收取。"

> 《南史》卷六十七《荀朗传》云:"朗更招致部曲,众至数万。"

> 《南史》卷六十七《鲁悉达传》云:"时江表将帅,各领部曲,动以千数。"

> 《南史》卷七十《郭祖深传》云:"及被任用,皆募部曲……使募部曲二千。"

> 《南史》卷七十六《张孝秀传》云:"因去职归山,居于东林寺,有田数十顷,部曲数百人,率以力田。"

《南史》卷七十七《司马申传》云："夺任忠部曲,以配蔡徵、孔范。"

上惟第一、第五两条较重。然其义已分说于前,故兹不赘。

《北史》卷五《魏本纪第五》云："尔朱世隆荣妻,乡郡长公主,率荣部曲,自西阳门出屯河阴。"

《北史》卷六《齐本纪上第六》云："乃诈为书,言尔朱兆将以六镇人配契胡为部曲,众皆愁。"

《北史》卷十六《阳平王熙传》云："有南成主妻三月三日游戏沔水侧,均辄遣部曲掠取。"

《北史》卷二十四《封懿传》云："仍听收集部曲一千人。"

《北史》卷三十一《高允传》云："时禁园养部曲稍至千人……听慎以本乡部曲数千自随……乃请还本乡,招集部曲……昂自领乡人部曲……曰敖曹所领部曲练习已久。"

《北史》卷三十八《裴骏传》云："朴特与部曲为表里声援。"

《北史》卷四十五《李元护传》云："但多有部曲,时为侵扰。"

《北史》卷四十五《江悦之传》云："有将略,善待士,有部曲数百人……部曲称众,千有余人。"

《北史》卷四十五《李苗传》云："及杀尔朱荣,从弟世隆拥部曲,还逼都邑。"

《北史》卷五十四《斛律金传》云："在州养马二千匹,部曲三千以备边。"

《北史》卷六十一《窦炽传》云："赐马三百匹,部曲八十户遣之。"

《北史》卷六十六《陈欣传》云："子万敌嗣……还令万敌领其部曲。"

《北史》卷九十三《北凉(沮渠氏)传》云:"蒙逊代父领
部曲。"

《北史》卷九十六《氐传》云:"子难敌统位,与弟坚头分
部曲。"

右列诸条,皆见前史。虽如第一(妻领夫部曲)、第九(弟领兄部曲)、第
十一(以部曲赐人)、第十二、第十三、第十四(三条皆为子领父部曲)
诸条,较为重要,然已说明于前,故不赘述。

《旧唐书》卷十五《宪宗纪下》云:"安南军乱,杀都护李
象古并家属部曲千余人皆遇害。"

《旧唐书》卷二十上《昭宗纪》云:"王行瑜与其妻子部曲
五百余人,溃围出奔。"

《旧唐书》卷四十三《职官志》云:"凡决大辟罪,在京者,
行决之司,皆五覆奏,在外者,刑部三覆奏;若犯恶逆已上,
及部曲奴婢杀主者,一覆奏。"

第一、第二两条,皆与妻孥连文,是为关系密切之证。第三条既与奴婢
连文;又杀主之罪,不分重轻,同为大辟,可知当时部曲,已与奴婢相
等矣。《唐律·斗讼二》"部曲奴婢过失杀主"条云:"部曲奴婢,过失杀
主者绞。"则非过失杀主者,当然在于死例。(有《唐律》卷十七《贼盗
一》"部曲奴婢杀主者斩"条可证。)故此处定杀主罪为大辟,完全与
《唐律》相合,是部曲同于奴婢之疑案,至此已完全定谳矣。(当与前诸
重要条并观。)

《旧唐书》卷八十九《狄仁杰传》云:"昔董之乱,神器播
迁。及卓被诛,部曲无赦。"

《旧唐书》卷一百二十《郭子仪传》云:"及征还朝廷,部
曲散去。……怀恩本臣偏将,其下皆臣之部曲。……彼皆吾
之部曲,缓之自当携贰"。

《旧唐书》卷一百二十一《仆固怀恩传》云："怀恩将士，
皆子仪部曲……部曲以乡法焚而葬之。"

《旧唐书》卷一百二十七《源休传》云："泚死，休走凤翔，
为其部曲所杀。"

《旧唐书》卷一百四十五《李忠臣传》云："前湖南观察辛
京杲，尝以忿怒杖杀部曲，有司劾奏京杲杀人，当死，从之。"

以上末条，主杀部曲罪至死，似与《唐律·斗讼二》"殴部曲死决罚"条
"诸主殴部曲，至死者，徒一年；故杀者加一等"之说不符。实则此以有
司误奏京杲杀人故也。若奏主杀部曲，罪当决不至死。故《唐书》之说，
仍与《唐律》无违。

《旧唐书》卷一百四十五《李希烈传》云："各出家僮部曲
一人及马令刘德信总之讨希烈。"

观此，部曲确与家僮不同，惟与家僮近似，则固显然无疑（家僮，犹言
僮奴。与奴婢为同类。）此亦变迁上极有关系者也。

《旧唐书》卷一百八十《李全忠传》云："匡威部曲刘仁恭
归于河东。"

《旧唐书》卷一百八十七下《许远传》云："虢王巨受代之
时，尽将部曲而行。"

《旧唐书》卷一百九十五《迴纥传》云："遂并其部曲，奄
有其地。"

《旧唐书》卷一百九十六《吐蕃传上》云："郭子仪领部曲
数百人……各有部曲。"

诸条意义，已见于前，兹故不赘。

《新唐书》卷二十四《车服志》云："八品、九品服用青，饰
以鍮石。勋官之服，随其品而加佩刀、砺、纷、悦。流外官、庶
人、部曲、奴婢，则服䌷绢絁布，色用黄白，饰以铁、铜。"

　　《新唐书》卷五十一《食货志》云："凡主户内有课口者为课户。若老及男废疾、笃疾、寡妻妾、部曲、客女、奴婢及视九品以上官，不课。……浮民、部曲、客女、奴婢纵为良者附宽乡。……"

　　《新唐书》卷八十四《李密传》云："招抚故部曲，经略东都。"

　　《新唐书》卷九十二《苑君璋传》云："以君璋为大行台，统武周部曲。"

　　《新唐书》卷一百三十七《郭子仪传》云："部曲离散……子仪颐指进退，若部曲然。"

　　《新唐书》卷一百五十一《陆长源传》云："杀大将及部曲五百人乃定。"

　　《新唐书》卷一百七十《史敬奉传》云："甥侄部曲二百人，每出，辄分其队为四五。"

　　《新唐书》卷一百七十七《冯宿传》云："洛苑使姚文寿纵部曲，夺民田……府大集，部曲辄与文寿偕来，宿掩取，榜杀之。"

　　《新唐书》卷二百三《吴武陵传》云："足下勿谓部曲勿我欺，人心与足下一也。"

　　《新唐书》卷二百二十五上《安禄山传》云："禄山以牙门部曲百余骑次城北，祭先冢而行。"

上除第一、第二两条外，皆不甚重要。兹就第一、第二两条而讨论之：盖部曲之与奴婢连文者，自汉初（正真部曲之起源，前论已定《史记》。故此云汉初。）以迄唐末，一见于《旧唐书·职官志》，（又《旧唐书·李希烈传》，有"家僮部曲"连文一条。因与奴婢相近，故附之于此。）再见于《新唐书·车服志》，三见于《新唐书·食货志》而已。原其变迁之迹，虽非一端。而见诸明文，显然无疑者，则实自《唐书》始之。故此诸条，尤为吾作本章最终之目的也。兹复就本章中变迁痕迹之较著者，以书为

次,列为左表,以便省览:

　　(附)予作本章既终,犹欲重言声明者,即相同诸条,本可汇萃一处,再加说明。特为时代所限,故不得不每书自为起讫,非重杂也。

唐律	新唐书	旧唐书	北史	南史	隋书	周书	北齐书	魏书	陈书	梁书	南齐书	宋书	晋书	吴志	蜀志	魏志	郑注周礼大司马	后汉书	流沙坠简	前汉书	史记	孙子	引用书目／部曲变迁之类别
																					正式部曲成立（始见李广传）	始见于计篇	部曲名词之起（源）
					有（礼义志）							有（百官志）	有（百官志）				有（郑注贾疏）	有（如光武纪班彪传等注亦有）	有（考释）	有（李广传注）卷二四十二	有（李广传索隐）	有（计篇注）	作为军制上之专名用者（名用者）
有	有	有	有	有	有	有	有	有	有	有	有	有	有	有	有	有				有	有	有	作为普通兵士之逐渐减少者（斜线表示逐渐减少之意）
有	有	有	有	有	有	有	有	有	有	有	有	有	有	有	有	有		始（纪内以铜马等部曲为始）					作为私人之部属随附而增多之意（领主将兄弟妻妾相继移·夫移家相随·逐渐增多之意）
凡部曲奴婢连文者皆是	部曲客女奴婢连文（卷五一食货志）	家僮部曲连文（卷一四五李希烈传）(附)	（大致同南史）	得亡奴婢志付作部曲（卷四三职官志）	放奴婢为良及部曲（卷六武帝纪）	赐马匹及部曲（卷三九窦定传）	置部曲妻儿各令复业（卷八〇侯渊传）	部曲数百率以力田（卷五一张孝秀传）	瑰宅中有父时旧部曲数百（卷二十四张瑰传）	诏罢部曲质任（卷三武帝纪）	复部曲不预军征（卷一二李雄载记）	给宗清河部曲（卷二三崔陵传）											由私人之部属而渐变为奴婢者（虚线表示逐渐增多之意）

部曲之身分

吾人观诸部曲之起源及变迁，已可得其身分之大概。盖在唐以前，虽已屡发见其与奴婢相近之证据，然犹不尽失其兵士之地位。至有唐一代，则竟成一人类之特殊阶级，而与奴婢同视矣。兹根据《唐律》而一究其身分也。然视奴婢亦有间。予今先言其相同者，次言其相异者。

其相同者：

一、由于形式上者——

《唐律》卷四《名例律》"略和诱人"条："略和诱部曲奴婢……及藏逃亡部曲奴婢。……"

《唐律》卷六《名例律》"同居相为隐"条："部曲奴婢为主。……"

《唐律》卷六《名例律》"称道士女冠"条："观寺部曲奴婢。……"

《唐律》卷十二《户婚律》"养杂户为子孙"条："若养部曲及奴为子孙者。……"

《唐律》卷十七《贼盗律》"缘坐非同居"条："若部曲奴婢犯反逆者。……"

《唐律》卷十七《贼盗律一》"部曲奴婢杀主"条："诸部曲奴婢谋杀主者。……"

《唐律》卷十七《贼盗律一》"谋杀故夫父母"条："部曲奴婢谋杀旧主者。……"

《唐律》卷十八《贼盗律二》"杀人移乡"条："若妇人有犯及杀他人部曲奴婢。……"

《唐律》卷十八《贼盗律二》"残害死尸"条："即子孙于祖

父母父母部曲奴婢于主者。……"

《唐律》卷十八《贼盗律二》"穿地得死人"条:"……部曲奴婢于主冢墓……。"

《唐律》卷二十《贼盗律四》"知略和诱和同相卖"条:"及略和诱部曲奴婢而买之者。……"

《唐律》卷二十《贼盗律四》"共盗并赃论"条:"主遣部曲奴婢盗者。……"

《唐律》卷二十二《斗讼律二》"部曲奴婢良人相殴"条:"即部曲奴婢相殴伤杀者。……"

《唐律》卷二十二《斗讼律二》"部曲奴婢过失杀主"条:"诸部曲奴婢过失杀主者。……"

《唐律》卷二十二《斗讼律二》"殴缌麻亲部曲奴婢"条:"诸殴缌麻小功亲部曲奴婢……各减杀伤凡人部曲奴婢二等。……"

《唐律》卷二十三《斗讼律三》"部曲奴婢詈旧主"条:"诸部曲奴婢詈旧主者……即殴旧部曲奴婢折伤。……"

《唐律》卷二十四《斗讼律四》"部曲奴婢告主"条:"诸部曲奴婢告主非谋反逆叛者。……"

《唐律》卷二十四《斗讼律四》"教令人告事虚"条:"即教令人告缌麻以上亲及部曲奴婢告主者。……"

《唐律》卷二十五《诈伪律》"妄认良人为奴婢"条:"诸妄认良人为奴婢部曲妻妾子孙者。……"

《唐律》卷二十六《杂律上》"奴奸良人"条:"其部曲及奴奸主。……"

《唐律》卷二十八《捕亡律》"容止他界逃亡"条:"其官户部曲奴婢亦同。"

《唐律》卷二十九《断狱上》"与囚金刃解脱"条："部曲奴婢与主者罪亦同。"

《唐律》卷二十九《断狱上》"死罪囚辞穷竟"条："部曲奴婢于主者。……"

《唐律》卷三十《断狱下》"闻知恩赦故犯"条："若部曲奴婢殴及谋杀。……"

总观以上各条，无不部曲奴婢联举。故吾人□□一展读《唐律》，即于脑海中发生一同类之印象。此即吾所谓形式上之相同者也。

二、由于权利义务上者（由权利义务上，可求得部曲奴婢身分为相同相异两部份，相异部份详后。）——

《唐律》卷二《名例二》"十恶反逆缘坐"条：问曰"监守内略人，罪当除名之色，奴婢例非良人之限，若监守内略部曲，亦合除名以否？答曰，"今略良人及奴婢，并合除名，……略部曲，……明知亦合除名。"

按此，知监守内略奴婢部曲，其罪相等。则部曲奴婢，必为同一身分也。

《唐律》卷三《名例三》"府号官称"条："若奸监临内……部曲妻及婢者，免所居官。"

按卷十七《贼盗一》"谋反大逆"条《疏议》云："部曲妻及客女，况与部曲同。"又卷二十六《杂律》上"错认良人为奴婢"条《疏议》云："部曲妻，虽取良人女为，亦依部曲之坐。"是部曲妻，可以代表部曲之身分也。本条以奸部曲妻之罪，同于奸婢之罪，是部曲妻与婢之身分相等，而复得推知部曲与奴婢之身分相等也。

《唐律》卷二《名例二》"十恶反逆缘坐"条：答问云，"据杀一家，非死罪三人，乃入不道。部曲奴婢，不同良人之例，强盗若伤财主，部曲即同良人。"

《唐律》卷四《名例四》"老小废疾"条:答问云,"例云,杀
一家三人为不道。注云,杀部曲奴婢者非。即验奴婢不同良
人之限。惟因盗伤杀,亦与良人同。"

按此二条,知部曲奴婢,若因盗杀伤,则皆同于良人。是亦部曲奴婢身
分相同之证也。

《唐律》卷四《名例四》"略和诱人"条:"……略和诱部曲
奴婢,若嫁卖之,即知情娶买。及藏逃亡部曲奴婢,……赦书
到后百日,见在不首,故藏匿者,复罪如初。"

按此,略和诱,及藏逃亡部曲奴婢,在赦书到后,百日内发者,虽不自
首,同为无罪。是部曲奴婢,亦未有贵贱之分也。

《唐律》卷五《名例五》"犯罪未发自首"条:"其于人损
伤"节下,《疏议》云,"虽部曲奴婢,损伤亦同良人例。"

按此,是损伤部曲,与损伤奴婢同于良人之法。又为部曲奴婢身分相
同之证也。

《唐律》卷六《名例六》"同居相为隐"条:"部曲奴婢为主
隐,皆勿论。"

按此,得知部曲奴婢,于主之关系相等,故为主隐,皆得无罪。此又身
分相同之证也。

《唐律》卷六《名例六》"官户部曲"条:"诸官户部曲官私
奴婢,有犯本条无正文者,各准良人。"

按此,所谓"各准良人"者,即各准良人之法。是又部曲奴婢无分重轻
之证也。

《唐律》卷六《名例六》"官户部曲"条:"若老小及废疾不
合加杖,无财者,放免。"节下《疏议》云:"其部曲奴婢,应征
赃赎者,皆征部曲及奴婢,不合征主。"

按此,知部曲奴婢,遇有赃赎之事,主皆不任其责。是主于部曲奴婢,

仍以同等关系相待,亦身分相同之证也。

　　《唐律》卷六《名例六》"官户部曲"条:"即同主奴婢自相
　　杀,主求免者,听减死一等,"节下《疏议》云:"奴婢……相
　　杀,虽合偿死,主求免者,听减。若部曲杀同主贱人,亦至死
　　罪,主求免死,亦得同减法。"

按此,知部曲奴婢罪至死时,(限于同主贱人相杀者。)主求免死,皆得
听减。是亦部曲奴婢身分相近之证也。

　　《唐律》卷六《名例六》"称道士女冠"条:"观寺部曲奴婢
　　于三纲,与主之期亲同"节下《疏议》云:"……其部曲奴婢,
　　殴三纲者,绞;詈者徒二年。"

按此,殴者同为绞罪;詈者同为徒二年。是亦可知部曲奴婢身分之相
同也。

　　《唐律》卷十一《职志下》"役使所监临"条:"诸监临之官
　　私役使所监临,及借奴婢牛马……"节下,《疏议》云:"称奴
　　婢者,部曲客女亦同。"

按此,是奴婢可以包括部曲也(即部曲之权利义务同于奴婢之意。)其
身分之相同,不言可知。

　　《唐律》卷十二《户婚上》"脱户"条:"其增减非免课役……
　　即不满四口,杖六十(部曲奴婢亦同。)"

按注云,"部曲奴婢亦同。"即部曲奴婢亦同正文所定之法,而不再立
他法也。是亦部曲奴婢同等之证也。

　　《唐律》卷十四《户婚下》"杂户不得娶良人"条:"即奴婢
　　私嫁女与良人为妻妾者,准盗论。知情娶者,与同罪。各还正
　　之,"节下,《疏议》云:"……其部曲奴婢,有犯本条无正文
　　者,依律各准良人。……"

按此,"依律各准良人"者,即各准良人之法,而不另立部曲之法,与奴

婢之法也。是亦部曲奴婢相同之证也。

《唐律》卷十七《贼盗一》"缘坐非同居"条:"若女许嫁已定……若部曲奴婢犯反逆者,止坐其身,"节下,《疏议》曰:"若部曲奴婢……犯谋反大逆,并无缘坐,故云止坐其身。"

按此,部曲奴婢,犯反逆者,其罪相同,不分轻重。是亦部曲奴婢相等之证也。

《唐律》卷十七《贼盗一》"部曲奴婢杀主"条:"诸部曲奴婢谋杀主者,皆斩。谋杀主之期亲,及外祖父母者,绞;已伤者皆斩。"

按此,知部曲奴婢杀主,其所处之罪相同。罪既相同,则其身分相等可知。

《唐律》卷十七《贼盗一》"谋杀故夫父母"条:"诸妻妾谋杀故夫……皆斩。部曲奴婢谋杀旧主者,罪亦同,"节下,《疏议》云:"……部曲奴婢谋杀旧主,称罪亦同者,谓谋而未杀,流二千里;已伤者绞;已杀者皆斩。"

按此,知部曲奴婢,谋杀旧主,罪亦相同。是又部曲奴婢身分相等之证也。

《唐律》卷十八《贼盗二》"憎恶造厌魅"条:"以故致死者,各依本杀法。欲以疾苦人者,又减二等。(子孙于祖父母父母,部曲奴婢于主者,各不减。)"

按注云:"部曲奴婢于主者,各不减。"即部曲欲以疾苦主人者,不减二等之罪;奴婢欲以疾苦主人者,亦不减二等之罪。是又为部曲奴婢同一身分之证也。

《唐律》卷十八《贼盗二》"憎恶造厌魅"条:"即于祖父母父母及主,直求爱媚而厌呪者,流二千里,……"节下,《疏议》云:"子孙于祖父母父母,及部曲奴婢于主,造厌呪符书,直求爱媚者,流二千里。……"

按此,知部曲奴婢于主造厌咒符书直求爱媚者,并不以部曲而减轻其罪,奴婢而加重其罪。是又为部曲奴婢身分相同之证也。

《唐律》卷十八《贼盗二》"残害死尸"条:"弃而不失及髡发若伤者,各又减一等。即子孙……部曲奴婢于主者,各不减,"节下,《疏议》云:"……即子孙于祖父母父母,部曲奴婢于主者,各不减,并同斗杀之罪,子孙合入恶逆。……"

按此条,亦不以部曲奴婢,而分罪之重轻,是亦二者身分相同之证也。

《唐律》卷十八《贼盗二》"穿地得死人"条:"……部曲奴婢于主冢墓燻狐狸者,徒二年;烧棺椁者,流三千里;烧尸者绞。"

按此,亦不以部曲奴婢,而分罪之轻重。是又为部曲奴婢同视之证也。

《唐律》卷二十《贼盗四》"知略和诱和同相卖"条:"诸知略和诱和同相卖,及略和诱部曲奴婢而买之者,各减卖者罪一等。"

按此,知买"略和诱部曲奴婢"者,减卖者罪一等。是买部曲之罪,与买奴婢之罪相等。是亦足以知部曲奴婢身分之相同也。

《唐律》卷二十《贼盗四》"共盗并赃论"条:"主遣部曲奴婢盗者,虽不取物,仍为首,"节下,《疏议》云:"主遣当家部曲奴婢行盗,虽不取所盗之物,主仍为行盗首,部曲奴婢为从。"

按此,知部曲奴婢奉主命而行盗,主为首罪,部曲奴婢同为从罪。是于部曲奴婢,并不歧视。是亦足为二者身分相同之证也。

《唐律》卷二十二《斗讼二》"部曲奴婢过失杀主"条:"诸部曲奴婢,过失杀主者,绞;伤及詈者流。"

按此,知奴婢杀(伤詈在内。)主之罪,并不重于部曲杀主之罪。是亦部曲奴婢身分相等之证也。

《唐律》卷二十二《斗讼二》"部曲奴婢过失杀主"条:

　　"……即殴主之期亲及外祖父母者,绞;已伤者,皆斩;詈者
　　徒二年;过失杀者,减殴罪二等;伤者又减一等。殴主之缌麻
　　亲,徒一年;伤重者,各加凡人一等;小功大功,递加一等(加
　　者,加入于死。)死者,皆斩。"
按此,知部曲奴婢,犯同样之罪,即受同等处罚。是亦二者身分相同之
证也。
　　《唐律》卷二十三《斗讼三》"部曲奴婢詈旧主"条:"诸部
　　曲奴婢詈旧主者,徒二年;殴者,流二千里;伤者,绞;杀者,
　　皆斩;过失杀伤者,依凡论。"
按此条与前条同意。
　　《唐律》卷二十四《斗讼四》"部曲奴婢告主"条:"诸部曲
　　奴婢告主,非谋反逆叛者,皆绞。告主之期亲及外祖父母者,
　　流;大功以下亲,徒一年。诬告重者,缌麻加凡人一等;小功
　　大功,递加一等。"
按此条亦与前条同意。
　　《唐律》卷二十四《斗讼四》"投匿名书告人罪"条:"诸投
　　匿名书告人罪者,流二千里(谓绝匿姓名,及假人姓名,以避
　　己作者,弃置悬之俱是。)"节下《疏议》云:"……匿名书告他
　　人部曲奴,依凡人法。……"
按此,以匿名书告他人部曲奴,依凡人法论罪。是部曲奴之身分同于
凡人也。其部曲与奴之身分相等可知。
　　《唐律》卷二十六《杂律上》"奸缌麻亲及妻"条:"诸奸缌
　　麻以上亲及缌麻以上亲之妻……妾减一等,"节下《疏议》
　　云:"……其奴及部曲奸主之妾,及主期亲之妾,亦从减一等
　　之例。"
按此,知奴奸主妾与主期亲之妾之罪,同于部曲奸主妾与主期亲之妾

之罪。是部曲奴婢之身分,亦无尊贱之分别也。

> 《唐律》卷二十六《杂律上》"奴奸良人"条:"其部曲及奴
> 奸主及主之期亲,若期亲之妻者,绞;妇女减一等;强者斩。
> 即奸主之缌麻以上亲及缌麻以上亲之妻者,流;强者绞。"

按此,亦即部曲奴婢同犯奸罪,受同等处罚,不分身分高下之证也。

> 《唐律卷》二十八《捕亡》"官户奴婢亡"条:"诸官户官奴
> 婢亡者,一日杖六十,三日加一等(部曲私奴婢亦同。)"

按此,知部曲奴婢逃亡时,其罪相同。是亦身分相等之证也。

> 《唐律》卷二十八《捕亡》"容止他界逃亡"条:"诸部曲容
> 止他界逃亡浮浪者一人,里正笞四十……各罪止徒二年。其
> 官户部曲奴婢亦同。"

按此,知容止官户部曲奴婢,准同良人之法,无有彼此轩轾之分。是亦
部曲奴婢身分相等之证也。

> 《唐律》卷二十八《捕亡》"知情藏匿罪人"条:"诸知情藏
> 匿罪人,若过致资给,令得隐避者,各减罪人一等(……部曲
> 奴婢首匿,主后知者,与同罪。……)"节下《疏议》云:"……
> 部曲奴婢作首隐匿罪人,主后知者,与同罪。谓同部曲奴婢
> 各减罪人罪一等;以主不为部曲奴婢隐故也。"

按此,主以部曲奴婢而受罪,并不因部曲而重,奴婢而轻。是亦可知部
曲奴婢身分之相等也。

> 《唐律》卷二十九《断狱上》"与囚金刃解脱"条:"诸以金
> 刃及他物可以自杀及解脱而与囚者,杖一百……即部曲奴
> 婢与主者,罪亦同"节下《疏议》云:"……或部曲奴婢与主
> 者,并与凡人罪同。"

按此,知部曲奴婢以可解脱之物与主者,与凡人罪同。既各同凡人,则
部曲奴婢之身分自同。换言之,即"部曲奴婢各等凡人,则部曲奴婢互

等。"譬如"甲丙各等于乙,则甲丙亦互相等"也。凡以前之同此例者(如"依凡人法","准良人法","同良人法"等条是。)皆可以此式解之。

(附)余以《唐律》中之同此例者,止于本条,故明此式于此。

> 《唐律》卷三十《断狱下》"立春后不决死刑"《疏议》云:
> "依狱官令,从立春至秋分,不得奏决死刑,违者徒一年。若犯恶逆以上,及奴婢部曲杀主者,不拘此令。"

按此,知部曲奴婢杀主,其受决罚,不因部曲而稍宽于奴婢。是亦二者身分无分差异之证也。

以上即吾所谓由权利义务上而求得部曲奴婢身分之相同者也。兹更进而求其异。

其相异者:

一、由于性质上者——

> 《唐律》卷四《名例四》"老小废疾"条答问云:"奴婢贱隶,惟于被盗之家称人。……"

> 《唐律》卷二《名例二》"十恶反逆缘坐"条答问云:"奴婢部曲,不同良人之例。强盗若伤财主,部曲即同良人。"

第一条云,"奴婢贱隶,惟于被盗之家称人。"按其语气,是奴婢于被盗之家称"人"外,其余不得称"人"也。第二条云,"奴婢部曲,不同良人之例。……"按其语气,并无此外不得称部曲为"人"之意。是由性质之不同,而得其身分之差异者也。

> 《唐律》卷六《名例六》"官户部曲"条《疏议》云:"奴婢贱人,律此畜产。"

> 《唐律》卷十三《户婚中》"以妻为妾"条《疏议》云:"婢乃贱流,本非俦类。"

> 《唐律》卷十四《户婚下》"杂户不得娶良人"条《疏议》云:"奴婢既同资财,既合由主处分。"

《唐律》卷十五《厩库》"监主借官奴畜"条:"诸监临主守以官奴婢及畜产私自借若借人及借之者,笞五十"节下《疏议》云:"……之类,有私自借若借人及借之者,亦计庸赁,各与借奴婢畜产同律。"按此条云:"奴婢畜产同律,"既奴婢同于畜产之意甚明。

《唐律》卷十七《贼盗一》"谋反大逆"条《疏议》云:"部曲不同资财,故特言之。……奴婢同资财,故不别言。"

《唐律》卷十八《贼盗二》"造畜蛊毒"条答问云:"部曲既许转事,奴婢比之资财。"

《唐律》卷十八《贼盗二》"杀人移乡"条《疏议》云:"注云,部曲及奴出卖,谓私奴出卖,部曲将转事人。"

《唐律》卷二十《贼盗四》"私财奴婢贸易官物"条:"诸以私财物奴婢畜产之类(余条不别言奴婢者,与畜产财物同。)贸易官物者。"按本条注,知奴婢同于畜产财物。

又本条《疏议》云:"若验奴婢不实者,亦同验畜产之法。"

《唐律》卷二十二《斗讼二》"主杀有罪奴婢"条《疏议》云:"奴婢贱隶。"

《唐律》卷二十五《诈伪》"诈除去官户奴婢"条《疏议》云:"奴婢有价,部曲转事无估。"

《唐律》卷二十六《杂律上》有"买卖奴婢牛马立券"条。

按上诸条,对于奴婢,则曰"有价""出卖""立券""本非俦类""比之财货""比之畜产"。而对于部曲,则曰"转事""转事无估""不同资财"。可见二者之性质绝对不同,而其身分亦判然悬殊也。

二、由于权利义务上者(此即吾前所谓相异部份也。——

《唐律》卷十二《户婚上》"放部曲为良"条:"诸放部曲为

良,已给放书,而压为贱者,徒二年。若压为部曲,及放奴婢为良而压为贱者,各减一等。即压为部曲及放为部曲而压为贱者,又各减一等,各还正之。"节下《疏议》云:"若放部曲客女为良,压为贱者,徒二年。若压为部曲者,谓放部曲客女为良,还压为部曲客女;及放奴婢为良,还压为贱,各减一等,合徒一年半。即压为部曲者,谓放奴婢为良,压为部曲客女;及放为部曲者,谓放奴婢为部曲客女,而压为贱者,又各减一等,合徒一年。仍并改正,从其本色。故云各还正之。"

按此条,《疏议》,即可为正文说明之用,故不赘说。

《唐律》卷二十《贼盗四》"略人略卖人"条:"诸略人略卖人,为奴婢者绞;为部曲者流三千里。"又《疏议》云:"和诱,减略一等。为奴婢者流三千里,为部曲者徒三年。"

按此,知部曲所享之权利,为优于奴婢也。故略人为部曲,罪轻于略人为奴婢。

《唐律》卷二十二《斗讼二》"部曲奴婢良人相殴"条:"部曲殴良人者,加凡人一等;奴婢又加一等。……其良人殴伤杀他人部曲者,减凡人一等,奴婢又减一等。若故杀部曲者,绞;奴婢流三千里。"

《唐律》卷二十二《斗讼二》"殴部曲死决罚"条答问云:"妾殴夫家部曲,亦减凡人二等。部曲殴主之妾,加凡人三等。若妾殴夫家奴婢,减部曲一等。奴婢殴主之妾,加部曲一等。"

《唐律》卷二十三《斗讼三》"部曲奴婢詈旧主"条:"即殴旧部曲奴婢,折伤以上,部曲减凡人二等;奴婢又减二等。"又《疏议》云:"主殴旧部曲奴婢,折伤以上,部曲减凡人二等,谓折齿合杖九十。奴婢又减二等,合杖七十之类。"

《唐律》卷二十四《斗讼四》"部曲奴婢告主"条:"即奴婢

诉良妄称主压者,徒三年;部曲减一等。"

> 《唐律》卷二十六《杂律上》"错认良人为奴婢"条:"诸错
> 认良人为奴婢者,徒二年;为部曲者,减一等。错认部曲为奴
> 者,杖一百。"又《疏议》云:"良人之与奴婢,种类自殊。若错
> 认者,徒二年;为部曲者,减一等,徒一年半。若错认部曲为
> 奴者,杖一百。"

观上各条,由其权利义务之不等,自可知其身分之不同矣。此即吾前所谓由权利义务上而求得部曲奴婢身分之相异者也。

总以上相同相异二部份之大体上观之,知唐时部曲之身分,确为低于良民而稍高于奴婢者;故可统言之曰:"在于奴婢良民之间。"然不有具体之方法,作一确定之答案,则终不明其所处为当时社会中第几等阶级也。吾故复言之,以求得其结果,而作为本章之结论。

> 《唐书·职官志》云:"都官郎中员外郎掌配役隶。凡公私
> 良贱,必周知之。凡反逆相坐,没其家为官奴婢。一免为番
> 户,再免为杂户,三免为良民。"

按此,知唐制别贱民于良民,而分贱民为三级,最下为"奴婢",次为"番户",次为"杂户"。

> 《唐会要》前文原注云:"诸律令格式,有言官户者,是番
> 户之总号,非谓别有一色。"

按此,知"番户"亦称"官户"。

> 《唐律》卷二十二《斗讼二》"部曲奴婢良人相殴"条,原
> 注云:"官户与部曲同。"

按此,知"部曲之身分"同于"官户"。

由上三条,可得结论如下:

奴婢一免为"番户",再免为"杂户",三免为"良民"。等于

奴婢一免为"官户",再免为"杂户",三免为"良民"。等于

　　奴婢一免为"部曲",再免为"杂户",三免为"良民"。

　　故当时社会上,由"良民"而至"奴婢",其间共分四级——一良民,二杂户,三番户(官户,部曲同),四奴婢。

　　"部曲"即处于第三阶级者也。

——原刊于《国学论丛》第 1 卷第 1 期,1927 年。

释會䀿

　　《说文解字》"會,禾麦吐穗上平也。象形。""䀿,等也。从皿,妻声。"许君立會字为部首,而以䀿字隶之,并各为说解,其为二字,显然分别。然予谓二者实一字也。案《说文》皿部䀿字,金文作𣪕,(仲𩰬父鬲)作𣪕,(仲𦤽父鼎)又作𣪕,(𤉐鼎)作𣪕。(叔鼎)夫䀿为"黍稷在器以祀者,"(《说文》)而鼎则兼饪粢盛之用,是从皿从鼎,其谊一也。(马叔平先生《中国金石学讲义》云:"鼎盖䀿字。《说文》(皿部)'䀿,黍稷在器以祀者。'前人以䀿盛非鼎实,遂不敢确定。今知鼎之为用,兼饪粢盛,则'鼎'之为'䀿',复何疑义。")至𣪕之与𣪕,实即许书之䀿。或释为妻,非也。案會字殷虚文字作🔲,作🔲,亦作🔲。金文作🔲,(归父盘)作🔲,(齐癸姜敦)亦作🔲。(齐妇鬲)今观𣪕𣪕二字之形,其为會妻二字之合文无疑。由是,知䀿𣪕𣪕为一字,则亦知许书之會䀿为一字矣。此相同之证一也。

　　又石鼓文"我以𨖵于原,"先师王静安先生《两周金石文韵读》,读𨖵为隮,是也。案其文法,正与《诗》之"朝隮于西",《左传》之"隮于沟壑"相同。故隮即隮字,隮即跻字。(《商书·微子》"予颠跻",今《尚书》作"颠隮"。《诗》"蒹葭""斯干""长发"诸传,并云跻通作隮。又《春秋》文二年经云跻僖公,《周礼·大宗伯》注作隮僖公。)"我隮于原,"即"我跻于原"也。由是,又知许书之會 䀿之为一字矣。此相同之证二也。

　　又观许君于會字注则云:"禾麦吐穗上平也。"于䀿字注则云:"等也。妻声。""平""等"字别而义同,"妻""齐"叠韵而同部。是會䀿音谊皆同,又可知其为一字矣。此相同之证三也。

至于既有𥝱字,何以又别出𥝱字? 则予思之,盖亦有说:窃谓𥝱𥝱二字,𥝱字先出,𥝱字后起。獡鼎叔鼎之时代如何,虽不得知;而石鼓之为秦刻石,则已无可疑议。(马叔平先生《石鼓为秦刻石考》)盖𥝱本象形,(𥝱象禾麦平穗,二象地之高下。全字象禾麦随地高下之形。)自有音读。特后人囿于浅见,以为妻齐音近,必加妻声于𥝱,而𥝱之音读方著,遂一变其象形而为形声,而造字之本谊反以晦矣。及段先生注《说文解字》,则复因汉儒"妻者齐也"之说,而坿会之曰:"此举形声包会意也,"(见本字注)则又失之失矣。

(附)按古字本为象形,而后人增加偏旁变作形声者甚多,兹不具举。

——原刊于《女师大学本季刊》第 1 期,1930 年。

整理说文之计画书

昔东汉许叔重，网罗古籀篆三体文字，包举形音义三种谊指，著《说文解字》一书，凡得文字九千三百五十三名，是为后世言小学者不祧之祖。自尔以来，迄于清季，若李阳冰、徐锴、徐铉、段玉裁、桂馥、王筠、朱骏声诸人，皆尝精心考求，加以注疏，实成文字之总汇，义训之渊海，蔚然一大观矣。然殷墟之卜辞，两周之款识，秦汉之石刻，其值则等于诗书，其形则久而不变，为考究文字者必须之材料。而许君当时于甲骨固非意想所及，即郡国所出鼎彝，亦未尝多见，而石刻亦收之而未尽焉。故后人于《说文》之字体字训，往往多可议者。况其书流传已久，时逢钞胥之误，不无褫落之嫌，则其有待于后人之补苴匡正以见古初文字之真面目者，宁容或缓。于是近百年来，学者鉴于历来注家之违失，古器之日出，别启径由，撰为新述。若庄葆琛之《说文古籀疏证》，吴大澂之《说文古籀补》、《字说》，孙仲容之《契文举例》、《名原》，罗叔言先生之《殷商贞卜文字考》、《殷墟书契考释》，先师王静安先生之《戬寿堂殷寿文字考释》、《古金文考释》、《史籀篇疏证》、《观堂集林》艺林诸篇，丁佛言之《说文古籀补补》，林义光之《文源》，容庚之《金文编》皆应运而作，云蒸霞蔚，所以补正许书良多。第诸家之书，类各摅其奇意，非专从许书而加以具体之研究者也。故甲骨金石之所以优异于《说文》，与夫《说文》之断烂纰缪，犹未能尽见之也。今兹之作，拟由部次、篆文、说解三项，分类研究，期得其真而止。许叙所谓"解谬误，晓学者，"某虽未逮，然心向往之矣。谨条列绪目，述之左方，而各缀数言以说明之。

（一）部次之异同

（甲）五百四十部首之排比　部首排列，本许君所自创；然亦体大思精，隐揩有条理。惟许君当时，于字之本形，或有未悉，益以后世俗儒之随意改置，故往往觉其难合，今概依据古体，加以审正，参之《玉篇》部次，梦英所书，大小徐本之相违，及蒋王二氏之《部首表》，总期得其至当而后止。

（乙）各个部中篆文之出入　《说文》各部中字，亦有应在甲部而许君误入乙部者：如瞏字今在哭部，然揆以全书之例，应在亾部。如此，则仅存一部首哭字，而哭字亦可并入于犬部而删去哭部。此即《说文》每部篆文应有移动之证也。今采前贤各家之说而融以己见，订其本真焉。

（二）篆文之订正

（甲）并篆　此又可分三目

（a）异部重文　自王筠《说文释例》，列《异部重文》一科，共举四百四十三字，知篆文之宜合并者多。吾友刘盼遂君，又于章太炎先生《文始》所陈变易字凡近千名，亦古异部或同部重文，益足以证王说之不谬。（惟余意于音义相同以外，仍须顾及形体。）今依王章之术，益参以甲骨金石文字之古体，（如"月夕"，"隹鸟"，"卿乡饗"，"弔逊岻"，"行"之与"彳""亍"，各为一字之类。）辨其孰为正字，孰为或体；孰为初文，孰为后起。意当有丰富之获欤？

（b）同部重文　此与王氏《释例同部重文》义异。王氏所甄者，本篆下之古籀或体，余所说者，同部中之两正篆，或有本一字而误岐者也。如彳部之彳之亍，止部之止之㞢，史部之史之事，本为一文之变化，此先师王（静安）先生所已证明者也。（王筠于《异部重文》科中亦附见此类。）今更搜其不及，如“齊”“亝”之类，以期于完善也。（其他如在同部或异部而知为一字一物而变其形体者，如止、[illegible]，步，[illegible]，久、夊，舛、夅，[illegible]，䟣、[illegible]等字甚多，兹不悉举。）

（c）同部中古语辞类之连写　如鸟部“鷃”、“鴟”二字，其说解皆云“鷃鴟也”，而无他义，则二篆可以联写而注说解于其下。又如草部之“芣”、“苢”二篆亦然。若兼他义，则另附他义于其下。又如鸝，“鷵风也”，则鷵篆即可次于鸝篆之下。薺，“蒺藜也”，则藜篆亦当次于薺篆之后。如此之类，虽与甲骨金石文字无甚关系，要亦为整理许书之一事也。（吾友魏君建功曾主是说，兹采用之。）

（乙）补篆　甲骨金石所见之字，往往有形音义具备而不见于《说文》者。吾人试一检罗氏《殷墟书契考释》，吴氏《说文古籀补》，丁氏《〈说文古籀补〉补》，容氏《金文编》，随在皆有。此诚亟应补入，并注明其出处，略诠释其音义，则许书益为全璧矣。

（丙）正篆　《说文》篆书，时有不可解者，此系许君之失，抑出后人所改，虽未可定，然其为谬误则甚明。如“甲”《说文》作[illegible]，下从丁。甲骨金文中甲字，则皆作十作田，而秦《阳陵虎符》则作[illegible]，汉《袁敞残碑》，《天发神谶碑》、魏《三字石经》则皆作[illegible]。由此可知，从十不从丁。从丁乃《说文》之讹也。又如“由”《说文》误作侧词反之甾。甲骨金文则皆作[illegible]，与缶为同意，“天”之本谊为颠，故甲骨作[illegible]，金文作[illegible]，作□●形于大上以指示其颠。（甲骨作口形者，因刀笔之故。）而《说文》作[illegible]，与卜辞地名之天同形。“月”本象月阙，甲骨金文皆作[illegible]，象月上下弦时之形，《说文》作[illegible]，与胾肉之[illegible]同形。本编与此类者，概加更正。

（三）说解之订正

（甲）纠缪　《说文》篆文外，即说解亦往往有误。若张行孚著《发疑》一书,第就本书之例,及经典中之不合者为说,尚非确证。晚近若吴大澂《字说》,孙仲容《名原》,及王罗两先生说,援据甲骨金石文字之用以证许书说解之失,甚彰彰也。兹于诸家之外,鄙见所及,有足确定说解之误者:如部首白字,形原作 ,本为日光之谊,庄子所谓"虚室生白",其例证也。乃许君释之云:"白,西方色也。阴用事,物色白;从入合二。二,阴数。"不知作何解矣。又如"勿"为杂色物之意,而许君以为州里所建之旗。"米"为米粒琐碎纵横之形,而许君以为禾实之象。多为重肉,古者,初民惟有饮食观念,故以重肉表多,甲文 字从多,象肉在俎中,《毛传》训肴,是也。许君猥云从"重夕;夕者相绎也"。此皆说解谬误之最著者也。今兹皆加以纠正,务使后人少所惑也。

(乙)补充 《说文》每字下一定义,亦有定义非误,而语意不显或不全者。如 "颠也,至高无上;"是许君明知天为顶之谊矣;然复云"从一大",则又以苍苍之天为"天"之本义矣。此类语意函胡,亟宜辨之明晰。又如 下云,"象門之形",是矣;而复云"两士相对,兵杖在后",则非。 下云"冒地而生,下象其根,"是矣;然上象枝干,而云"从 ",则非。 下云"象形",是矣;而中之白齿谓为"米也",则非。他如 之仅训艸木之出,于义未全。按诸甲骨,犹有从 从一,作 ,"象人出往"之一谊。是皆许君说解之不全,定义之未安,亟宜诠注补充者也。近人章太炎先生著《小学答问》,首明天义出于颠顶,洵为卓识。然以不信甲骨彝器,致未能远引博证以畅其说,亦贤者之过也。

(丙)新说 凡许书篆文,说解,皆有误谬,后儒已有订正者,與夫土地所出,闻见所及,有可以独辟径蹊者,统归此例。如吴清卿之释"不""帝",先师王先生之释"玨""朋"等,皆有惊人之新意,而亦至精至确者,皆参以己见而取集焉。

(丁)语源 甲骨金石之字,恒为单体。至《说文》所收之字,则屡加以偏旁,多为形声字矣。实则古人简质字少,每借其声而义已在其中。如甲骨文𦫿字,其义为遇,《说文》则加辵作遘,而不复知有𦫿。(《说文》𦫿字别解。)甲文金文且字,其义为祖,而《说文》亦加示作祖。𠂤字在甲骨彝器,即为考妣之谊,而《说文》仍加偏旁而作妣。此皆时代渐后,迷其语源,故加偏旁以示分别。(然亦有有偏旁而为古字之或体,非后起者。)实则古字义存于声,声显于形。独体既亦足用,孳乳实出后人。今以甲骨金石文字与《说文》相较,庶几文字时代之先后,亦得多所判明欤。(然独体亦可明时代之先后:如马字 字最古, 字次之。 字更次之。如鱼字 字最古, 字次之, 字更次之。又已成之形声字,从其得声之文,亦可定其时代之先后:如峕从之得声,时从寺得声,则峕必古于时。如睹从者得声,《文选》等多作曙,因署亦者声也。而《说文》,则有睹无曙,是亦睹古于曙之明证也。兹不悉举。)

以上三科,于古文字之所以修正《说文》者,其术略尽于此。惟事实与理想,恒不见其必符;将来古代文字日渐发见,确有可以摧折许书者。则此事之增减损益,势必有所不免。尚望世之先觉,垂而教之,则幸甚矣!

十九年八月二十八日于北平

《古本道德经校勘》序言

本院考古组于民国二十三年十一月，在陕西宝鸡县斗鸡台作第二期之发掘。至二十四年一月中，因天寒地冻，工人忙于过废历年，遂奉徐主任旭先生之命，分组出外调查。骥与龚元忠先生担任凤翔、宝鸡两县。二月十二日，余等调查至宝鸡县城东南五十余里之磻溪宫，宫相传为周吕尚隐钓之地，至元为丘长春成道之所，故又名"长春成道宫"（见《宝鸡县志》）。至第四殿院中，发见元大德三年之道德经幢，幢共八棱，身高四·六公尺，棱宽〇·二九公尺。座半入土中，顶周四面造像，像一已毁面部。全幢色质光泽，制作精雅。余甚喜之，归而请命于徐先生为命工拓归。时因发掘工忙，行箧无书，无可校阅。及五月返平，出视拓本，见其仅题"老子道德经"而不分篇章，知其与《道德经》古本相近。昔宋晁说之（政和时人）、熊克（乾道时人）得王弼《道德经》，以其题曰《道德经》，不析乎道德而上下之，喜其近古，至为缮藏镂版以行。今得是刻虽后于彼，要亦足贵焉。及后读至"夫佳兵者不祥之器"一句，徐先生笑谓余曰："昔王伯申精研训诂，释此'惟'字，（'佳'即古'惟'字。王氏释'夫佳兵者'为'夫佳兵者'见《读书杂志》）。翻覆至二三百言而不能尽。今得此，不其为王氏得一有力之证据乎？"余亦笑曰："设王氏而在，得见此刻，则其快慰为可知也！"自后转辗搜集，遂得河北易县、邢台，北平白云观，江苏焦山，浙江杭州，甘肃庆阳,陕西盩厔①各地同类之石刻,并北平图书馆所藏之写本、木本,凡十九种,均为之逐渐校释一过。惜以能力所限,遗珍尚多。盖我国历代之于道教,奉行颇力,唐宋元三朝,以帝王之尊,出而提倡,崇尚之风,尤称极盛,建观立石,几于无地无之。如欧赵所录之怀州、明州刻本(见欧阳修《集古录跋尾》卷六、卷十及赵明诚《金石录》卷六。皆为唐玄宗注。)及《中州金石目录》之河南鹿邑篆书刻本(《中州金石目录》卷一云,"金壶记周濑乡石室中有老子篆书《道德经》,后蔡邕以隶字证之。佚。"虽已久佚,而甘肃庆阳之宋太平兴国刻本,亦屡访不得。即北平图书舘所藏之唐写卷子残本,亦因国难而南迁焉。其他公私所藏,及散在各地之断篇残碣之见于著录与未见于著录者又何可胜计。是则今日之所校,亦仅"豹窥一斑"而已矣。(案六朝唐人之写卷,以罗振玉《道德经考异》校录为最多,日人狩野直喜游英伦时,闻亦有校录。至宋元之本本,则以毕沅《老子考异》校录为最备。读者可自取阅至。)至诸本之优劣,古今之异同,刊版之系统,姑俟夫专篇论之。

再:徐先生(旭生)之对于日常研究上之教导,马(叔平)、徐(森玉)、顾(颉刚)、谢(刚主)、李(印唐)、叶(品三)诸先生之对于搜集材料时之指助,均敬此志谢。

二五,八,一,于国立北平研究院

——原刊于《北平研究院史学研究会考古专报》第 1 卷第 2 号,1936 年 9 月。

---

① （即今陕西省周至。——编者按）

送给益三兄　教正

我们要向现代的劳农学习,还要向古代的劳农学习!

我们在西北的人民大众,天天所吃的主要食粮是什么?我想人人都知道是麦子。然而麦子这样东西,本来是一种植物,怎么能知道他可以吃,可以养人呢?这个发现实在不小!以中国全国而论,大半的人民,大半的地方,都是吃麦子的,论到他这种发见的功劳之大,实在可以说:“不在禹下”!并且一年之内,各种庄稼均是晚成,我们民众要吃,实在有些等待不了。惟有麦子收获最早,真是惠赐不小。所以从前的书像《管子》里面说:“麦者,谷之始也。”《大戴记》里面说:“麦实者,五谷之先见者。”《素问》里面说:“五谷之长者,麦。”就是表示着这个意思。现在且把这个伟大的发现人和他的时代来考究一下,庶几也可作为纪念先代劳农之功与今后农业界更多发现的先导。

《说文》部首“來”字下说:“周所受瑞麦来麰也。……天所来也,故以为行来之来。《诗》曰:‘诒我来麰’。”又部首“麥”字下说:“芒谷。秋种厚薶,故谓之麦。从来有穗者也,从夂。”依照东汉许慎的说法,来、麦是两个字,也就是两样东西。据我说来,这实在是一个字,也就是一样东西。根据殷虚的甲骨文字来说,“来”作朱、作朿、作棗各形,麦作朿、作朿、作棗各形。他的字形实在是相同的,并且都是像麦子的形状的。所不同的,只是一个有根,一个没有根(因所加的𠂆形,就是止字,在人为足,在麦为根。)罢了。据周朝的铜器文字来说,“来”作朿、作朿、作𡳥(此字从𠂆,就是从𠂆的意思。也就是后来《尔雅·释文》作倈、作逨的来字。在殷周古文如彳、亍、辶、止、足、行……等字均可通用。)各形，麦作𣂐（象手执器打麦之形）、作𡕒（古印文）各形，也都是字形相同，也都是象麦子的形状。所不同的，也只是一个有根一个没有根罢了。这样看来，殷周两代的人，似乎已经发见麦子这样东西，和都知道他是可吃的了。并且最早发现的人，似乎还是殷朝的人了。其实不然：在殷商甲骨文字中，都是借作来往的"来"字用的。在周朝的铜器文字中，有的是当作"来"、"麦"本字用，有的是当作"来往"字用的。由此可知麦子虽在殷周两朝和他的两个民族区域内均是有的，但在商代和他的整个民族是并不知道可以吃的，故只知象他随风摇动，冉冉其来的样子，以造作"来往"字之用，而并无"来"、"麦"可吃的说法。这原因大概第一是商民族是东方民族，生长东海滨一带，渐入内地，尚未脱离渔猎游牧的社会而进于农业的社会。第二是滨海地带，产麦较少，主要食粮，不在乎此，因而不足引起当时群众的注意和研究，而至被弃于常用食粮之外了。（《尚书·商书》有"穑"字，《诗经·商颂》有"稼穑"二字，许君于"啬"下谓从"来"从"㐭"，以为"㐭"藏来麦之义。于"穑"下谓"谷可收也"。但甲骨文无"稼"字只一"穑"（与啬同）字，均从秝、从㸚作，不从"来"也，与许君"穑"字之说解合。）至于周民族是西北民族，是大陆民族，麦子是大陆上最适宜生产的植物，大概是遍地的生长着。当他们的原始民族中出了一位后稷其人者，他本来是一位天性生成喜欢农业的人和领导劳农的人，所以一面耕种，一面研究，遂把麦子研究出是一种很好食粮的物品。所以在唐尧的时候就做了农师，在虞舜的时候也做了专司农业的官叫做后稷，（司、后二字义本可通。）传到他第十五代的子孙武王的时候，其中经过很长的时间仍是世守此业并不放弃，人民大众因为他们世代对于民生问题的解决上贡献实在太大了，遂拥护武王出来做了领袖，（古今的领袖大都是有大发明大功劳于人民的，其例甚多，不烦列举。）而当时周代的社会,也就变成整个农业的社会,在历史上也记载得很详细,而麦子在当时农产品中也就占了极重要的地位。在铜器铭文中虽然还是少见,但是在周代的以后经史子籍中到处都可看见"来麦"的大名了。所以大部分描写周代农业社会的一部《诗经》中的《周颂》上说:"思文后稷,克配彼天。……贻我来牟,帝命率育。"意思就是歌颂后稷发现"来麦"可以吃的功德与天和上帝对我们的功德一样伟大的意思。许君歪曲其说,以为是天所来也,把我们的农业老祖师(世亦因神农教民耕种亦称农祖。但是他的工作并没有后稷那样专心研究和伟大发现,查诸史实可知。)辛苦劳动所发现的成果,归之于莫明其妙的天,这岂不是"冤哉枉哉"吗?至于郑康成笺诗,以为"来牟"这样东西出现于武王伐纣渡孟津的时候,是其字亦必始造于周初。那更觉得荒诞可笑了!

现在我要把我的话再来作个结束:我说发现麦子可吃的人,就是周朝的始祖最能劳动的农人后稷名弃。其初是母系(姜原)姜姓,到了虞舜时候改姓了姬。他的年代是从姜原(《史记·周本纪》以为帝喾元妃,《索隐》以为"其父亦不著"。)时候起,大概死于虞夏之交的。(由《史记》所推得,未敢确定。)至于他在那一年发现的我可不知道了!

由上说来:我们可以知道任何阶层的人,只要能吃苦,能努力,能劳动,他的结果一定是有很好很伟大的创造、发明和发现的!

编纂金文汇编说明书

一、旨趣

自宋代钟鼎彝器时出商周故都,而考释金文之学始兴。如刘敞、欧阳修、杨南仲、吕大临、王黼、王俅、赵明诚、黄伯思等,或仅图形状,或兼摹款识,或考证文字,或记录名目,诠释虽不尽确当,然藉实物以考文字及古史,尤非汉唐经生株守误本伪书及师说者所能梦见,厥功甚伟!清代乾嘉以后,斯学益昌,阮元、吴式芬、吴荣光、吴大澂、徐同柏、朱善旂、潘祖荫、刘心源、端方诸家,摹录考释,精于宋贤。及至罗振玉、邹安诸氏,搜罗益富,传拓益精。孙诒让、罗振玉、王国维诸氏之考释,其审谛突过于前人,对于文字及古史,发明甚多。然诸家著作,往往一器而各书异名,一字而考释殊谊。又如摹写款识者,款式既有变更,字形亦多岐异,翻检不便,学者苦之。今拟购取诸家著述,剪贴为金文汇编,庶几可以展一卷而诸家之说毕陈,其定名之孰得孰失,拓片之孰优孰劣,考释之孰是孰非,皆可比较推勘,辨订然否,盖此等索引式之整理,实为治金文者初步之必要工具也。

二、材料

编纂是书,材料务求其广博,凡宋清两代及近时诸家之著述,当悉心网罗,务期少所遗漏,虽纰缪甚多者亦不可弃。兹姑举习见之书数十种以示例,此外当随时搜访也。

欧阳修《集古录跋尾》。

赵明诚《金石录》。

黄伯思《东观余论》。

董逌《广川书跋》。

张抡《绍兴内府古器评》。

吕大临《考古图》。

王黼等《宣和博古图》。

无名氏《续考古图》。

王俅《啸堂集古录》。

薛尚功《历代钟鼎款识法帖》。

王厚之《复斋钟鼎款识》。

清乾隆勅编《西清古鉴》，

又《宁寿鉴古》，

又《西清续鉴》（甲、乙编）。

阮元《积古斋钟鼎彝器款识》。

吴云《二百兰亭斋金石记》，

又《二百兰亭斋金石文字》。

冯承辉《金石莂》。

张芑堂《金石契》。

张廷济《金石文字》。

陈宝琛《澂秋馆吉金图》。

丁麟年《移林馆吉金图识》。

吕调阳《商周彝器释铭》。

罗士琳《周无专鼎铭考》。

蒋鸿元《新郑出土古器图志》（初、续、附卷）

又《矢彝考释》。

王国维《古金文考释》。

陈介祺《簠斋吉金录》,

又《簠斋所辑金文》。

邹安《周金文存》。

盛昱《郁华阁金文》。

方濬益《缀遗斋彝器款识考释》。

周庆云《梦坡室获古丛编》。

陈经《求古精舍金石图》。

刘瀚《荆南萃古编》。

钱坫《十六长乐堂古器款识》。

曹奎怀《米山房吉金图》。

吴荣光《筠清馆金文》。

刘喜海《长安获古编》。

吴式芬《攈古录金文》。

徐同柏《从古堂款识学》。

朱善旂《敬吾心室彝器款识》。

吴云《两罍轩彝器图释》。

潘祖荫《攀古楼彝器款识》。

吴大澂《愙斋集古录》。

刘心源《奇觚室吉金文述》。

端方《陶斋吉金录》。

孙诒让《古籀拾遗》,

又《古籀余论》。

罗振玉《集古遗文》,

又《集古遗文补遗》,

又《秦金石刻辞》,

又《历代符牌录》，

又《梦郼草堂吉金图及续编》，

又《殷文存》。

关百益《新郑古器图录》。

马衡《戈戟之研究》。

容庚《宝蕴楼彝器图录》，

又《秦汉金文》。

郭沫若《殷周青铜器铭文研究》。

又《两周金文辞大系》，

又《金文丛考》。

此外凡各家文集中，有考释彝器之材料者（如孙诒让《籀高述林》）或专释彝器文字者，（如吴大澂《字说》)皆宜采录。

三、剪贴编次

凡同一器物，而有数家摹录及考释者，将此器之名称、图形、款识、释文及考证等，均依原书按器剪下，黏贴一处。其有无法剪裁者，则精意摹写之。并各注明其出自何书何卷何页，以便检查。

四、器名索引

为谋检查便利起见，拟编一器名索引。凡一器而诸家名称各殊者，取最习熟，或较妥当之一名，提行书写，而列举种种异名于其下。（初着手时暂以王国维之《宋代金文著录表》，容庚之《重编宋代金文著录表》，王国维之《国朝金文著录表》三书为依据。）并于每器名之下，注明其出自何书何卷何页。

至提行所书之各器名，其排列之次序，可依笔划之多少（或其他方法）为先后。

此目录为治金文者必要工具之一种,编成后,当即印行作为本所丛刊之一。

五、考订是正

此种工作,较前诸项为困难,然最后之目的亦即在此。如器物之名称、形制、真伪、年代之考定,铭文中之人名、地名、国名、历朔等之讨究;册命、训诰、祭祀、征伐、戍守、燕飨、礼制、风俗、生活状况等之研寻;以及改订经典之错误,考求古史之真相,辩正说文之肊说……皆是。

附　言

兹事体大,虽有本院导师钱玄同先生为之指导,仍恐非短期间所能告成。且事前计画,多属理想,每与实际情形不能尽相符合,将来工作进行之时,必有许多变更之处。

汉碑校读（五种）

　　民国二十四年九月，本院史学研究会考古组主任徐旭生先生偕历史组主任顾颉刚先生赴磁县彭城镇考察北齐石窟造像，归途至邯郸，考察赵都遗迹。县长秦荣甲好古士也。前宰元氏，因谈及元氏汉碑，乃以其所精拓之汉碑五种相赠。其《三公山神碑》及《白石神君碑》等碑阴，多为市肆所不见。余乃据欧阳修《集古录》（以后释文内简称欧）、赵明诚《金石录》（以后释文内简称赵）、洪适《隶释》（以后释文内简称洪）、王昶《金石粹编》（以后释文内简称王）、沈涛《常山贞石志》（以后释文内简称沈）及《畿辅通志》（以后释文内简称《通志》）、《元氏县志》（以后释文内简称志）等为之校释一过。其各家释文与余有异同者，略加小注以资参证。窃谓诸家释文以沈氏为最精，《元氏县志》为最次。今余所释，一据现时拓本以昭核实，虽发明极少，而自沈书（书成于清道光二十二年）迄今未及百年，其风雨剥蚀，毁灭残缺之迹，略可见矣。二十四年、十一月、二十九日于北平研究院。

封龙君

　《三公之碑》（是碑有额，有穿。案《集古录》作《北岳碑》，《金石录》作《三灵山君公碑》，《隶释》《畿辅通志》《元氏县志》作《三公山碑》，《常山贞石志》作《三公之碑》。《金石粹编》未著录。）

□□□洪释分。①□洪沈释气。□洪沈释建。□洪沈释立。□洪释乾。□洪沈释川。□洪沈释乾。□洪沈释为。□洪释物，沈小注物。□洪沈释父。□洪释川。为□洪沈释物。□洪沈释母。连洪沈释运。生六子□沈小注八。□沈小注卦。为主洪志缺。艮志释因。主洪志释土。为山□□沈释造。□洪沈释风，志释云。雨天有九部地有八□洪释极，沈小注柱。天地通精洪缺，沈小注精，志释情。神明别沈释列。□隐约似序字，洪沈志释序。□隐约似州字，洪沈释州，志释则。有九山北洪释**止**。□成志缺。主洪沈释**坴**。北□沈释岳，志释条。之山连洪志缺。□洪释升，沈释井，志缺。□沈释陉，志释陟。阻止为□洪释祈，志释魁。首□隐约似舍字，洪沈释舍，志缺。□沈作**時**，志释持。□隐约似阴字，洪沈志释阴。宝南志缺。号三公厥□沈小注曲字，以为当时写一体字而未成者。体洪上二字仅释一体字，志同。□洪沈释嵩，志释崇。□洪沈志释厚。峻极于天鼎足而洪释帝。□二□洪沈释郡，志释部。宗祀□志释乃。奉□□志释**忙**。

　　明洪缺，沈小注明。公嘉志释喜。□洪沈释佑。□□洪沈释为。形志缺。兆触石出洪缺。云不崇而雨除洪释阴。□隐约似民字，沈志释民。氛志缺。□洪释廓，沈释厉，志释疠。莫不□沈小注祯。□沈释祉。德配五岳志释岳。王公所绪志释续。四时珪**鬒**志释璧。月醮酒脯志释辅。明洪志缺。公降灵□沈小注惟。德洪志缺。□□沈释辅。□隐约似士字，沈释士。宦洪志缺。得志沈释志，志释走。列为志缺。群后或左洪沈释在，志缺。王室洪释庭，志释寄。辅□洪释翼。圣志缺。主志缺。□洪

————————————

① （小字部分原文为双行，现改为单行。——编者按）。

释飕。雨时降和其寒暑年豊志释丰。岁稔不洪释分,沈释不,志释介。我洪释我,沈释找。稷黍仓廪洪释府。既沈小注既。□沈小注盈,洪释盈。以沈小注以。谷士女𤣩洪缺,志释珪。□又隐约似作㑀,沈释㑀,洪志缺。得进陈其鼎俎黄龙白□隐约似虎字。洪释虎,沈小注虎。志释鸠。伏在山所禽□洪志释兽,沈小注兽,细视隐约似兽字。硕洪志缺。大洪志缺。亿两志释而。为耦草木畅茂巨仞不数而洪释下。民知禁顺时而取皆受德化非性志释情。能者愿

明公垂恩网志释罔。极□□洪释我。国君群□志释黎。百姓□似永字,又似孔字。沈释永,志释孔。受元恩

光和四年岁在辛酉四月沈小注月。□志释壬。□洪释亥,孙小注亥,志缺。朔二日甲子元氏左尉上郡白土樊玮字子□洪志释义。玮以洪缺。□洪释要,沈作□。□隐约似荒字,沈释荒。□沈释戍。陵侧陋出从幽谷僊迁于志释作迁于。乔木得在志释坐。中州尸素食禄当洪缺,志释常。以□洪释弱。沈小注弱。□沈释劣。归于郷洪缺,志释乡。族洪族下云缺,细视实无缺。

明□隐约似公字,沈小注公,志释命。□洪志无此字。欢得洪缺。以□足□洪释观,沈小注奸。耶洪释听。志缺。□沈释进。□沈小注窜。道无拾遗消□隐约似井字,又似捍字,洪沈释捍。□难路无怨讟沈云《隶释》作讟。得应廉志释帘。选贡名王志释上。室志释恩。灵祇福祚施之□隐约似典字,沈释典。□洪志释册。于是沈小注是,志无于是二字。感恩念洪沈缺。志释食。□志释德。立铭勒志释刻。石乃作颂曰□洪释俨,沈仅书半俨字。俨志缺。志谓有□□□三字。明公民志释褒。所□洪释瞻。兮山谷洪缺。窃志缺。窕志缺。石岩岩兮□洪

沈释高。□洪沈释仓,志释登。□□侯志释侯。群神兮兴云致雨除民患兮□洪释长。□隐约似吏字,沈释吏。肃恭德洪缺沈释得。惟沈小注欢。洪志缺。心志缺。兮四时奉祀禾稷□隐约似陈字,沈小注陈。□洪沈志释兮。□沈释牺。用□隐约似握字,沈志释握。尺洪缺。视洪缺,沈作觋。□□兮百姓家□隐约似给字,洪释给。国富殷兮仁爱下下民□洪释附。亲兮遐迩携负志缺。来若志释答。云兮或有薪采投辐檀兮或有□□洪释鬼。阻出志释山。□兮或有□□□□耘兮或有隐志缺。遁志缺。辟志释逃。语志缺。言兮或有恬恢洪志释淡。养皓然兮或有呼吸求长志释民。存志释心。兮跋行喙志缺。息志释是。皆洪释。□恩兮□佑志释俗。樊志释禁。□洪沈释玮。□洪释出。□洪释谷。□洪释迁。兮□洪沈释封。□洪沈释俟。□洪沈释食。□洪沈释邑。传子孙兮刻石纪德示后昆兮□洪沈释永。永不币洪缺,志释弊。亿载年兮

举将□洪志释南,沈小注南,细视隐约似南字。阳冠军君姓冯讳巡字季祖□洪缺,沈作叹,志释克。修六经之要□隐约似析字,洪沈志释析。□志释甄。□□上三字洪谓仅缺二字。之□隐约似历字,实非。洪释历,沈释阝_。受命北征为民父母攘去□洪释寇,志释四。卐我洪缺,沈释戎,志释戒。用志释尔。无志释元。□奸□志释邪。越竟志释境。民志释风。移俗改恭肃神祇敬而不怠皇灵□□洪沈释佑,细视似佑字。□洪沈志释风。雨时节农志释丽。夫洪缺,志释民。执耜沈释耜。或耘或芋志释籽。童妾壶馌敬而宾之志缺,细审之,隐约可辨。稼穑穰穰谷至□隐约似两字,洪缺,沈志释两。钱叔志释菽。粟如火咸裹志释怀。仁心志释人。□洪志无此空格,沈空格,但不言有字,今审视确有空格。君志释尹。姿志缺。前隐

约似前字,洪沈志俱释前。喆沈释𡐛。乔志缺。杚志缺。季隐约似季字,洪沈志释季。文隐约似文字,洪沈志释文。马洪释帀。饯洪缺。志释饟。粮洪志释粮。秀不为苟烦愍俗陵迟訓洪缺二字,细视实只一字。志释训。咨志缺。□□洪缺一字,细视实缺二字。山无隐士□隐约似薮字,洪沈释薮。无逸志缺。民褢志作怀。远洪释道。以德慕□洪释此,沈释化,志释近。□沈小注如,志释以。□沈小注云。百姓□洪沈释欧。歌得志谓得上有一字,细视实无。我志释致。惠志缺。君功参周邵受志释爱。禄志释行。于天长履景志释最。福子子孙孙沈小注孙。

时洪缺,志释将。□隐约似长字。洪沈释长。□洪释史。甘陵甘陵夏方字伯阳□洪志无此空格,沈空格,但无字。细视应为无字之空格。令京□隐约似兆字,洪沈志释兆。新豊志释丰。王翊字元辅□洪志无此空格,沈空格,但无字。细案应为无字之空格。丞河志缺。□沈小注南。阳洪志缺。武志缺。李邵洪缺,沈小注邵。字公兴。

石师原作,志释沛。□隐约似刘字,洪释刘,沈小注刘。□隐约似元字,洪沈释元。存碑侧沈云"四行,行七字。隶书,在碑侧中截。"案欧阳修、赵明诚、洪适等,皆所未见,而《畿辅通志》《元氏县志》亦所未录,吾等所得拓本亦未曾有。今姑就沈本摹录如左。至详细情形,俟之异日之实地调查也。

裒 士 历 子 孟 □ 𧾷

麟(沈
原有) 士 □ □ 㹜 君 舉

裒 士 河 □ □ 元 士

□ □□□□□

右碑,诸家释文,以沈氏(涛)《常山贞石志》为最精,《元氏县志》

（民国二十年重修）为最次。洪氏（适）《隶释》虽颇有错误，然经沈氏是正，已可弗论。今余所释，一据现时拓本，即沈氏本有而今缺泐者，亦一律从阙，仅加小注以资参证，俾免意度抄袭之弊。至《元氏县志》之误，盖有三端：有因抄袭而致误者，如碑文"厥曲体□□"，"体"上尚有一字，洪氏忽之，志亦不录；碑文"玮字子□"，子下一字，实不可识，（余曾校以数种拓片，仍不能辨。）洪氏释"义"，而志亦从之之类是也。（余依洪氏而错误者尚多，细读释文即可知之。）有误释原文者，如"艮"之释"因"、"主"之释"土"、"精"之释"情"、"嘉"之释"喜"、"绪"之释"续"、"脯"之释"辅"、"志"之释"走"、"室"之释"窨"、"𤦲"之释"珪"、"两"之释"而"、"性"之释"情"、"在"之释"坐"、"当"之释"常"、"邽"（案实即邦字，汉碑常见。）之释"乡"、"廉"之释"帘"、"王"之释"上"、"室"之释"恩"、"勒"之释"刻"、"民"之释"褒"、"侯"之释"俟"、"若"之释"苔"、"出"之释"山"、"辟"之释"追"、"长"之释"民"、"存"之释"心"、"息"之释"是"、"佑"之释"俗"、"樊"之释"禁"、"用"之释"尔"、"无"之释"元"、"民"之释"风"、"农"之释"丽"、"夫"之释"民"、"心"之释"人"、"君"之释"尹"、"饩"之释"饐"、"詶"之释"训"、"我"之释"致"、"受"之释"爱"、"禄"之释"行"、"景"之释"最"、"时"之释"将"、"师"之释"沛"之类是也。有因字义而擅改字形者，如"岳"之改"嶽"、"𤍞"之改"璧"、"豐"之改"豊"、"网"之改"罔"、"犁"之改"黎"、"僊"之改"迁"、"于"之改"於"、"惔"之改"淡"、"币"之改"弊"、"竟"之改"境"、"芧"之改"籽"、"叔"之改"菽"、"裏"之改"怀"、"粮"之改"粮"之类是也。他如"于是感恩念□"之脱落"于是"二字，"得我惠君"之"得"上增字，亦皆校读不慎之所致也。窃谓一碑之释，错误若此，志书之难于凭信，可以知矣！兹特揭之斯篇，以示其余。

《祀三公山碑》（是碑无额，无穿。欧、赵、洪诸家皆未著录。《金石粹编》《常山贞石志》《畿辅通志》作《祀三公山碑》，《元氏县志》

作《祀三公碑》。）

　　□字已缺泐，翁方纲《两汉金石记》以为"元"字，沈氏（涛）是其说，然未知确否。志于首句"常"字上仅缺三字，未及此字，实误。至沈氏谓拓本尚存元字之下半"儿"，今拓本已不明。初志缺。四志缺。年志缺。常山相陇志作垅，非是。西冯君到官承饥衰之后□惟原字已缺泐，然隐约可辨。三公繲王释御，沈录其原形。语志缺。山三志释之，误。条别志缺。神志"神"上多一字，误。迥志缺。在领案即岭之借，志释县，误。西吏民祷祀兴志缺。云肤寸偏志作徧，非是。雨四志释田，误。维志缺。遭志缺。离志缺。羌志缺。寇志缺。蝗旱鬲并原字稍泐，细案当为并字。沈氏云："蝗旱鬲并，诸家皆释'鬲我'，惟黄小松司马释'鬲并'。案碑'并'字甚明，不知诸家何以误作'我'字。《后汉书·陈忠传》'隔并屡臻'。章怀太子注云：'隔并'谓水旱不节也。并音必姓反。又《郎𫖮传》则岁无'隔并'，太平可待。"窃谓沈说是也。案"鬲"本可作"隔"解，如荀子《大略》"鬲如也"、《汉书·五行志》"鬲闭门户"皆是。民流志缺。道志缺。荒志缺。醮祠祔翁（方纲）王释希，志释帝，未知孰是。罕翁王释罕。未知确否。案上二字，若以文义读之，"希罕"当是。□□字漫灭不可识，王翁释奠，未知确否。禾志缺。行志缺。由是之来和气禾臻二字志缺。乃来志缺。道覂王释叟，沈释要。沈云："考《隶续》《斥彰长田君断碑》有'覂道覂'，《汉书·司马相如传》《子虚赋》'綷覂里'，又《地理志》北地郡有'大覂县'，师古注曰，覂即古要字。"案小篆作覂，与覂形亦略近。本志作本。祖翁作视。志缺。其□王释原。志缺。以志释弘，误。三公熹志缺。广其灵尤志缺。神处幽道志缺。艰志缺。□字已漫灭难识，王沈释存，不知确否。志缺。之者志缺。难志缺。卜择吉土王释与，误。志缺。治志脱落此字。东就志缺。衡山□字已全灭，王沈释起，志释建，未知确否。堂立坛双阙夹门▨王翁释蒍，是。志缺。牲纳志释献，误。礼以宁志改作审，非是。其神神熹志改作喜，非是。其位甘雨屡降报如景志改作影，非是。响国界志缺。大丰谷隐约可辨。斗三钱民无疾苦永保其季志改作年。长志缺。史志缺。鲁志缺。国颜▨此字不识，沈作▨，王缺，志缺。五官掾▨祐志释裕，误。户▨，志释兰，误。《史记》受将作掾王▨王沈释筛，志释称，未知孰是。元氏令▨王作▨，沈释茅，志释策，未知孰是。▨王作▨，沈释匡，志释匡，未知孰是。丞吴音廷掾▨王沈释郭，是。志释乾，非。▨王沈释洪，未确，志缺。户▨志释兰，误。史翟福工志缺。▨王沈释宋，未确。志缺。高等志释芰，误。刊石纪焉。

【附志】

《畿辅通志》卷一百四十五引赵魏《竹庵▨金石跋》(是书余未见,)云："考《通鉴》汉安帝永初二年先零羌寇河内，诏魏赵常山、中山作坞堠六百所以禦寇，时连旱蝗饥荒。今碑中曰'饥衰之后'、曰'遭离羌寇蝗旱'，而元氏又隶常山，皆与鉴合，永初之后改元初，计冯君到官在四年，距羌寇后仅六年耳。"又引翁方纲《两汉金石记》云："杭人赵魏跋此，谓《通鉴》永初二年，先零羌寇河内云云，此是《后汉书·西羌传》之文，在五年非二年也。碑首初字之上，隐然尚露其下半，谛视是元字，冯君到官乃安帝元初四年丁巳之岁。……赵又谓《泰室石阙》作于元初四年，此刻与同篆同时。案《泰室石阙》乃五年非四年，……不必以"石阙"为征。"骥案翁氏据《后汉书·西羌传》以明先零羌寇河内，在永初五年非二年，据《泰室石阙铭》以明其作于元初五年非四年，是也。惟细思之赵氏原文似不误，其永初二年之说，仅为转写或刊印时之讹。何则？赵氏所跋，先证碑记事实谓与《通鉴》永初年间先零羌寇河内之事相合，后乃顺接其文曰，"永初之后改元初，计冯君到官在四年,距羌寇后仅六年耳。"则赵氏所云"到官在四年,"明言其为元初四年也。况赵氏谓与《泰室石阙》同作于元初四年,固已自言之欤。彼既知其为元初之四年,又云"距羌寇后六年",而永初共七年,元初共六年,以元初四年上计至永初五年,相距确为六年,而文乃云永初二年,自身矛盾,以是知赵本不误,仅因转写或刊印而讹。(今案商务馆印行百衲本《通鉴》,确在永初五年春,更可证明。)又翁文云:"碑以▨为四,领为岭,𢆶为不,𧅁为荐,礼为醴,熹为喜,偏省其彳……"一节,亦应改作"碑以▨为四,领为岭,𢆶为不,𧅁为荐,醴为礼,熹为喜,偏为偏……",于文为顺。

《元氏封龙山之颂》(颂字隐约可辨,是碑无额,无穿。欧、赵、洪、王、沈诸家皆未著录。《畿辅通志》作《封龙山颂》,《元氏县志》作《封龙山碑》。兹录首行七字为目,以昭核实。)

惟封龙山稍泐。者北岳志改作岳,非是。之英稍泐。援志作接,误。三条之别神分体异处原作处,志缺。在于原作𡗶,虽稍缺泐,然以下文𡵂字校之,当是。志缺。邦内碣硌原字虽稍缺泐,但细审之,确为硌字,且于文亦顺。志缺。(碣硌连词,广雅壮大貌。)吐稍泐,志缺。名与天同耀能烝志改作蒸,非是。云兴雨与稍泐。三公灵山协德齐稍泐。勋□志作因,案此字磨灭颇甚,未敢定。旧秩而祭□志作之,案字实磨灭不可识。以稍泐。为三望□亡新之际失志作去,疑非。其典祀延熹七年岁□执徐原字似作徐。案尔疋太岁在辰曰执徐,今汉桓帝延熹七年岁次甲辰,故当以执徐为是。志作涂,案碑文,字形亦极近,或涂为徐之假借,亦未敢定。月纪豕韦常山相汝南富字虽稍泐,细审实系"富"字。《通志》引《求是斋藏碑目》云:"汝南□波蔡羃者,考《郡国志》汝南郡有富波侯国,永元中复。(原注,永元,和帝纪元也。)又《东观记》,光武时外戚恩泽侯有富波侯周均,以皇考姊子侯。今碑"波"上阙字当系"富"字,盖蔡嬴系汝南富波人也。(原注汉时富波,今安徽颍州府富阳县。今案清安徽有阜阳县即颍州府治,无富阳县。原注"富"字当系"阜"字之误。)"其说极是。以下文"国富年丰""富"字校之,尤确实无疑。**波蔡嬴长史甘陵广川沐乘敬天之休虔恭明祀上陈德润加于百姓**志于加字下多一"之"字,误。**宜蒙珪辟**志改作璧,未妥。**七**志作匕,误。**牲**原作挂,当系"牲"字,有下文"牺牲博硕""牲"字可证。志作挂,误。**法食□□□□**碑文实尚有此四字,惟磨灭不可识。志略而不录,非是。又此下尚有后人刻"董自英□□九月六日"九小字,字迹草率恶劣可厌。

　　圣朝克明靡神不举戊寅诏书应时听许□志作允,未确。**敕□**志作文,未确。疑为大字。**吏郎巽等**志作诗,误。**与义民修**志改作修,未妥。**缮故祠遂采嘉石造立观阙乘稷既馨牺牲博硕**字稍渺,然隐约可辨。**神歆感射三灵合化**志作作,误。**物品□**志作流,未确。**□**隐约似形字。志作行,非是。**农**志作岁,误。**寔**志改作实,未妥。**嘉谷粟□**字已磨灭难识,志作斗,以文义读之,当是。**三钱天应玉烛于是纪功刊**志作刻,误。**勒以炤令问其辞曰**

　　天作高山寔惟封龙平地□字已磨灭,志作特,未确。**起灵亮上**志缺。**通嵯峨峻高丽无双神燿赫赫理物含光赞天□**字已渺,志作休,以文义读之,或是。**命德合无疆惠此邦域以绥四方国富年豊**志改作丰,未妥。**□**志作稿。**民用□**完全缺渺,志作章,或另有据。**刻石纪铭令德不忘**

　　□□□□□元字已稍渺。**氏**字已稍渺。**郎□□**字已大半缺渺。**棘**志作棘。案汉原有平棘县,即今河北赵县。志释平棘,当是。**李音史九门张玮**志作瑾,误。**灵寿赵□**志作颍,未确。**县令南阳□□□□□□□□□□纵立**上二字,虽多磨

灭,然细审之隐约可识。石□□□□志作赵,未确。□张□□□□□

《三公山神碑》(是从沈氏《常山贞石志》之名。碑有阴、有穿、有额。沈云额系篆书,今细审其笔迹,隐约似之。惟前后碑文,风雨剥蚀,漫漶已甚,每行字数,亦参差不一。而碑阴字体较大,其额上字沈氏以为"疑即书碑者因碑文稍长,跨额书之。"欧、赵、洪、王诸家皆未著录。《元氏县志》作《无极山碑》,《畿辅通志》作《三公山神碑》。《通志》又谓:"《无极山碑》久亡,故诸家皆不著录"云。)

碑额(漫灭不明。)

碑文

□□沈释初。□沈释元。年隐约可辨。□沈释二。□沈释月。□沈释丁。已隐约可辨。□沈释朔。□沈释八。日□沈释甲。□沈释子。□沈释大。常隐约可辨。□沈释臣。□丞隐约可辨。□沈释臣。□顿首二字隐约可辨。□沈释上。(自此至行末原空。)

此行首缺泐几字不可辨。旸泐几字不可辨。仲□沈释白。□沈作㠯。元氏三公山神主簿以上八字大略可辨。□沈释使。仲自訒当比□山隐约可辨。□沈释北。(自此至行末泐几字不可辨。然亦有原空者。)

此行首泐几字不可辨。□沈释造。问□似尚字,沈释索。三公山以上三字,隐约可辨。□沈释御。□山当隐约可辨。□□上党界以上三字,隐约可辨。中县隐约可辨。□沈释祭。塞言无輙嵒县泐几不可辨。□沈释三。公隐约可辨。山在□沈释西。八十里泐几字不可辨。有坚石如阙□沈释状。有泐几字不可辨。三丈余□三十隐约似"三十"二字。□□□□去泐几字不可辨。祠□沈释像。□民□起隐约可辨。□两沈作㒳。阙门间有漶几字不可辨。余□_{沈释功}。□□□北上_{漶几字不可辨}。大山□_{沈释四}。負□_{沈释名}。□东_{漶几字不可辨}出穿孔无字。□□□北自出_{上二字隐约可辨}。□□甘_{约漶五字}。山北□_{沈释人}。□_{沈释西}。□_{沈释去}。□_{沈释地}。百□_{沈释余}。□_{沈释里}。□□□_{沈释国}。□_{沈释追}。守□□_{穿孔无字}。□輒_{隐约可辨}。□_{沈释蒙}。□_{沈释报}。□_{沈释应}。博□_{沈释问,隐约似之}。自□_{沈作}。□_{沈释}。□_{沈释王}。□_{孙释安}。□_{沈释}。□_{沈释孙}。王达□_{沈释等}。皆曰永□_{沈释平}。□□_{沈释五}。□_{三隐约似之}。月穿孔无字。□_{沈释甲}。□_{沈释申}。□□□□_{沈释中}。□_{沈释}。问索_{隐约似之}。三公□_{沈作,隐约似之}。语□_{沈释山}。□_{沈释时}。□□□_{沈释米}。□_{沈释遣}。户曹史□_{沈释孙}。□_{漶几字不可辨}。三公山_{漶几字不可辨}。□_{沈释通}。□_{沈作}。往来用功□_{隐约似去字}。以下_{漶几字不可辨}。物故_{隐约可辨}。□□_{沈小注建字}。□_{沈释初}。四年□□□□_{闻知三公山神久隐约似之}。以下_{漶几字不可辨}。甲申□□_{沈释建}。□□□_{沈释山}。□_{沈释遣}。□_{沈释廷}。□_{沈释掾}。以下_{漶几字不可辨}。□_{沈释酒}。□_{沈释脯}。诣山请雨计_{隐约似之}。得雨_{漶几字不可辨}。圭_{漶几字不可辨}。之□于县愁_{隐约似之}。苦因□_{隐约似"不"字}。以下_{漶几字不可辨}。奉□典□_{沈释曰}。□_{沈释后}。□□_{沈释令}。_{漶几字不可辨}。山_{漶几字不可辨}。山审神言□□_{沈作}。以下_{漶几字不可辨}。俱通利故道□_{字形作}。以下_{漶几字不明}。积塞_{隐约可辨}。后相冯以

碑阴

额文_{约三行,行约五字}。

常山_漶。

三公_漶。石

卽曰
碑阴文

□□□尉㐌吏臣上四字隐约可辨。以下泐几字不明。祠山泐几字不明。山下去县廿乄里泐几字不可辨。遣吏泐几字不可辨。郡县转□沈释相。以下泐几字不可辨。卽吏泐几字不可辨。奉祠山□兴隐约可辨。以下泐几字不明。□沈释曰。山川约泐二字。润百里者上四字，隐约可辨。以下泐几字不明。寿泐几字不可辨。四时祠泐几字不可辨。经钱给直增以上五字隐约可辨。□沈释设字。□□□下穿孔无字。孔外泐几字不可辨。山□□□臣□沈释防。□□□上三字，沈释"顿首上"。□书隐约似之。下穿孔无字。□□□□□沈上五字释二月十七日，未敢定。□沈释癸。酉尚书□沈释令。□□奏洛阳稍泐，略可辨识。□沈释宫。以下泐几字不可辨。曰隐约可辨。以下泐几字不明。祠泐几字不可辨。县隐约可辨。□沈释蒙。以下泐几字不可辨。酉尚书令道隐约似之。以下泐几字不可辨。嗮泐几字不可辨。佐进泐几字不可辨。书泐几字不可辨。

【附志】

右碑阴末行，字体较小，有书"字"等，恐系年月及书碑人姓名。

《白石神君碑》（此为篆额五字。碑有阴，无穿。欧未著录，赵、洪、王、沈、《通志》、《县志》俱作《白石神君碑》。）

□字已缺泐。洪，王，志皆释盖。闻经国序字稍泐。民莫急于礼，礼有"五经"莫重于祭祭有二义或祈或报洪作敫。下报字同。报以章德祈以弭志改作弥，非是。害古先稍泐。哲王额帝禋宗望稍泐。于山川徧于群神建立兆域修设坛屏所以昭孝息民辑宁志改作甯，非是。上下也白石神君居九山之稍泐。数参三条之一兼稍泐。将军之号稍漋。秉斧钺之威体连封龙气稍漋。通北岳幽讚天地长育万物触稍漋。石而出肤寸二字已漋，隐约可辨。而合不终志释崇，误。朝日而澍雨沾洽前后国县屡稍漋。有祈请稍漋。指日刻期二字稍漋。应时有验犹自抢搶不求礼秩二字稍漋。县界稍漋。有六名稍漋。山三公封龙灵山先得法食去光和志此字脱落。四稍漋。年三公守民盖志改作盖，非是。高等稍漋。始缺漋过半，但隐约可辨。为无极山诣大志改作太，非是。常求法稍漋。食相县稍漋。以白石神君道德灼然乃具载本末上尚书求依稍漋。无极为稍漋。比即见听稍漋。许於是稍漋。遂稍漋。开祐志释拓，误。旧稍漋。兆原作兆，稍漋，志释作址，误。改立殿堂营稍漋，上半较清晰。宇既定礼秩有常县出经用备其牺牲奉其珪稍漋。辟志改作璧，未妥。絜志作潔，非是。其粢盛旨酒欣欣蟠炙稍漋。芬芬敬恭明祀稍漋。降福稍漋。孔殷故天无伏阴地无鱻阳水无沉气火无灾燀稍漋。时无送即逆字。数物无害生用稍漋。能光远稍漋。宣朗志释郎，误。显融昭稍漋。明年谷岁熟百姓豊志改作丰，未妥。盈粟斗洪释升，误。五钱国罗志释泰，误。安宁志改作寗，未妥。尔志改作尔，未妥。乃稍漋。陟已漋，隐约可辨。景山登峥嵘采立志释作元。误。石勒已漋，隐约可辨。功名其辞曰

　　岩岩白石稍漋。峻稍漋。极太清大半已漋。皓皓素质因体为名惟山降神髦髦士挺生济济俊乂志作乂，非是。朝野充盈灾害不起五谷熟半漋。成乃依无极圣上半稍漋。朝见听遂兴灵宫于志改作於，未妥。山之阳营宇之制是度是量卜云已漋，隐约可辨。其已漋，隐约可辨。吉终然允臧志释藏，误。匪奢稍漋。匪半漋。俭率已漋，隐约可辨。由旧

章华_{志释皝，误}。殿清闲肃雍显相玄图_{稍泐}。灵像穆穆_{上字稍泐，下字已不可辨}。皇皇四时禋祀_{志释祈，误}。不愆_{稍泐}。不忘_{稍泐}。择其令辰进其馨香牺牲玉帛黍稷稻粮_{志改做粱，未妥}。神降嘉祉_{稍泐}。万寿无畺_{志改作疆，未妥}。子子孙孙永永番昌

　　光和六年常山相南_{稍泐}。阳冯巡字季祖元氏令京兆_{原作兆}。新丰_{志改作丰，未妥}。王翊字元辅长史颖_{志改作颍，未妥}。川申屠熊丞河南李邵左尉上郡白玉樊玮_{志作讳，误}。祠_{稍泐，隐约可辨}。_{志缺}。祀掾_{志释橡，误}。吴宜史解_{稍泐}。_{志缺}。徽_{志释徹}。石师王明

　　燕元玺三年正_{志释四，误}。月十日主簿程□_{隐约似疵字，然不敢定。王沈皆释疵}。□_{字已缺泐难识}。翁_{释守，王沈皆释家}。门_{志缺}。传_{志缺}。白石将军教□_{字已泐，隐约似吾字，王沈皆释吾}。_{志缺}。祠今日为_{志缺}。火_{志缺}。阼_{志缺}。烧_{隐约可辨}。_{志缺}。

【附志】

　　右碑末"燕元玺三年"等二十九字，文既不类，字亦丑恶，为后人所刻无疑。（或即主簿程□所刻。）

　　碑阴（碑阴题名，可分三列言之，以在碑额者为第一列，额下为第二列，再下为第三列，字皆隶书，款式严正，与碑文合。至第三列下之《重修都翁记》一列，沈氏据其中"真定府石匠谷亮并檀卿记"一行考之，以为"恒州之改为真定府，始于唐建中三年王武俊之僭号为王……则此段题名，当是唐以后人手笔"云云。今案拓本虽不见此行记载，而其字体，忽改大为小，易隶为正，字数行款，皆参差不一。确非汉光和六年同时刻焉。碑阴赵、洪、王诸家皆未著录。《通志》《县志》仅记其目，未录其文。）

　　第一列（在碑额）

务城神君钱二万

李女神义钱三万

礴石神君义钱二万

䦉字稍漫灭。神君义钱一万

第二列(在碑额下)

□字已缺泐。沈释主。簿稍泐,尚可辨识。□音䍐道

主簿□沈释郝。现已泐。幼幼二字隐约可辨。高

主簿郝尚文休

主簿宼渊孔先

主簿王□缺泐,沈释合,未知确否。元先

主簿□沈仅书其阝。□沈仅书其坒。文业

祭酒□□字已泐,沈释礼。□字已泐,沈释孝。仁

祭酒□字已泐,沈释范。□字已泐,沈作睴。孔周

祭酒张广德林

祭酒郭稚子碧

祭酒郭□字已漫灭,沈释孛。仲业

都督赵略孔达

第三列(在第二列下)

主簿郝明孔休

主簿杜斐立沈作园。达

主隐约似主字。□沈释簿。现已缺泐。马□字仅存半。沈释靖。□字已泐,沈释文。□

主簿韩隐约似韩字。□已泐,沈释南。□已泐,沈释儒。伯

主□已泐,沈作蒲。□观泰弘沈作圂。

主隐约似主字。簿李斐䍐宗稍泐。

主簿□当季元

主簿郘志元恪
主簿张斐休武
祭酒陈光长林
主簿隐约可辨。□由季儒
《重修都翁记》一列，与碑无关，从略。

——原刊于《国立北平研究院院务汇报》第 6 卷第 6 期，1935 年。

南北响堂寺及其附近石刻目录

序言

是编为本组整理南北响堂寺及其附近石刻之总目，由何君士骥及刘君厚滋任编纂之责，余虽亦亲预斯役，而编校考订之工，实以何君为最勤。兹值本院七周纪念展览南北响堂寺拓片之会，特提前付印以饷读者。至罣误浅陋之处，还希读者教正，幸甚！

徐炳昶　二五，八，二五。

目录例言

（甲）本编目录，共分三类：

（一）造像记及碑碣类。

凡有年月者，皆依年月先后，顺次排列。并注以公历。其无年月者，则依实物性质而分为造像、刻像、背光、佛幔、佛龛、石桌、石香炉、石柱、门壁、石床、石座、题记及残石刻共十二类，再依地域而分别排列之。

（二）佛经类。凡有年月者，皆依年月先后排列。

（三）经幢类。编制法同上。

（乙）凡本编每一石刻之"所在"中，有言第△层者，皆由下而上数之。凡有言第△窟，第△龛者，皆由左（东）而右（西）数之。

（丙）凡石刻"所在"中之言"左""右""前""后"者，皆依寺庙，石窟、佛龛等正面之方向而定。如正面向南,则东为左,西为右,南为前,北为后。正面向西,则南为左,北为右,西为前,东为后。余此类推。凡所谓正面,皆指主像所在之处而言。

(丁)凡某一造像记,其造像之存否,能确知者,则于"备考"中说明之;否则从略。

(戊)凡"备考"中引证前人著录时,其石刻名目,则用原文。(如"北齐武平三年唐邕写经记"条引《畿辅碑目》名"唐邕写经记,"是用其原名。)其名目下所谓"云'……'者,则多系编者综括原意为之词,(如上例《畿辅碑目》名"……,"云"武平三年,在磁州鼓山,"即取原书之意而为之,非原文也。)不尽原文也。

(己)凡每一石刻名目中之年月,皆用石刻之建立年月。无建立年月者,则酌用文中之年月。

(庚)凡石刻中文字之完全缺泐者,则画□以代之;凡文字之隐约可识或一部份缺泐者,则于字外加□以记之。

(辛)凡石刻之系碑,或石柱等类者,均加注明;否则全为摩崖。

(附)是编所有材料,除兰陵忠武王高肃碑,禅门第一祖菩提达摩大师碑两拓片系雇工拓,武安龙山寺主比丘道瓒记,重起武安县古嵷山寺铭记两拓片系购置外,皆本院考古组实地调查时所拓得。

造像记及碑碣类上(有年月)

造像记及碑碣目录
南北朝

东魏天平三年(公历五三六)侍中黄钺太师文懿高公碑记(碑)
所在:磁县县政府内。
备考:碑已残,篆额十六字。立碑年月不明,题中年月即高公薨之年月。案《艺风堂金石文字目》(缪荃孙)卷二名"太师录尚书事高盛碑,"不注年月地址。《校碑随笔》(方若)页一百一名"侍中黄钺太师录尚书事文懿公高盛残碑,"云"在直隶磁州,年月泐。"又谓"是碑于清光绪二十五年出土,与高翻碑,北齐兰陵王高肃碑,称为磁州三高"云。今碑末有近人题刻三行。

东魏元象二年(公历五三九)侍中黄钺太尉高公碑记(碑)

所在:磁县文庙东庑。现已移置民众教育馆。

备考:篆额十六字。是碑原有裂痕,现因移置已断为二。文字磨灭过甚,无年月可稽。案《金石录》(宋赵明诚)卷二十一名"东魏高翻碑,"云"……碑后题建立岁月,文字残缺,惟有魏元字可辩。"又云"岁次己未……此碑盖元象二年建立也。"《宝刻丛编》(宋陈思)卷六磁州条,名"东魏太尉高翻碑,"引《金石录》以为证。又引《访碑录》(此书已佚,赖陈书得存其名,)以为即"临清王假黄钺高公碑。"《京畿金石考》(孙星衍)卷下名"东魏太尉高翻碑,"云"在磁州,碑后题建立岁月,盖元象二年也。"《畿辅碑目》(樊彬)卷上名"太尉高翻碑,"云"元象二年,在磁州。"《畿辅通志》(李鸿章等纂修)卷一四八《金石类》"磁州条"名"东魏太尉高翻碑,"亦谓立石于东魏元象二年。《广平府志》(胡中彦、吴景桂纂修)卷三十五《金石略上》,同。《艺风堂金石文字目》卷二名"太尉录尚书事高飜碑,"不注年月,云"在直隶。"《校碑随笔》页一百二名"侍中黄钺太尉录尚书事高翻碑,"又云"亦称高孝宣公碑,"云"在直隶磁州,年月泐。"案碑中所记事实,与《魏书·高翻传》,(翻为湖子,附高湖传。)《北史·齐清河王岳传》(岳为翻子。)所载相符。复以《畿辅通志》《广平府志》考证诸说质之,此碑当为高翻碑无疑。惟诸书于《宝刻丛编》以"北齐临清王假黄钺高公碑"为即"高翻碑,"因其与碑文史传不合,斥其缪戾,是也。惟碑泐已甚,不见"临清王"字样,《宝刻丛编》不知何据。至《京畿金石考》《畿辅碑目》"翻"皆作"飜,"亦

误。又碑之最末行有磨灭难识之八、九小字,当为后人所刻。碑之重行
出土,据《校碑随笔》谓在清光绪二十五年云。

东魏武定七年(公历五四九)龙山寺主比丘道瓚记(碑)

所在:武安县北罗峪。

备考:上有造像一躯,平刻。案《山右石刻丛编》(胡聘之)卷一名
"龙山寺主比圣讳道瓚道造象,"云"今在平定州。"《艺风堂金石文字
目》卷二名"龙山寺主比丘道瓚造象,"云"武定七年,在山西平定州。"
《校碑随笔》页一百十一,名"比邱道宝造象碑,"云"武定七年,在山西
潞安。"《再续寰宇访碑录》(罗振玉)卷上名"龙山寺主比丘道瓚记,"
云"武定七年,不明地址。"《河朔金石目》(顾燮光)卷四,及《河朔访古
新录》(顾燮光)卷五名"比丘道瓚造象碑,"云"武定七年,在武安县西
南。"诸书所载地址,惟顾氏为是。又缪氏"瓚"误作"瓒,"方氏误作"宝。"

北齐天保六年(公历五五五)残碑(碑)

所在:磁县县政府内。

备考:隶书。碑文大部分缺泐。

北齐武平元年(公历五七〇)左仆射暴公墓志铭(墓誌)

所在:磁县民众教育馆东庑。

备考:篆盖。出土于民国十八年。地点为磁县田庄村东北。

北齐武平三年(公历五七二)唐邕写经记

所在:武安县北响堂寺南堂外右边前壁。

备考:记中述刻经年月自天统四年三月一日至武平三年五月二
十八日竟。(石经全目。附见于后。)案《畿辅碑目》卷上名"唐邕写经
记,"云"武平三年,在磁州鼓山。"《金石存》(吴玉搢)卷十一名"北齐
唐邕经碑,"《畿辅通志》卷一百四十八《金石类》"磁州条"名"唐邕写
经碑,"云"立于武平三年。"《八琼室金石补正》(陆增祥)卷二十二名

"鼓山唐邕写经铭，"云"在磁州鼓山。"《广平府志》卷三十五《金石略上》，同。《艺风堂金石文字目》卷二名"晋昌郡开国公唐邕写经碑，"注云"武平三年，在直隶磁州。"《河朔金石目》卷四、《河朔访古新录》卷五名"北齐晋昌郡公唐邕刻经记，"云"武平三年，在武安县鼓山响堂寺。"诸书所载地址，惟顾氏为详。唐邕刻经造佛，事极重大，而史书不载；即其本传(见《北齐书》《北史》。)亦仅言其"典执文帐，""善书计"等事，对此未及一字，然史实所在，响堂写经而外，如"唐邕造佛文"(言造佛至三万二千躯之多。)唐邕造像碑、唐邕造寺碑等自《集古录目》、(宋欧阳棐)、《金石录》、《宝刻丛编》、《宝刻类编》(宋佚名)等著录以来，金石之书，屡有记载，所关于佛教、文化、艺术及其个人行事者甚大，(如碑中衔职等多有史所未载。)实足以补史乘之阙。

北齐武平四年(公历五七三)造像及刻法华经等残记

所在：武安县薛村水浴寺东山上小窟。

备考：文字漫漶，多不可辨。

北齐武平四年(公历五七三)兰陵忠武王高肃碑(碑)

所在：磁县城南李家庄北。

备考：篆额十六字，隶书。立碑年月不明。文中有"天保八年""乾明元年"等记事。 案《广平府志》卷三十五《金石略上》名"兰陵忠武王肃碑，"仅云"北齐，"不注年月。又云"在今磁州西南刘家庄。"《补寰宇访碑录》(赵之谦)卷二名"兰陵武王高长恭残碑，"注云"年月阙，长恭卒以武平四年，故列此。"(案赵氏仅见拓本，不知地点。)《艺风堂金石文字目》卷二名"兰陵忠武王高长恭碑，"注云，"赵㧑叔考为武平四年，不明地点。"《校碑随笔》名"兰陵忠武王高肃碑，"注云"武平六年，在直隶磁州。"惟据《广平府志》《艺风堂金石文字目》《校碑随笔》诸书，则知碑为两面刻，与本院调查相同。)所谓"武平四年""武平六年"云者，谓据碑阴而言，今已不可考，姑以四年之说而列于此。又据

《校碑随笔》谓旧拓只半截,清光绪二十五年始全出土云。

隋

隋开皇四年(公历五八四)顺阳郡守□树造像

所在:磁县南响堂寺第二层第四窟外右边。

备考:像三躯,因记中有造阿弥陀像一尊,观世音像两尊语。疑中为阿弥陀像,两侧为观世音像。至下刻"大周圣历二年九月二十日造弥勒佛观世音"造像记一种,像已不见。 案《畿辅碑目》卷上名"翊军将军顺阳郡守安□□造像记,"云"开皇四年,在磁州响堂寺。"《补寰宇访碑录》卷二名"翊军将军安□□造象,"云"开皇四年,在直隶磁州。"《畿辅通志》卷一百四十八《金石类》"磁州条"名"顺阳郡守安树□造阿弥陀佛像记,"云"开皇四年,在磁州响堂寺。"《广平府志》卷三十五《金石略上》,所记同。《艺风堂金石文字目》卷二名"翊军将军顺阳郡王□□造象,"云"开皇四年,在直隶磁州南响堂山,"日杂志《亚东》(第四卷第九号)所记与缪书同。诸书所云地址,虽详略稍异,然皆不误。

隋开皇八年(公历五八八)袁子才造像

所在:磁县南响堂寺下层第一窟左壁后。

备考:下方有"邢州沙河县范"等字,疑后刻。 案《畿辅碑目》卷上名"袁子才造像记,"云"开皇八年,在磁州鼓山。"《补寰宇访碑录》卷二,名同,惟云"在直隶磁州。"《畿辅通志》卷一百四十八《金石类》"磁州条"名"袁子才造释迦象,"云"开皇八年。"《广平府志》卷三十五《金石略上》,名"袁子才造释迦像记,"云"开皇八年,在磁州响堂寺。"《艺风堂金石文字目》卷二名"袁子才造象,"云"开皇八年,在直隶磁州南响堂山。"诸书所记地址,虽详略稍异,然皆不误。

隋开皇八年(公历五八八)王辉儿造像

所在:磁县南响堂寺第二层第四窟外左边上。

备考：案《畿辅碑目》卷上名"王辉儿造像记，"云"开皇八年，在磁州。"《补寰宇访碑录》卷二名"□山王辉儿造像记，"云"开皇八年，在直隶磁州。"《畿辅通志》卷一百四十八《金石类》"磁州条"名"王辉儿造象记，"云"开皇八年，在直隶磁州。"《广平府志》卷三十五《金石略上》，名"王辉儿造阿弥陀像记，"云"开皇八年，在磁州响堂寺。"《艺风堂金石文字目》卷二名"王辉儿造象，"云"开皇八□，在直隶磁州南响堂山。"《校碑随笔》页一百五十五，名"王辉儿残造象，"云"开皇八□，"不注所在。诸书所记地址，除方氏不知外，以缪氏为最详。

隋开皇十二年(公历五九二)佛弟子□□□造阿弥陀佛等像

所在：磁县南响堂寺第二层第四窟门框外上面。

备考：像存，记略有漫灭。 案《畿辅碑目》卷上名"佛弟子□□造残像记，"云"开皇十二年，在磁州响堂寺。"《补寰宇访碑录》卷二名"佛弟子□□□造象记，"云"开皇十二年，在直隶磁州。"《畿辅通志》卷一百四十八《金石类》"磁州条"名"残造象记，"云"开皇十二年，在磁州响堂寺。"《广平府志》卷三十五《金石略上》，名"佛弟子□□□造阿弥陀像记，"所记时地同。《艺风堂金石文字目》卷二名"佛弟子□□□造象，"亦云"开皇十二年，在直隶磁州南响堂山。"诸书所记皆是。

隋开皇十三年(公历五九三)残石刻

所在：磁县南响堂寺上层第三窟外右边。

备考：石刻已刻，形似碑碣，实为摩崖，察其文义，似造像记，亦似述人功德之碑。 案《畿辅通志》卷一百四十八《金石类》"磁州条"，名"重修滏山响堂寺，"引郑樵《通志·金石略》云，"滏山石窟碑，未详。"又引《金石分域编》云，"八分书，开皇十七年。"《广平府志》卷三十五《金石略上》名"重修滏山响堂寺，"亦同引《金石分域编》开皇十七年之语；惟云"今字多剥蚀，约计正面二十行，第十行有河东桑泉人也，开皇十三年十□月剖符此县字，第十四行又有开皇十□□字。在响堂寺洞门内。"与现存石刻合。惟"十三年十□月""十""月"问实无泐字。《攟古录》(吴式芬)(石文)卷六名"鼓山县□□刻经记残字。"《校碑随笔》页一百三十名"县人为河东桑泉人□令述德残碑,"云"开皇十□□。"又云,"石不明所在,"则方氏未经调查之故也。至"开皇十七年"云者,盖指石刻第十四行"开皇十□□"而言,惜今已缺泐不可考矣。

隋大业七年(公历六一一年)□□为亡妻造像

所在:武安县北响堂南堂外左窟内正壁。

备考:下有"窃以"等残字,年月磨灭不可考。案《畿辅碑目》卷上名"李君晋造像记,"云"仁寿七年,在磁州鼓山。"《畿辅通志》卷一百四十八《金石类》"磁州条"名"李君晋造象记,"引《金石分域》云,"正书,大业七年正月二十四日,"又引《畿辅碑目》云"大业七年,磁州鼓山。"《广平府志》卷三十五《金石略上》,名同,所引《金石分域编》语亦同;惟云"今字多剥蚀,在响堂寺。"《再续寰宇访碑录》卷上名"李君晋造像,"云"正书,大业七年九月。"《艺风堂金石文字目》卷二名"李君晋造像,"云"正书,大业七年岁在辛未九月癸未朔廿四日丙午。在南响堂山。"《河朔金石目》卷四、《河朔访古新录》卷五所记与罗书同,惟云"地址在武安鼓山响堂寺,"为罗书所无。今合以本院拓本,因"月"与"人名"已缺,同否不知,"年""日"则确为大业七年与二十四日,(与缪氏所录年日干支等亦全合。)不知是否一物耳。至《亚东》名"李君晋造像,"虽亦云"正书,大业七年,"然谓在磁县南响堂山,则与缪氏同一谬误矣。

唐(武周附)

唐显庆四年(公历六五九)会福寺主□岚造释迦像记

所在:武安县北响堂寺中堂外左洞。

备考:像已残缺,文亦不全。 案《畿辅碑目》卷上名"滏阳令会福寺主□岚造像记，"云"显庆五年，在磁州。"《畿辅通志》卷一百四十八《金石类》"磁州条"名"会福寺□岚造象记"云"显庆四年。《畿辅碑目》作五年，误。"《广平府志》卷三十五《金石略上》名"会福寺主□岚造象记，"云"显庆四年七月十五日，在磁州鼓山。"《艺风堂金石文字目》卷三名"会福寺主近岚造象，"云"显庆一年岁次□未八月十五日，在河南安阳。"《河朔金石目》卷四，及《河朔访古新录》卷五名"唐显庆四年□月滏阳县会福寺主岚造象，"云"在武安县鼓山响堂寺。"《亚东》名"会福寺主□岚造象"云"正书，显庆二年，在北响堂山。"诸书所载，凡云显庆"五年""一年""二年"者皆误。又缪氏以为"八月十五，"案石刻虽略漫灭，然"月"上决非"八"字。至谓在河南安阳，亦误也。

唐显庆五年（公历六六〇）郎元休造像

所在：武安县北响堂寺南堂外左壁。

备考：郎似名余庆，惟稍泐；字元休，清晰可辨。今记之上下，为一手二足相，足前锐，似妇人缠足状，当非郎氏所造。记与手相之左方有小佛像一，或此即郎氏原象所留之一部份也。旁有"陆成、陆陲"等题名，疑非同时刻，不另见。案《畿辅碑目》卷上名"郎余令造像记"不注年月，云"在磁州鼓山。"《畿辅通志》卷一百四十八《金石类》"磁州条"名"郎余令造象题名，"云"显庆五年，在磁州鼓山。"《广平府志》卷三十五《金石略上》，与《畿辅通志》同。《再续寰宇访碑录》卷上名"郎楚路敬潭造像，"云"显庆五年，在河南武安。"《河朔金石目》卷四，及《河朔访古新录》卷五名"大理卿郎楚路敬淳造象，"云"正书，显庆五年□月在武安县鼓山响堂寺。"今由碑中所记，知余令与余庆同为楚之之孙，与《旧唐书》卷一百八十九儒学本传（《新唐书》见卷一百九十九，）合。且由史知余令为余庆之弟，而楚之且名颖也。（如《集古录目》《金石录》《宝刻丛编》等著录之"唐大理卿郎颖碑，"亦可为证。）至罗顾二氏将"郎楚之"作为"郎楚，"实系大谬。又路敬淳亦同见《唐书》儒学传,惟未见有郎路二氏友善之事。今得石刻,亦可补史传之阙。至顾书所云"显庆五年□月"云云,今案石刻实为"显庆五年中山郎余庆"云云,并无"□月"字也。《攈古录》卷六(石文)作"鼓山中山郎□□字元休造象,"颇为近之。

唐龙朔元年(公历六六一)造像记

所在:磁县南响堂寺下层第二窟前壁右边。

备考:像记全泐,仅"龙朔元年"四字约略可辨。

唐龙朔二年(公历六六二)蒋□王内人安太清造像

所在:武安县北响堂寺南堂门框左边。

备考:案《畿辅通志》卷一百四十八《金石类》"磁州条"名"蒋王内人安太清等造象记,"云"龙朔二年七月,在磁州响堂寺。"《广平府志》卷三十五《金石略上》名"蒋王内人安太清等造像记,"云"龙朔二年七月,在响堂寺。"《再续寰宇访碑录》卷上名"鼓山蒋王内人安太清造象,"云"龙朔二年七月,在河南武安。"《河朔金石目》卷四,及《河朔访古新录》卷五名"鼓山蒋王内人安太清造象,"云"龙朔二年九月,在武安县鼓山响堂寺。"《亚东》名"安太清造像,"云"龙朔二年,在北响堂山。"诸书惟顾氏"七月"误作"九月。"余皆不误。

唐龙朔二年(公历六六二)蒋□王内人刘媚儿崔磨吉等造像

所在:武安县北响堂寺南堂门框右边。

备考:《畿辅碑目》卷上名"薛王内人安太清刘媚儿造像记,"云"龙翔二年,在磁州。"《畿辅通志》卷一百四十八《金石类》"磁州条"名"蒋王内人刘媚儿等造象记,"云"龙朔二年七月,在磁州响堂寺。"《广平府志》卷三十五《金石略上》,所记与《畿辅通志》同。《再续寰宇访碑录》卷上名"鼓山蒋王内人刘媚儿造象,"云"龙朔二年七月,在河南武安。"《河朔金石目》卷四,及《河朔访古新录》卷五名"鼓山蒋王内人刘媚儿造象,"云"龙朔二年,在武安县鼓山响堂寺。"诸书所记,惟樊氏

误将"安太清""刘媚儿"两刻并为一事；又将"蒋"误作"薛，""朔"误作
"翔。"今审造像记下尚有"末""天"等字似后人刻。

武周天授二年（公历六九一）重起古嵝山寺铭记（碑）

所在：武安县北丛井。

备考：寺始置于魏兴和二年，首末两行有"吴□像重起"等字，疑
"吴□像"为人名。又末大周下年月磨泐太甚，可见者惟"▦授二年"
字样，疑"▦授"即为"天授"二字而书体稍异者，姑定为"天授二年。"
后案《河朔金石目》卷四，及《河朔访古新录》卷五于"嵝山寺重起为铭
记"下亦云天授二年，始信前说之不诬。

武周长寿三年（公历六九四）故处士刘君墓志（墓志）

所在：磁县民众教育馆东庑。

备考：盖刻"刘君墓志"四篆字。出土于民国二十年，地址在磁县
台子寨村北。

武周证圣元年（公历六九五）田神鉴妻崔造像

所在：磁县南响堂寺下层第二窟左壁后。

备考：同石别有"丘道安造像"等四种。案《畿辅碑目》卷上名"田
神鉴造像记，"云"圣历元年，在磁州。"《补寰宇访碑录》卷三名"安阳
县田□造象，"亦云"圣历元年，在直隶磁州。"《畿辅通志》卷一百四十
八《金石类》"磁州条"名"田神鉴妻崔造象记，"引《金石分域编》"证圣
元年"及《畿辅碑目》"圣历元年"两说而定为证圣元年。《广平府志》卷
三十五《金石略上》名"田□□造像记，"引《续寰宇访碑录》云"圣历元
年，在磁州响堂寺"；又云，"圣历乃证圣之讹也。"《艺风堂金石文字
目》卷四名"安阳县田神鉴造象，"云"正书，▨▨元秊岁次乙未七🈂丁
未朔丁卯；"又云"在直隶磁州南响堂山。"诸书所载，凡作"圣历元年"
者皆"证圣元年"之误。因武周改元虽多，岁次乙未者，仅证圣与天册
万岁耳，今审石刻"证圣"二字虽略漫漶，然决非"天册万岁"四字，故

定为证圣元年，当不致误。又缪书"七🈐"为"九🈐"之误，"丁卯"为"乙卯"之误。

武周证圣元年（公历六九五）比丘尼十一娘造像

所在：磁县南响堂寺下层第二窟左壁后。

备考：同石别有"丘道安等造像"四种。案《畿辅碑目》卷上名"比丘二娘造像记，"云"圣历元年，在磁州。"《补寰宇访碑录》卷三名"比邱二娘造象，"亦云"圣历元年，在直隶磁州。"《畿辅通志》卷一百四十八《金石类》"磁州条"名"比邱尼二娘造像记，"引《金石分域编》"证圣元年"及《畿辅碑目》"圣历元年"之说而定为证圣元年。《广平府志》卷三十五《金石略上》名"比邱尼二娘造阿弥菩萨像记，"云"证圣元年，在响堂寺。"《艺风堂金石文字目》卷四名"比丘尼二娘造象，"云"正书，▨▨元年岁次乙未九🈐景午朔十🈐乙卯"；又云"在直隶磁州南响堂山。"窃谓诸书所载仍以"证圣元年"为是。至"二娘"当作"十一娘"也。

武周证圣元年（公历六九五）清信比丘尼佛弟子丘道安造像

所在：磁县南响堂寺下层第二窟左壁后。

备考：同石别有"比丘十一娘造像"等四种。案《畿辅碑目》卷上名"邱道安造象记，"引《金石分域编》"证圣元年"及《畿辅碑目》"圣历元年"之说而定为证圣元年。《广平府志》卷三十五《金石略上》名" 邱道女造菩萨像记，"云"证圣元年，在响堂寺。"《艺风堂金石文字目》卷四名"丘进造像，"云"正书，▨▨元秊岁次乙未九🈐景午朔十🈐乙卯"；又云"在直隶磁州南响堂山。"诸书惟《广平府志》"安"误作"女，"（安字虽上半漫漶，然隐约可辨）。《艺风堂金石文字目》"道"误作"进。"

武周万岁通天元年（公历六九六）□□万道安等造像

所在：磁县南响堂寺下层第二窟左壁后。

备考：同石别有"丘道安造像"等四种。案《畿辅碑目》卷上名"□

□道等造像记,"云"万岁通天元年,在磁州。"《畿辅通志》卷一百四十八《金石类》"磁州条",与《广平府志》卷三十五《金石略上》,所记均与碑目同,且皆云在响堂寺。惟《艺风堂金石文字目》卷四名"黄□□造象,"云"万岁通兲元年拾⊕贰拾捌⊘,在直隶磁州南响堂山。"今细审石刻,"黄"字似应释"万","万"下似为"道安"二字。至缪书"贰拾捌日"四字,今"贰"字尚隐约可辨,"捌"字实磨灭难识矣。

武周万岁通天二年(公历六九七)耿休等游智力寺题记

所在:武安县北响堂寺南堂外左面。

备考:外尚有"登智力寺田方题诗"等三种。是等记之两侧,有花纹,上凿龙纹,作碑头形。案《河朔金石目》卷四及《河朔访古新录》卷五名"谢几综等北响堂佛洞摩崖题字,"时地均同。

武周万 岁□□造像记

所在:磁县南响堂寺下层第二窟前壁右边。

备考:下有武周长安三年玄恭母造像记。此因有"大周万岁"四字,故列于此。惟"万岁"二字隐约可辨。

武周圣历元年(公历六九八)令狐胜像造

所在:磁县南响堂寺第一窟大佛龛左边。

备考:傍有"赵守讷等造像"等三种。案《畿辅碑目》卷上名"令狐胜造像记,"云"圣历元年,在磁州。"《补寰宇访碑录》卷三名"令狐胜造象,"亦云"圣历元年,在直隶磁州。"《八琼室金石补正》卷四十四所记,与《畿辅通志》卷一百四十八《金石类》"磁州条",及《广平府志》卷三十五《金石略上》所记,均与碑目同。且《畿辅通志》、《广平府志》皆云"在响堂寺,"更为详悉也。

武周圣历二年(公历六九九)王弘安妻 吴造像

所在:磁县南响堂寺下层第二窟右壁。

备考:旁有"王□冲造像。"案《畿辅碑目》卷上名"王宏安妻吴造像记,"不注年月,云"在磁州。"《补寰宇访碑录》卷三名"宏安造象,"云"圣历二年,在直隶磁州。"《畿辅通志》卷一百四十八《金石类》"磁州条",名"王宏安妻吴氏造象记,"云"圣历二年,在磁州响堂寺。"《广平府志》卷三十五《金石略上》,所记与《畿辅通志》同。《艺风堂金石文字目》卷四名"王弘安造象,"云"圣历二年,在直隶磁州南响堂山。"诸书"宏"字皆应依石刻改作"弘"字。

武周圣历二年(公历六九九)董智力母阳造像

所在:磁县南响堂寺第一窟方柱龛左边。

备考:旁有"令狐胜造像"等三种。案《畿辅碑目》卷上名"董智力母阳造像记,"云"圣历二年,在磁州。"《补寰宇访碑录》卷三名"董智力造象,"亦云"圣历二年,在直隶磁州。"《畿辅通志》卷一百四十八《金石类》"磁州条"名"董智力母阳造象记,"云"圣历二年,在磁州响堂寺。"《广平府志》卷三十五《金石略上》名"董智力造弥勒像记,"亦云"圣历二年,在磁州响堂寺。"《艺风堂金石文字目》卷四名"董智力母为亡儿智严造象,"云"圣历二年,在直隶磁州南响堂山。"诸书所载,惟缪氏"亡儿"之说,审之石刻,实为"亡兄"之误。又《亚东》释"亡兄"为"巳兄,"疑"大周"为"后周,"亦误。

武周圣历二年(公历六九九)高冲子造像

所在:磁县南响堂寺下层第二窟右壁。

备考:旁有"王弘安造像。"案《畿辅碑目》卷上名"高冲子造像记,"云"圣历二年,在磁州。"《补寰宇访碑录》卷三名"高冲子造象,"亦云"圣历二年,在直隶磁州。"《畿辅通志》卷一百四十八《金石类》"磁州条"及《广平府志》卷三十五《金石略上》,均名"高冲子造象记,"并同谓"圣历二年,在响堂寺。"《艺风堂金石文字目》卷四名"高冲子造象,"云"圣历二年,在直隶磁州南响堂山。"

武周圣历二年（公历六九九）王大贞等造观世音等像

所在：磁县南响堂寺第二层第四窟外右边。

备考：像已不见。上刻隋开皇四年九月二十一日阿弥陀佛观世音等造像记，下刻有"开皇造像"等字。 案《畿辅碑目》卷上名"王大贞造像记，"云"圣历二年，在磁州，"《补寰宇访碑录》卷三名"王大贞造象，"亦云"圣历二年，在直隶磁州。"《畿辅通志》卷一百四十八《金石类》"磁州条"名"王大贞妻高造象记，"云"圣历二年，在磁州响堂寺。"《广平府志》卷三十五《金石略上》名"王大贞及妻高造弥勒像记，"云"圣历二年，在响堂寺。"《艺风堂金石文字目》卷四名"山主王大贞及妻高造象，"云"圣历二年，在直隶磁州南响堂山。"诸书惟缪氏"山主"二字似为"鼓山乡囻"四字摘录之误。

武周大足元年（公历七〇一）赵守讷妻造像

所在：磁县南响堂寺第一窟方柱龛左边。

备考：旁有"令狐胜造像"等三种。案《畿辅碑目》卷上名"赵守讷造像记，"云"大足元年，在磁州。"《补寰宇访碑录》卷三名"赵守讷造象，"亦云"大足元年，在直隶磁州。"《八琼室金石补正》卷四十五名"赵守讷妻陈造像记，"云"大足元年（见卷二目录）在磁州。"《畿辅通志》卷一百四十八《金石类》"磁州条"名"赵守讷妻口造象记，"云"大足元年，在磁州。"《广平府志》卷三十五《金石略上》名"赵口口女三娘造像记，"云"大足元年，在响堂寺。"《艺风堂金石文字目》卷四名"赵守讷造象，"云"大足元年，在直隶磁州南响堂山。"诸书惟《广平府志》所录稍异，其案语谓"此与赵守讷妻造象当为一事，"但又云"今考此拓守讷二字磨灭，女三娘字显然可辨，"则实与石刻不符，（石刻有"陈四娘"等字）恐为另一物也。

武周大足元年（公历七〇一）赵思玚造像

所在：磁县南响堂寺第一窟方柱龛左边。

备考:旁有"令狐胜造像"等三种。案《畿辅碑目》卷上名"赵思锡造像记,"云"长安四年,在磁州。"《补寰宇访碑录》卷三名"赵思现造象,"云"大足元年,在直隶磁州。"《畿辅通志》卷一百四十八《金石类》"磁州条"名"赵思锡造象记,"引《金石分域编》"大足元年,"及《畿辅碑目》"长安四年"两说以为《金石分域编》较《畿辅碑目》为有据,而定为大足元年。《广平府志》卷三十五《金石略上》名"赵思锡造阿弥陀像记,"亦引《金石分域编》"大足元年"之说而以樊书"长安四年"之说为误。《艺风堂金石文字目》卷四名"赵思现造象,"云"大足元秊岁次辛丑四囗甲辰朔四日丁未。在直隶磁州南响堂山。"诸书所载除樊书外,凡作"锡"作"现"者,皆为"场"字形近之误。至"长安四年"与"大足元年,"实相差太远,今查南响堂寺确尚有长安四年九月一日赵思锡(或场字)造像记一,(详见后)盖即樊氏之所云也。至若《亚东》释为"大定元年,"且定为后梁宣帝时之年号,则甚误;惟其释造象人为"赵思场"则甚当。

武周长安二年(公历七〇二)张玄静姊妹大娘造像

所在:磁县南响堂寺第二层第四窟外左边。

备考:像存。像记"大周"下"长安"二字缺泐已甚,但下有"岁次壬寅"(壬寅二字亦略漫漶)可证,故定为长安二年当是。《艺风堂金石文字目》卷四名"张玄静造象,"云"正书,垂拱二年岁次丙戌三囗囗囗朔十囗乙辛亥在直隶磁州南响堂山。"今审石刻确为"长安二年,"且"壬寅"二字虽稍漫漶,亦极不类"丙戌"也。至《亚东》名"张玄静造象,"亦云"正书,垂拱二年,"盖因抄袭缪氏而误。

武周长安三年(公历七〇三)玄恭母造像

所在:磁县南响堂寺下层第二窟前壁右边。

备考:旁尚有他种题记,其一隐约见"大周万岁"等字,磨灭已甚,年月人名均无可考。案《畿辅碑目》卷上名"元玄母造像记,"云"长安三年,在磁州。"《补寰宇访碑录》卷三名"元恭母造象,"云"正书,长安三年,在直隶磁州。"《畿辅通志》卷一百四十八《金石类》"磁州条"名"元恭母□造象记,"云"长安三年在磁州。"《广平府志》卷三十五《金石略上》名"元恭母造阿弥陁像记,"云"长安三年,在响堂寺。"《艺风堂金石文字目》卷四名"佛弟子玄奘造象,"云"正书,长安三年三匹一⊘,在直隶磁州南响堂山。"诸书"元"字均应依石刻作"玄。"至缪氏"奘"字乃因"恭"字形近之误。

武周长安三年(公历七〇三)郭方剴造像

所在:磁县南响堂寺第二层第四窟正面佛龛下。

备考:像尚完整,记多漫灭。又记下尚有"郭刚□十儿"等字题记一段,惟文多残缺,故不另见。案《畿辅碑目》卷上名"郭方固造像记,"云"长安三年,在磁州。"《补寰宇访碑录》卷三名"郭方固造象,"云"正书,长安三年,在直隶磁州。"《畿辅通志》卷一百四十八《金石类》"磁州条"名"郭方固造象记,"亦云"长安三年,在直隶磁州。"《广平府志》卷三十五《金石略上》名"郭方固造像记,"云"长安三年,在磁州响堂寺。"《艺风堂金石文字目》卷四名"郭方刚造象,"云"正书,长安三垂,九匹八日,在直隶磁州南响堂山。"诸书凡作"固"者皆"刚"字形近之误。

武周长安四年(公历七〇四)李子龠及诸歪等造像

所在:磁县南响堂寺第二层第二窟内左壁佛龛下。

备考:"长安"二字中"长"字已泐,"安"字仅隐约可辨,惟据"日""月"等字书体,并考"岁次甲辰"适为长安四年,故知所定年月不误。又其旁偏上有文一段,似亦为造像记,惟因均磨灭,仅"造""思"等三字隐约可识,故不另见。案《畿辅碑目》卷上名"李子惠造像记,"云"长安四年,在磁州。"《畿辅通志》卷一百四十八《金石类》"磁州条"与《广平府志》卷三十五《金石略上》,所记与樊书同。且《广平府志》云"在磁州鼓山石洞。"《艺风堂金石文字目》卷四名"李子翕等造像,"云"长安四埀岁次甲辰三匨丙戌朔九乙甲午在直隶磁州南响堂山。" 诸书作"惠"作"翕,"皆为"龕"字之误。

武周长安四年(公历七〇四)赵思锡造像

所在:磁县南响堂寺第二层第二窟右壁前。

备考:案此刻为造观世音象记,惟漫漶颇甚。《艺风堂金石文字目》卷四名"赵田锡造像,"年月地点皆同;惟"田"字为"思"字形近之误。且余谓此即樊彬《畿辅碑目》卷上之"赵思锡造像记"也。(参看上大足元年赵思场造像条备考。)又此刻之上方偏左刻有"唐神龙元年四月邢义及女大娘造地藏观世音像"记。

唐神龙元年(公历七〇五)王思道妻贺造观音像

所在:磁县南响堂寺第二层第二窟内右壁佛龛下。

备考:像间竖刻"维神龙元年岁次乙巳……佛弟子□□女燕造弥勒佛一铺"题记。上横刻"王思道妻……造观音菩萨"像题记。案此刻本无年月,因神龙元年九月有王思道兄弟造阿弥陀佛像记,又此刻适与神龙元年弟子□□女燕造弥勒像之记相依,而字体亦全同,故仍列于神龙元年也。《艺风堂金石文字目》卷四名"王惠道妻贺,造象。"云"正书,不明年月,在直隶磁州南响堂山。"实即此刻。惟"思"误作"惠"耳。

唐神龙元年(公历七〇五)佛弟子□□妻燕造弥勒像

所在:磁县南响堂寺第二层第二窟内右壁佛龛下。

备考:其上有同年王思道妻贺造观音像记。案《畿辅碑目》卷上名"弟子妻燕造像记,"云"神龙元年,在磁州。"《补寰宇访碑录》卷三名"弟子妻燕造象,"亦云"神龙元年,在直隶磁州。"《畿辅通志》卷一百四十八《金石类》"磁州条"名"□□妻燕氏造象记,"云"神龙元年。"《广平府志》卷三十五《金石略上》名"弟子□□残造像记,"云"神龙元年,在磁州响堂寺。"诸书惟《广平府志》案语"次行首有燕乌身登□厄等字,并无氏字,亦无妻字"一节,审之石刻,次行实作"妻燕为身登道尼"诸字。《广平府志》误释可笑。惟云无"氏"字则是。

唐神龙元年(公历七〇五)赵祖福造像

所在:磁县南响堂寺下层第二窟佛龛右边下。

备考:上有"定禅师造六十佛像。"又有"岁次辛丑"等字,不另见。案《畿辅碑目》卷上名"赵祖福造像记,"云"神龙元年,在磁州响堂寺。"《补寰宇访碑录》卷三名"赵祖福造象,"云"神龙元年,在直隶磁州。"《畿辅通志》卷一百四十八《金石类》"磁州条",及《广平府志》卷三十五《金石略上》《艺风堂金石文字目》卷四,所记皆同。惟缪氏于"廿七日"下谓为"景午"二字,今审之石刻,似为"景申"二字也。

唐神龙元年(公历七〇五)邢义振及女大娘造地藏观世音像

所在:磁县南响堂寺第二层第二窟右壁前。

备考:像下有"长安四年赵思锡造像,"上角有隶书"佛弟子"等字,疑非同时物。　案《艺风堂金石文字目》卷四名"荆义振造象,"地点年月均同,惟"邢"字误释"荆"字。

唐神龙元年(公历七〇五)李义节造像

所在:磁县南响堂寺第二层第四窟右壁佛龛下。

备考:同石别有"郭方山造像"等两种。案《畿辅碑目》卷上名"李义节造像记,"云"神龙元年,在磁州响堂寺。"《畿辅通志》卷一百四十八《金石类》"磁州条",所记与《畿辅碑目》同。《广平府志》卷三十五《金石略上》名"李义节造阿陀勒佛像记,"年月地点亦同。《艺风堂金文字目》卷四名"天敬村李义节造象,"云"正书,神龙元年八月,在直隶磁州南响堂山。"惟《广平府志》云"造阿陀勒佛像,"当依石刻作"造弥陀像。"

唐神龙元年(公历七〇五)王思道兄弟造阿弥陀佛像

所在:磁县南响堂寺第二层第二窟正面佛龛下。

备考:案《畿辅碑目》卷上名"内玉师道造像记,"云"神龙元年,在磁州。"《补寰宇访碑录》卷三,《畿辅通志》卷一百四十八《金石类》"磁州条",及《广平府志》卷三十五《金石略上》,所记皆同。且《广平府志》更注明其地点在响堂寺。《艺风堂金石文字目》卷四名"王思道兄弟等造象,"云"神龙元年岁次乙巳九月在直隶磁州南响堂山,"则更为详确。惟除缪书外,皆名曰"内玉师道,"不知何故? 今审视石刻,次行首为"内王思道……,""思"字稍泐,"内"字当承上文,语意未断。诸书盖因是而误释也。抑或另有一石乎?

唐景龙二年(公历七〇八)傅大娘造像

所在:磁县南响堂寺下层第二窟前壁左边。

备考:象在北齐文殊般若经下。案《畿辅碑目》卷上名"□□大娘造像记,"云"景龙二年,在磁州。"《畿辅通志》卷一百四十八《金石类》"磁州条"名"□大娘造象记,"年月地点同。《广平府志》卷三十五《金石略上》名"佛弟子□大娘造观世音像记,"云"景龙二年,在响堂寺。"《艺风堂金石文字目》卷四名"程大娘造象,"云"景龙二年三月三日,在直隶磁州南响堂山。"今审石刻"程"字,似为"傅"字或"得"字,然不敢定。

唐景龙二年(公历七〇八)佛弟子黄□贞造像

所在:磁县南响堂寺下层第二窟前壁左边。

备考:像在北齐文殊般若经下。案《畿辅碑目》卷上名"□□处贞造像记,"云"景龙二年,在磁州。"《畿辅通志》卷一百四十八《金石类》"磁州条",名"□处贞造象记,"年月地点同。《广平府志》卷三十五《金石略上》名"佛弟子□处贞造地藏菩萨观世音像记,"云"景龙二年,在磁州鼓山石洞。"《艺风堂金石文字目》卷四名"萧突贞为男知海造像,"云"景龙二年,在直隶磁州南响堂山。"诸书所释"处""萧""窔"三字,恐皆不确,然因漫漶,亦不敢确定为何字也。

唐景龙二年(公历七〇八)佛弟子傅忠造像

所在:磁县南响堂寺下层第二窟左壁后。

备考:同石别有"丘道安等造像"四种。案《畿辅碑目》卷上名"僧忠□□造像记,"云"景龙二年,在磁州。"《畿辅通志》卷一百四十八《金石类》"磁州条"名"僧忠□造像记,"时地同。《广平府志》卷三十五《金石略上》名"僧忠造阿弥像记,"时地亦同。《艺风堂金石文字目》卷四名"陈□忠造象,"云"景龙二年四月八日,在直隶磁州南响堂山。诸书释"僧"释"陈,"及余释"傅,"究何字为确,因漫漶,未敢全定。

唐景龙四年(公历七一〇)吴如娘造像

所在:磁县南响堂寺下层第二窟后壁右边。

备考:像外题记,字多漫灭。查景龙四年即唐隆元年。案《畿辅碑目》卷上名"吴□□造像记,"云"景龙二年,在磁州。"《畿辅通志》卷一百四十八《金石类》"磁州条"名"吴□□造象记,"引《金石分域编》"景龙四年"及《畿辅碑目》"景龙二年"两说而疑二年之说为误。《广平府志》卷三十五《金石略上》名"吴□□造地藏菩萨观世音像记,"云"景龙四年,在响堂寺。"《艺风堂金石文字目》卷四名"吴如来造像,"年月同,并云"在直隶磁州南响堂山。"诸书中樊书作"景龙二年,"实"四年"之误。缪书释"吴"下为"如来"二字,则"来"字实为"娘"字之误,"如"字虽释与余同,然亦形似"四"字也。兹因漫漶,不敢全定。

唐开元三年(公历七一五)□□□造像

所在:磁县南响堂寺下层第二窟右壁前一。

备考:像记均存,惟年月而外,记文字多漫灭。

唐开元五年(公历七一七)薛宏道造像

所在:磁县南响堂寺下层第一窟左壁前。

备考:下方别有"拾肆娘造像"题字数行,年月无考。案《畿辅碑目》卷上名"薛宏道造像记,"云"开元五年,在磁州。"《补寰宇访碑录》卷三及《畿辅通志》卷一百四十八《金石类》"磁州条",名与时地均同。《广平府志》卷三十五《金石略上》名与时地亦同,且云"在响堂寺。"《艺风堂金石文字目》卷四名"薛弘道造象,"云"开元五年岁次丁巳二月壬申朔廿日癸巳,在直隶磁州南响堂山。"诸书惟缪书"弘"应依石刻作"宏。"至"二月""二"字,确否今已不能辨识矣。

唐开元五年(公历七一七)郭方山造像

所在:磁县南响堂寺第二层第四窟右壁佛龛下。

备考:同石别有"李义节造像"等两种。案《畿辅碑目》卷上名"郭方山造像记,"云"开元五年,在磁州。"《补寰宇访碑录》卷三,《畿辅通志》卷一百四十八《金石类》"磁州条",《广平府志》卷三十五《金石略上》,名与时地皆同。《广平府志》且云"在磁州响堂寺。"《艺风堂金石文字目》卷四名"郭方山造像,"云"开元五年岁次丁巳正月壬寅朔廿三日甲子,在直隶磁州南响堂山。"诸书惟缪氏所云"岁次丁巳"实为"癸巳"之误;(惟案纪元编,则开元五年确为丁巳。)且"甲子"二字,细审石刻及证之《亚东》所释,皆无。

唐开元五年(公历七一七)大卫国寺僧崇恽等造像记

所在:磁县南响堂寺下层第二窟前壁左边。

备考:记在北齐(?)文殊般若经左侧。观其文义,确为僧崇恽等造象记。末有同年同月西国胡僧题记二行,似为另一记事。案《畿辅碑目》卷上名"李希诞造像记,"云"开元五年,在磁州。"《补寰宇访碑录》卷三,同。《畿辅通志》卷一百四十八《金石类》"磁州条"名"李希诞等造象记,"又同列"李希诞等题名"一种,时地均同,《广平府志》卷三十五《金石略上》名"李希诞等造像题名,"云"开元五年二月,在磁州响堂寺。"《艺风堂金石文字目》卷四名"李希诞造象,"云"开元五年春二月,在直隶磁州南响堂山。"诸书中《畿辅通志》及《广平府志》,既云造像记,又云题名者,盖以记末有"弟子李希诞"五字,故分别言之也。窃谓此记叙三僧订交造象,文词虽不甚佳,然与普通造象记不同,(先为记事,后为愿词,且作韵文。)李希诞盖即作记之人,附入记中即可,不必另立一类也。又以上五书除缪书外,皆另录有"河南府大开国□□造象记"一种,时地均同,窃谓实即此刻,只因记中首行有"河南府大卫国寺僧崇恽……"之文而误释重出者,亦可不必另立一类也。至《亚东》则"李希诞,"误作"李希记。"

唐开元五年(公历七一七)于阗僧承庆题记

所在:磁县南响堂寺下层第二窟前壁左边。

备考:刻于文殊般若经左侧,并同年同月大卫国寺僧崇恽等题记之后。案《畿辅碑目》卷上名"实际寺僧承庆造像记,"云"开元五年,在磁州,"又同年月地点录"僧永度题名"一种,云"刻齐经碑后。"《补寰宇访碑录》卷三亦录"僧永度题名"一种,时地皆同,惟云"在隋刻石经后。"《畿辅通志》卷一百四十八《金石类》"磁州条",录"大实际寺僧承庆等造象记,""僧承庆等题名,""僧永庆题名,"三种,时地皆同,惟于"僧永庆题名"一种,更加以案语云,"案此与前僧承庆题名,疑即一石。而永庆乃承庆之讹。以碑目两收之,今仍旧分列如右。"《广平府志》卷三十五《金石略上》,录"大实际寺僧承庆等造像记题名"一种,时地亦同,云"在响堂寺石经后,"而不录其他。《艺风堂金石文字目》卷四录"于阗三藏弟子僧承庆造像"一种,云"开元五年二月二十二日(案石刻为十二日),在直隶磁州南响堂山,"亦不录其他。窃谓诸书所载,审之石刻,与余等所录者实仅一物,同刻文殊般若经之左侧,(因为摩崖,无前后可言。)且仅为题名而非造像记也。至"永庆""永度"皆"承庆"二字漫漶难识而误释者。且诸书作者,未必皆得墨拓,或身临调查,则其致误也亦宜。惟《亚东》释"西国胡僧于阗三藏弟子京大实际寺僧承庆开元五年……"为"西国胡僧中(？)国(？)吴藏弟子□大寺今(？)寺僧开元五年……"则不免妄为揣测矣。

唐开元二十三年(公历七三五)贾 元贞妻皇甫五娘造观世音像

所在:磁县南响堂寺第二层第四窟门洞右边。

备考:像记均存。案《畿辅碑目》卷上名"□□贞妻皇甫五娘造象记,"云"开元二十三年,在磁州。"《畿辅通志》卷一百四十八《金石类》"磁州"条,同。《广平府志》卷三十五《金石略上》名"□贞妻□甫五娘造观世音像记,"云"开元二十三年,在响堂寺。"《艺风堂金石文字目》卷四名"肖五娘造象,"云"开元廿三年四月廿二日。"诸书惟《广平府志》案语谓"今考此刻,实无'皇'字,"则实有"皇"字。又缪书谓"廿二日,"则实为"廿三日,""肖五娘,"则实应连上"皇"字为"皇甫五娘"也。且"贞"上"贾元"二字亦约略可辨,诸书亦有未悉。

唐贞元十四年(公历七九八)"万古传芳"等字残刻

所在:武安县北响堂寺半山坡小龛上。

备考:文中有"开元二十六年恒""贞元八年""贞元十四年"等字,文左行,刻石当在贞元十四年后。

唐贞元十八年(公历八〇二)李恒题名(石柱)

所在:武安县北响堂寺南堂二门左面石柱。

备考:案《河朔金石目》卷四及《河朔访古新录》卷五名"唐贞元六年七月李恒题名。"然案"六年"似为"十八年"之误。

唐"元和三年"(公历八〇八)等字造像

所在:磁县南响堂寺第二层第四窟右壁佛龛下。

备考:同石别有"李义节造像"等两种。

唐元和八年(公历八一三)太子通事舍人博陵崔□题记

所在:武安县北响堂寺南堂外正面。

备考:字刻无量寿经下方。同列尚有"□□仲秋念六日张厚题"及

"相州司马韦□与此寺□□□□廿三⊘□□"等题记。因年月不明，故不另见。

唐元和八年(公历八一三)夏侯□等题名

所在:武安县北响堂寺南堂外左面。

备考:同石有"耿休等题记"等三种。是等记之两侧有花纹,上凿龙纹,作碑头形。又"咸通""李通"四刻字,亦在花纹内,惟无文义年月可考,故不另见。

唐元和十二年(公历八一七)禅门第一祖提菩达摩大师碑(碑)

所在:磁县元符寺二祖塔。

备考:梁武帝御制文。篆额。唐元和中李朝正重建。观碑之末行题记,似辛秘书也。案《广平府志》卷三十五金石略上名"达摩大师碑,"云"元和十二年五月十一日,在今磁州东北二祖村元符寺。"今案《唐书·地理志》,磁州本昭义军节度所辖之地,永泰元年昭义节度薛嵩请于滏阳复置磁州,今碑末所记衔名,确与史合,则此碑之为唐物无疑。且此碑篆额碑文,所有字体结构,均圆润委宛,与唐人书法无异,故或疑为伪刻,非也。又案《中州金石目录》(杨铎)卷二亦录有"达摩大师碑"一,云"梁武帝撰,在河南登封,今佚。"则登封之碑或即梁武帝所撰原碑,而磁州元和重建之碑,乃其替代欤?

唐"大唐"等字造像

所在:磁县南响堂寺第二层第四窟门洞左边。

备考:像记因有"大唐"二字,故列于此。至余所记尽皆磨灭不可考。下别有一"元"字,大约三寸见方,疑后刻。

唐天祐十五年(公历九一八)造像

所在:磁县南响堂寺下层第二窟佛龛右边。

备考:像记下方(即像侧。)刻有魏州昌乐县人刘□礼佛题记。案唐亡于昭宗天祐四年四月,此天祐十五年,即梁贞明四年也。又此造像记,《广平府志》卷三十五《金石略上》名"摩诃般若波罗蜜佛题字,"云"天祐十五年(案列入五代)修造,在磁州响堂寺。"细审石刻"天祐十五年。"字下有"补造故记"四字,则实为造像记也。又《广平府志》以"补"为"脩"亦误。

唐天祐十八年(公历九二一)苏□君韩昭等造像

所在:磁县南响堂寺下层第一窟门框。

备考:像在门框上,但所记年月人名,与造像距离稍远,且人名下无"造像"二字,故是否同时,不敢定。至天祐十八年,案即梁龙德元年也。 案《艺风堂金石文字目》卷四名"韩昭等造象,"云"天祐十八年八月十日,在直隶磁州南响堂山,"是也。惟"昭"字又似"晖"字之稍泐者。

五代

后周显德三年(公历九五六)"敕中书门下牒"等字刻石

所在:武安县薛村水浴寺第二窟外左壁涅槃佛图西下。

备考:下刻有宋乾德元年三月送弥勒佛记。

宋

宋乾德元年(公历九六三)送弥勒佛记

所在:武安县薛村水浴寺第二窟外左壁涅槃佛图西下。

备考:上刻周显德三年八月敕中书门下牒等字。又末刻"天旱,至七月初一种粟,谷大收,僧发心,"记一段似,非同时物,不另见。

宋乾德元年(公历九六三)赵殷妻梁氏等造像

所在:武安县薛村水浴寺西窟外左壁。

备考:记刻"佛双林相一铺"等字,据徐森玉先生谓即涅槃像。像、记均存,惟稍有缺泐。

宋太平兴国七年(公历九八二)磁州滏阳县崔相公人户綦珪等造弥勒像题名

所在:磁县南响堂寺寺后第七小龛。

备考:像已不见。案《广平府志》卷三十五《金石略上》名"崔相公人户綦珪等造像记,"云"太平兴国七年四月廿一日修,在磁州响堂寺。"其"廿一日,"实应依石刻作"二十一日。"

宋雍熙二年(公历九八五)造石堂石室并罗汉五百等记

所在:武安县第八区青烟寺村法华洞。

备考:文左行。又刻有明万历六年造石门供桌等题名。

宋康定二年(公历一〇四一)新修七佛记

所在:武安县北响堂寺北堂南窟门框内。

备考:案《河朔金石目》卷四名"观七佛题字,"时地同。又案宋康定二年,即庆历元年;但庆历改元在十一月,此刻在四月,故谓之二年,不误。又下刻小字四行,漫灭难识,疑非同时物。

宋皇祐六年(公历一〇五四)修常乐寺砖塔第五级记(碑)

所在:武安县常乐寺塔上第五级内。

备考:案宋皇祐六年,即至和元年。

宋嘉祐元年(公历一〇五六)刘汝言杜颢题名(石柱)

所在:武安县北响堂寺天宫西宫门洞。

备考:上刻太清观道士等字。旁刻□二年滑州程崇礼题名,不另见。

宋政和八年(公历一一一八)旦觉民题诗

所在:武安县北响堂寺中堂外右边立象旁。

备考:碑末有"居士张望之观"题名,不另见。

宋宣和二年(公历一一二〇)徐祖庆等记游题名

所在:武安县北响堂寺南堂门内北齐"无量义经"下。

备考:旁有"僧德增金装千佛题记"二种。

金

金正隆四年(公历一一五九)常乐寺重修三世佛殿记(碑)

所在:武安县常乐寺二殿。

备考:胡砺撰,郭源篆额,翟炳书丹。篆额系"重修三世佛殿之记"八字。碑阴额题"千人造像之碑"六正字,像、记皆已不见。案《中州金石记》(毕沅)卷五,名"常乐寺重修三世佛殿碑,"云"正隆四年四月,在武安。"《中州金石目录》卷六名"鼓山常乐寺重修三世佛殿记,"亦云"正隆四年四月,在武安。"《艺风堂金石文字目》卷十四名"常乐寺重修三世佛殿记,"云"……十三日丙申,在河南武安南四十里鼓山本寺。"《河朔金石目》卷四及《河朔访古新录》卷五名"'重修三世佛殿记,''碑阴,千人造象碑记,'"并同云"正隆四年四月,在武安县南四十五里鼓山麓常乐寺。"诸书惟顾氏记载为详。且缪云"十三日,"亦"十二日"之误。至《武安县志》(蒋光祖等修)卷十六《艺文类》录其全文,惟谬误太多,不足为训。

金大定十年(公历一一七〇)陈氏盖殿题记

所在:磁县南响堂寺第七龛门框外左边。

备考:仅题"大定十年四月廿三日中彭城村陈氏盖殿壹座"等十九字。案《广平府志》卷三十五《金石略上》名"重建响堂寺殿题名,"云"正书一行,在磁州响堂寺洞门柱上,大定十年四月廿三日□□彭城村陈氏盖殿壹座,凡二十字。"今审石刻"彭"上仅一"中"字,只十九字而已。

金大定十六年(公历一一七六)武安县下寺庄张氏舍身记并赵福刚造像

所在:武安县北响堂寺顶风门岭。

备考:摩崖。又记上有造像一,像旁刻有"赵福刚影,""石匠黄福祥"等字,疑非同时物。 案明成化四年十一月有赵福刚舍身记,地点相同,且记中亦有石匠黄福祥之名,则此像当即赵氏之像也。

金承安四年(公历一一九九)磁州节度副使等字刻石

所在:磁县南响堂寺第二层第四窟外门上。

备考:后半别有"大安己巳(案即元年)孟冬"等刻字。

金大安元年(公历一二〇九)滏阳丞威明仆□公题名

所在:磁县南响堂寺第二层第四窟外门上。

备考:前半有承安四年磁州节度副使等刻字。

元

元中统年 "大元国厂平路"施主题名

所在:武安县崔炉乡观音寺崖。

备考:记文仅数十字,余均题名。

元延祐三年(公历一三一六)峯泉和尚认法亲诗残石刻(碑)

所在:武安县常乐寺大殿前。

备考:诗后有刻石年月及劝缘僧等刻字。 案《艺风堂金石文字目》卷十六名 "峯泉和尚诗,"云"延祐三年三月十六日,在河南武安南四十里常乐寺。"今审视石刻 "十六日"三字,似作"二十六日,"然因稍泐,不敢定。

元泰定四年(公历一三二七)化乐寺行愿碑(碑)

所在:磁县彭城镇下竹林寺内。

备考:冯宗衍撰,□祀篆额,史奕书丹。碑额题 "化乐寺行愿碑"六篆字。碑阴为施主题名,无题额。

元至顺元年(公历一三三〇)萧处仁等题名

所在:磁县南响堂寺第二层第五窟门框。

备考:题名刻门框花纹边上。

明

明成化四年(公历一四六八)赵福刚舍身记
所在:武安县北响堂寺顶风门岭。
备考:此记当有像,见上"下寺庄张氏舍身记"条。

明成化二十三年(公历一四八七)武安县常乐寺施主题名(碑)
所在:武安县常乐寺大殿前。
备考:碑额"众僧发心"四正字。

明成化二十三年(公历一四八七)重修鼓山智力寺碑记(碑)
所在:武安县常乐寺大殿前。
备考:僧福全撰,刘浩书。碑额题"重修鼓山常乐寺碑记"九正字。

明弘治二年(公历一四八九)重修响堂寺金妆当阳佛一龛记
所在:武安县北响堂寺北堂南窟窟内前壁。
备考:像、记大部尚完整。像旁尚有"香花自在力王佛"等题字,不另见。

明弘治二年(公历一四八九)僧德增金装千佛题记
所在:武安县北响堂寺南堂门内北齐"无量义经"下。
备考:旁有"徐祖庆等记游题名"等二种。

明弘治二年(公历一四八九)曹福妻连氏妆修金当阳佛记
所在:武安县北响堂寺南堂门内。
备考:记刻北齐"无量义经"下。

明弘治三年(公历一四九〇)重修常乐寺祖师堂碑阴题名记(碑)
所在:武安县常乐寺西廊房南首。
备考:王愈撰,沙门可德书。碑额题"重修祖师堂记"六正字。碑阴为施主题名,首行题"重修常乐寺妆塑祖师题名记,"顶有观世音造像,平刻。

明弘治三年(公历一四九〇)化乐寺石柱记(石柱)

所在:磁县彭城镇下竹林寺。

备考:记刻柱上,共两方,余皆花纹。

明弘治三年(公历一四九〇)磁州留旺里泉子头妆修千佛题名记

所在:武安县北响堂寺南堂门内左边。

备考:记刻北齐"无量义经"下。

明弘治四年(公历一四九一)重修鼓山常乐寺住持明朗发心炮砌殿台记(碑)

所在:武安县常乐寺大殿前阶旁。

备考:文中自首至第八行"郝雷"字下落"磁州义井里程文胤……"文一段,横刻上边,以。做引入符号。

明弘治四年(公历一四九一)赵安闫氏等修像题名记

所在:武安县北响堂寺南堂外东南角北壁。(即南堂左窟。)

备考:案"弘"字虽泐,然当为"弘治"无疑。上方刻有董元绚等造像记。

明弘治十年(公历一四九七)重修券石门记(碑)

所在:武安县北响堂寺北堂外左窟窟门上。

备考:记上横刻,"南无阿弥陀佛"六正字。

明弘治十年(公历一四九七)重修化乐寺碑(碑)

所在:磁县彭城镇下竹林寺内。

备考:碑阴为本寺开山历代祖师题名。

明弘治十七年(公历一五〇四)创建北堂记(碑)

所在:武安县北响堂寺北堂左面。

备考:何铮书丹。额题"创建北堂碑记"六正字。

明正德十年(公历一五一五)李青及王氏造观世音像等记十种

所在:武安县北响堂寺中堂佛龛右边。

备考:本院因其像相同,仅拓其一种,记十种全拓,故尚有"磁州滏源里东南庄陈监与妻韩氏"等造像记。惟其中张志得等一记,亦有相同年月,兹不另见。

明正德十年(公历一五一五)至十三年鼓山响堂补修圣像遗记等残刻八种

所在:武安县北响堂寺中堂左边。

备考:石刻共八种,按其年月最早为正德十年,最晚为正德十三年,但有七种为施主题名,故从略,不另见。

明正德□年重修券石门记

所在:武安县北响堂寺天宫风门岭右边。

备考:上横刻"南无阿弥陀佛"六正字,字体较大。

明嘉靖元年(公历一五二二)创建伽蓝堂记

所在:武安县北响堂寺关帝窟内右壁。

备考:僧义得书。

明嘉靖二年(公历一五二三)启造三十五佛观音菩萨伽蓝金妆完备碑记

所在:武安县北响堂寺关帝窟内左壁。

备考:碑记无正文,仅一"武安县落阳里和村镇何家庄功德施主题名。"

明嘉靖三年(公历一五二四)勅鼓山常乐寺碑记(碑)

所在:武安县常乐寺大殿前。

备考:抱元道人(明宗室)撰,李洞清书。碑阴刻于同年十二月。额正书八字。

明嘉靖七年(公历一五二八)磁州阻雪诗(碑)

所在:磁县文庙后殿明伦堂内。

备考:夏言撰并书。

明嘉靖十年(公历一五三一)常乐寺创建钟楼记(碑)

所在:武安县常乐寺大殿前。

备考:高纬撰,李晟书。额题"钟楼碑记"四篆字。碑阴额题"南无阿弥陀佛"六正字,无记文,仅为施主题名。

明嘉靖二十四年(公历一五四五)登天宫题诗(碑)

所在:武安县北响堂寺北堂外鱼池内。

备考:龙坡山人撰并书。 据栗永爵游天宫题诗,有次刘龙坡韵等语,可知山人姓刘。

明嘉靖三十一年(公历一五五二)重修水浴寺祖师殿记(碑)

所在:武安县薛村水浴寺内。

备考:张应中撰。

明嘉靖三十六年(公历一五五七)磁州科甲题名记(碑)

所在:磁县文庙后殿明伦堂外。

备考:□□□撰,李世清篆额并书。篆额九字。碑阴字几尽灭,惟首末两行有"东抵千户所南北直墙,西抵本学南北直墙"等字。下有"贺王李牛"等姓残字,疑本为题名,后经磨刻记学宫地界者。

明嘉靖四十三年(公历一五六四)智力寺重修地藏十王殿施主题名(碑)

所在:武安县常乐寺地藏殿右壁。

备考:记无正文,仅一施主题名。

明嘉靖四十三年(公历一五六四)和鼓山常乐寺碑记(碑)

所在:武安县常乐寺大殿前。

备考:记无正文,仅一施主题名。

明嘉靖四十四年(公历一五六五)创建响堂寺石栏杆记(碑)

所在:磁县南响堂寺第二层第一窟外面左边。

备考:额题"创建石栏杆记"六篆字。

明嘉靖四十五年(公历一五六六)秋游响堂寺登危阁题诗(碑)

所在:磁县南响堂寺禅房。

备考:栗永爵撰并书。

明嘉靖四十五年(公历一五六六)游天宫题诗(碑)

所在:武安县北响堂寺北堂外北龙洞旁。

备考:栗永爵撰并书,李一廉等刻石,并有韩永淳跋。

明隆庆三年(公历一五六九)住持会中修造佛堂记(碑)

所在:武安县薛村水浴寺后殿内南壁左边。

明隆庆五年(公历一五七一)孙自新等施石供桌记(石供桌)

所在:武安县常乐寺地藏殿。

备考:记文外为全桌花纹。

明隆庆五年(公历一五七一)重修磁州武安县古刹鼓山水浴寺记(碑)

所在:武安县薛村水浴寺前殿。

备考:韩永淳撰,韩范书丹,韩魏篆。碑下角有"文翰传家"及"大宋元勋后裔武安韩氏之记"两篆印。

明隆庆五年(公历一五七一)常乐寺水陆大斋记(石香亭方柱)

所在:武安县常乐寺大殿前石香亭柱之四周。

备考:拓本共四纸。

明万历元年(公历一五七三年)武安县和村里鼓山常乐寺重修佛殿碑记(碑)

所在:武安县常乐寺大殿外。

明万历三年(公历一五七五)大明赵藩内伴读宋公墓志铭(墓志)

所在:磁县民众教育馆。

备考:徐麟趾撰,赵应元书篆。疑有篆盖,今缺。

明万历六年(公历一五七八)石门供桌等题名

所在:武安县第八区青烟寺村法华洞。

备考:又刻有宋雍熙造石堂石室并罗汉五百等记。

明万历七年(公历一五七九)重修水浴寺前殿记(碑)

所在:武安县薛村水浴寺大殿前。

备考:张世杰撰,郑汝心篆额,张世儒书。篆额为"重修水浴寺记"六字。

明万历十五年(公历一五八七)张应登题诗

所在:武安县北响堂寺南堂左边立像旁。

备考:诗外尚刻有"住持玄朋……""左善安六十三"等小字,正书。非同时刻。不另见。

明万历十五年(公历一五八七)升明伦堂谕诸士子诗(碑)

所在:磁县文庙后殿明伦堂内壁。

备考:张应登撰并书。

明万历十五年(公历一五八七)登昆山明月阁观泉诗(碑)

所在:磁县彭城镇黑龙洞。

备考:张应登撰并书。

明万历十五年(公历一五八七)响堂寺题诗(碑)

所在:磁县南响堂寺三层廊外。

备考:张应登撰并书。后尚有督工人题名。"响堂寺"三字下有"寺创隋开皇时有石锣鼓声"十一字。

明万历十五年(公历一五八七)游滏水鼓山记(碑)

所在:武安县北响堂寺北堂外北龙洞旁。

备考:张应登撰,于承庆篆额,陈珙书。碑阴有管工官等题名,额不见。

明万历十五年(公历一五八七)游高欢避暑宫诗(碑)

所在:武安县常乐寺大殿前。

备考:张应登撰并书。

明万历二十六年(公历一五九八)南北响堂寺金圣像碑记(碑)

所在:武安县北响堂寺北堂右墙。

备考:李尚宾撰文,常登书额,李守贵书丹。额係"南北响堂金佛碑记"正书八字。

明万历四十二年(公历一六一四)王三奇施地记(碑)

所在:武安县北响堂寺北堂外北龙洞外。

备考:额题正书"佛"字。

明万历四十三年(公历一六一五)重修龙王殿碑记(碑)

所在:武安县北响堂寺北堂北龙洞旁。

备考:记无正文,全为施主题名。

清

清康熙五年(公历一六六六)重修祖师殿碑文(碑)

所在:武安县常乐寺西廊房北。

备考:李恒撰,韩体乾书。额为"祖师堂"三正字。

清康熙十九年(公历一六八〇)响堂寺香火地碑记(碑)

所在:磁县南响堂寺下层第一窟窟外右边。

备考:额题"碑记"二正字。据本院调查,谓碑面不能拓,此为碑阴云。

清康熙二十一年(公历一六八二)重修鼓山圣境碑记(碑)

所在:武安县北响堂寺北堂外北龙洞旁。

备考:碑阴为施主题名。

清康熙三十五年(公历一六九六)响堂山庄严佛像记(碑)

所在:武安县北响堂寺北堂外左边。

备考:碑额题"金妆佛像碑记"六正字。"康熙三十五年"一行前尚有"康熙三十七年重修建全立"题记一行,疑立碑后重修时刻,盖碑末无隙地,故刻于前。

清康熙三十五年(公历一六九六)武安县鼓山常乐寺重建□□大殿记(碑)

所在:武安县常乐寺大佛殿前。

备考:任克浩撰,申飞鹏书。碑额为"重建碑记"四正字。

清康熙三十七年(公历一六九八)鼓山常乐寺金塑佛像记(碑)

所在:武安县常乐寺大殿前。

备考:任克浩撰,杜引年书。碑额题"碑记"二正字。

清康熙三十七年(公历一六九八)常乐寺金妆佛像记(碑)

所在:武安县常乐寺大殿前。

备考:万世新撰,李占科书。

清康熙三十八年(公历一六九九)常乐寺金妆西尊佛像及后海诸天记(碑)

所在:武安县常乐寺大殿前。

备考:任克浩撰,李德恭书。碑额题"万代流芳"四正字。

清康熙四十年(公历一七〇一)重金鼓山中堂佛像记(碑)

所在:武安县北响堂寺中堂外。

备考:申嘉勋撰。碑额题"碑记"二正字。碑阴为施主题名,其额题"重金佛像"四正字。

清康熙五十二年(公历一七一三)曲沟香社重金佛像并修门记(碑)

所在:武安县北响堂寺北堂外右边。

备考:赵相宗撰并书。

清康熙五十八年(公历一七一九)重修靠山阁碑记(碑)

所在:武安县北响堂寺中堂外。

备考:案立石时间在雍正十年六月。碑额题"阿弥陀佛"四正字。

清雍正二年(公历一七二四)重修三堂圣功记(碑)

所在:武安县北响堂寺北堂外。

备考:额题"三堂碑志"四正字。

清雍正四年(公历一七二六)重金佛像志(碑)

所在:武安县北响堂寺北堂外。

备考:霍瓯撰,僧圆昌书。额题"碑记"二正字。

清雍正八年(公历一七三〇)建修菩萨阁碑记(碑)

所在:武安县北响堂寺中堂外左边。

备考:吕绶撰文,李□恭书丹。额篆书"创建"二字。

清乾隆　年(公历一七三八)①创建天王殿碑记(碑)

所在:武安县北响堂寺南天门外左边。

备考:傅万骥撰,傅金声书。额题"碑志"两正字。

清乾隆二十一年(公历一七五六)重金中堂佛像碑记(碑)

所在:武安县北响堂寺中堂外。

备考:董国栋撰,栗万春书。额题"碑记"二正字。碑阴为施主题名,其额题"碑阴"二正字。

清乾隆二十二年(公历一七五七)修葺大佛殿记(碑)

所在:武安县常乐寺大殿内。

备考:张作肱撰。

---

①(根据"公历一七三八"推测,前为"清乾隆三年"——编者按)。

清乾隆三十年(公历一七六五)金妆关圣帝君碑记

所在:武安县北响堂寺关帝窟内。

备考:额题"碑记"二正字,实仅施主题名,无记文。

清乾隆五十年(公历一七八五)重修大佛序(碑)

所在:武安县常乐寺大殿外。

备考:李裕中撰,李迎春书。

清嘉庆二年(公历一七九七)补修响堂寺并建□楼纪事诗(碑)

所在:磁县南响堂寺三层钟楼上。

备考:胡印瑗撰并书。 碑末跋语中有"与刘殿臣补修响堂之便,持建□楼以补景物之缺"云云。

清嘉庆二十二年(公历一八一七)贾德宣题名(碑)

所在:武安县北响堂寺南堂上。

清道光九年(公历一八二九)"随佛龙"题字(碑)

所在:武安县北响堂寺北堂外下层门框上。

备考:仅横刻"随佛龙"三大字及旁题"道光九年重修立"七字。

清咸丰九年(公历一八五九)"孚佑帝君之位"石刻(石主)

所在:磁县南响堂寺第二层第一窟里间中。现存晋女祠东庑。

备考:篆书。

清同治八年(公历一八六九)重修三世佛殿灵官殿等记(碑)

所在:武安县北响堂寺北堂外左边。

备考:杜方润撰,杜延龄书。

清光绪二年(公历一八七六)重修响堂寺碑记(碑)

所在:磁县南响堂寺三层廊外。

备考:程光滢撰,王道隆书。额题"碑记"二正字。碑阴系题名,额题"碑记"二隶字。

清光绪九年(公历一八八三)李春和等施佛像记(碑)

所在:武安县薛村水浴寺地藏殿前。

备考:刘步青撰,成锡文书。

清光绪十二年(公历一八八六)重修北堂南楼灵官序(碑)

所在:武安县北响堂寺北堂下鱼池旁。

备考:武声骏撰,董泽之篆额。李继善、王印川书丹。碑额题"碑志"二篆字。碑阴为施主题名。

清光绪二十二年(公历一八九六)重修响堂寺碑记(碑)

所在:磁县南响堂寺三层廊外。

备考:阎庭榆撰,沈承烈书。碑额"重修"二正字。碑阴为施主题名,额为阳文"碑阴"二正字。

清光绪二十八年(公历一九〇二)"供奉柳仙之位"石刻(石主)

所在:磁县南响堂寺第二层第一窟里间中。现存晋女祠东庑。

备考:篆书。

清光绪三十四年(公历一九〇八)重修瘟神庙记(碑)

所在:磁县南响堂寺三层廊外。

备考:刘沅撰,李泽棠书。高尚德篆额。额题"重修"二正字,不见篆书,亦非经磨刻也。

民国

民国三年(公历一九一四)重证水浴寺乡和地记(碑)

所在:武安县薛村水浴寺内。

备考:杜月卿撰,张润身书丹并序。碑额题"水浴寺碑铭序"正书六字。碑阴有记文及地亩施主题名等。

民国八年(公历一九一九)重修响堂寺碑记(碑)

所在:武安县薛村水浴寺禅房东空地。

备考:张培德书。

民国九年(公历一九〇二)[①]重修武安县鼓山响堂常乐寺碑记(碑)

所在:武安县常乐寺大殿内。

备考:刘坊撰,何凤楼书。

民国十四年(公历一九二五)补修常乐寺北堂石佛序(碑)

所在:武安县北响堂寺北堂外。

备考:何本善撰并书。

民国十四年(公历一九二五)补修佛像记(碑)

所在:武安县北响堂寺北堂外右边。

备考:何本善撰,何凤楼书丹。额题"志善"二正字。

民国二十二年(公历一九三三)补修佛殿记(碑)

所在:磁县南响堂寺第三层三大士殿内右壁。

备考:李泽棠撰,柴型书。

(附)

太□元年三月□□造像

所在:磁县南响堂寺第二层第四窟外右边。

备考:记文左行。字迹漫灭颇甚。"太"字下似"初"字,又似"和"字,究为何字不明,故年代不敢定,姑附刻于此。记下有"许怀妻姬四海等造像","郭□隆造像"两种。

---

① (根据"民国九年"推测,后为"公历一九二〇"——编者按)。

造像记及碑碣类下(无年月)

造像

侯元亮等字造像

所在:武安县北响堂寺南堂外左窟内左壁。

备考:"侯元亮"等字疑后刻,原记殆已磨灭。案此地点(即"所在")之造像共有三龛。以后每一地点之造像,最多者至十八龛,少则亦一龛以上。但不再列举。

董元绚等造像

所在:武安县北响堂寺南堂外左窟内右壁。

备考:尚有"□治四年五月武安县固以里茶□村施主信人"等题名记。案《河朔访古新录》卷五名"董元约兄弟为慈□造像,"云"无年月,"列入隋代。兹审视石刻"约"字为"绚"字之误,而《河朔金石目》卷四,且误落"元"字,但亦定为隋刻。

"仲邈生"等字造像

所在:武安县北响堂寺南堂外左窟内正壁。

备考:记之上方有隋大业七年为亡妻造像记。

造像

所在:武安县北响堂寺南堂门框外上左边。

造像

所在:武安县北响堂寺南堂门外左面经上。

备考:有隶书"或时 于"三字在上侧,似刻经中字。

造像

所在:武安县北响堂寺南堂门外左面经上。

造像

所在:武安县北响堂寺南堂门外左面经上。

造像

所在:武安县北响堂寺南堂门外右面经上。

造像

所在:武安县北响堂寺南堂门外右面经上。

造像

所在:武安县北响堂寺南堂门外右面经上。

造像

所在:武安县北响堂寺南堂门外右面经上。

造像

所在:武安县北响堂寺中堂左面方柱龛下。

造像

所在:武安县北响堂寺中堂右边万花洞。

备考:有像,无题记。

造像

所在:武安县北响堂寺北堂内前壁右边下。

造像

所在:武安县北响堂寺北堂内左壁。

"赵福刚影"等字造像

所在:武安县北响堂寺顶风门岭。

备考:像之两侧有"赵福刚影""石匠黄福祥"两行题记。像下有"武安县下寺庄张氏舍身记"一。疑记与像非同时物。(详见上"金大定十六年张氏拾身记"条。)①

_____

① ("拾身记"当为"舍身记"。——编者按)

造像

所在:武安县薛村水浴寺西窟内前壁左边。

造像

所在:武安县薛村水浴寺西窟内前壁左边。

备考:像共五层,上二层为佛像,下三层为造像人刻像。

韩贵妃等造像

所在:武安县薛村水浴寺西窟内前壁左边。

备考:像共九层,上四层为佛像,下五层为造像人刻像。再下为另一造像,共七尊。

昭玄大统定禅师等造像

所在:武安县薛村水浴寺西窟内前壁右边。

备考:像共九层,上四层为佛像,下五层为造像人刻像。

造像

所在:武安县薛村水浴寺西窟内右壁前。

备考:像共十八层,上十四层为佛像,下四层为造像人刻像。本院因佛像上下相同,故仅拓其一层。

造像

所在:武安县薛村水浴寺西窟内右壁后。

备考:像共七层,上三层为佛像,下四层为造像人刻像。本院因佛像上下相同,故仅拓其一层。

造像

所在:武安县薛村水浴寺西窟内右壁北后。

备考:像共五层,上二层为佛像,下三层为造像人刻像。

刘阿妃等造像

所在:武安县薛村水浴寺西窟左壁佛龛前边南首下。

备考:像共十一层,上九层为佛像,下二层为造像人刻像。本院因佛像上下相同,故仅拓其两层。又刘阿妃三字隐约可辩,余皆磨灭不可识。

造像

所在:武安县薛村水浴寺西窟内左边佛龛下。

造像

所在:武安县薛村水浴寺西窟内右边佛龛下。

邢曹村韩岩等造像

所在:武安县青烟寺村法华洞。

备考:像均罗汉像,共五百余尊,本院仅拓其一部。又法华洞右边有□享□村何建等造像记。

造像

所在:磁县南响堂寺下层第一窟前壁门框上部。

张思□等造观音像

所在:磁县南响堂寺下层第一窟正面佛龛幔下。

备考:无年月可考。

"敬造弥勒坐藏菩萨"等字造像

所在:磁县南响堂寺下层第一窟右佛龛。

备考:像记年月等磨灭无考。

"□敬造佛□□"等字造像

所在:磁县南响堂寺下层第一窟右佛龛。

备考:像记之右侧下方有"敬造弥勒坐藏菩萨"等字造像记。

造像

所在:磁县南响堂寺下层第一窟前壁右边。

拾肆娘造像

所在:磁县南响堂寺下层第一窟左壁前。

备考:案像记字体当为唐刻。上方右侧有唐开元五年□□造像记。

造像

所在:磁县南响堂寺下层第一窟右壁佛龛下。

造像

所在:磁县南响堂寺下层第二窟前壁左上。

造像

所在:磁县南响堂寺下层第二窟后壁右边上。

造像

所在:磁县南响堂寺下层第二窟后壁右边。

造像

所在:磁县南响堂寺下层第二窟左壁前下。

造像

所在:磁县南响堂寺下层第二窟左壁前二。

造像

所在:磁县南响堂寺下层第二窟左壁后面上。

造像

所在:磁县南响堂寺下层第二窟右壁前上。

造像

所在:磁县南响堂寺下层第二窟右壁前下。

造像

所在:磁县南响堂寺下层第二窟右壁后面上一。

造像

所在:磁县南响堂寺下层第二窟右壁后面上二。

造像

所在:磁县南响堂寺下层第二窟佛龛右边后。

造像

所在:磁县南响堂寺下层第二窟佛龛左边后。

统定禅师造六十佛像

所在:磁县南响堂寺下层第二窟佛龛右边下。

备考:稍下有"岁次辛丑……李为"等刻字。余尚刻有唐神龙元年三月赵祖福造阿弥陁佛像一铺题记。案《畿辅碑目》卷上有"定禅师佛号大字摩崖,"疑即此刻,因字体确较其他稍大也。至"统"字因缺泐过半,故《碑目》略之。

造像

所在:磁县南响堂寺第二层第一窟外间正面右边。

造像

所在:磁县南响堂寺第二层第一窟外间前壁右边上。

造像

所在:磁县南响堂寺第二层第一窟外间后壁左边。

备考:像之上方似有花纹,但已磨灭不明。

造像

所在:磁县南响堂寺第二层第一窟外间后壁右边。

造像

所在:磁县南响堂寺第二层第一窟外间右壁前。

造像

所在:磁县南响堂寺第二层第一窟外间右壁前上。

造像

所在:磁县南响堂寺第二层第一窟外间右壁中。

造像

所在:磁县南响堂寺第二层第一窟外间右壁后。

备考:像、记均不见,隐约尚存笔迹。

造像

所在:磁县南响堂寺第二层第一窟里间前壁左边。

造像

所在:磁县南响堂寺第二层第一窟里间后壁下。

造像

所在:磁县南响堂寺第二层第一窟里间左壁前。

造像

所在:磁县南响堂寺第二层第一窟里间右壁下。

造像

所在:磁县南响堂寺第二层第一窟外碑旁。

"堪颠珉□"等字造像

所在:磁县南响堂寺第二层第二窟外左边。

备考:刻有"堪颠珉□□属安乐……"及下方横刻"□□□六月……"等题记。

"恭妻姜"等字造像

所在:磁县南响堂寺第二层第二窟外左边。

备考:此像有记。其上方有"堪颠珉□"等字造像记。

菩萨主贵乡县人康法乐造像

所在:磁县南响堂寺第二层第二窟外左边上。

造像

所在:磁县南响堂寺第二层第二窟外左边。

造像

所在:磁县南响堂寺第二层第二窟外左边二。

造像

所在:磁县南响堂寺第二层第二窟外门头上。

□□造弥 勒像

所在:磁县南响堂寺第二层第二窟外门框右边。

备考:有"……造……◯佛弟子……弥勒像一铺供……"等字,但漫漶已甚。

"东兰"等字造像

所在:磁县南响堂寺第二层第二窟门框左边。

备考:像上有"□东兰□□□□"七字,疑后人刻。

造像

所在:磁县南响堂寺第二层第二窟内右门洞侧。

造像

所在:磁县南响堂寺第二层第二窟门洞右侧。

造像

所在:磁县南响堂寺第二层第二窟前壁右边。

造像

所在:磁县南响堂寺第二层第二窟右壁前。

冯子昌造像

所在:磁县南响堂寺第二层第二窟右壁前。

"清信女"等字造象记

所在:磁县南响堂寺第二层第二窟内正面壁上左边。

备考:案"世主""清信女"等称谓,似为造象记,但象已无存。《艺风堂金石文字目》卷二名 "清信女爱公主造象,"云"正书,"不注年月。地点则谓在直隶磁州南响堂山。

李华晖造观世音像

所在:磁县南响堂寺第二层第二窟内正面右边。

备考:旁有曹子绪等刻字两行,疑非同时物。案《艺风堂金石文字目》卷二名地均同,云"正书,左行。"不注年月。定为隋刻。

陈□冯中仁等造像

所在:磁县南响堂寺第二层第二窟内左壁佛龛下。

备考:像有题记,年月不明,惟见 "陈□""冯中仁"等人名,位于

武周长安四年三月 "□子龠及诸□等"造像记之旁。

造像

所在:磁县南响堂寺第二层第三窟正面龛下。

造像

所在:磁县南响堂寺第二层第三窟左佛龛下。

造像

所在:磁县南响堂寺第二层第三窟右壁佛龛。

"杨元""曹福"等字造像

所在:磁县南响堂寺第二层第四窟外左边。

备考:案"阳元"等刻字,似为造像时原刻,"曹福"等字,则为后人加刻。

造像

所在:磁县南响堂寺第二层第四窟外左边上一。

造像

所在:磁县南响堂寺第二层第四窟外右边上二。

造像

所在:磁县南响堂寺第二层第四窟外左边下一。

造像

所在:磁县南响堂寺第二层第四窟外左边下二。

造像

所在:磁县南响堂寺第二层第四窟外左边下三。

郭□隆造像

所在:磁县南响堂寺第二层第四窟外右边。

备考:记文左行,下有 "许怀妻,姬四海等造像," 上有"太初元年三月□□造像"。

许怀妻及姬四海等造像

所在:磁县南响堂寺第二层第四窟外右边。

备考:上有"太初元年三月□□造像""郭□隆造像"两种。

郭方造像

所在:磁县南响堂寺第二层第四窟左壁佛龛下。

备考:像有记,在像之上方右角。

仲方妻造像

所在:磁县南响堂寺第二层第四窟左壁佛龛下。

备考:像有记,在郭五郭方二种造像记之间偏下。(亦在造像之间。)

郭五造像

所在:磁县南响堂寺第二层第四窟左壁佛龛下。

备考:像外题记三处,字多漫灭,年月无考。

造像

所在:磁县南响堂寺第二层第五窟外门框左面一。

造像

所在:磁县南响堂寺第二层第五窟外门框左边二。

造像

所在:磁县南响堂寺第二层第五窟外门框左边三。

造像

所在:磁县南响堂寺第二层第五窟外门框右边。

造像

所在:磁县南响堂寺第二层第五窟正面佛龛下。

造像

所在:磁县南响堂寺第二层第五窟左佛龛下。

造像

所在:磁县南响堂寺第二层第五窟右佛龛下。

造像

所在:磁县南响堂寺石窟右边第七龛西北角。

造像

所在:磁县南响堂寺石窟右边第七龛外右边。

备考:无题记年月,因与崔相公人户綦珪弥勒佛造像题名同在一洞,恐为同时。

刻像

门壁刻画(一)

所在:武安县北响堂寺北堂窟内左边门旁。

备考:画只具轮廓,眉目不清,隐约有梳髻作丫角形,殆为故事画之类。

门壁刻画(二)

所在:武安县北响堂寺北堂窟内前壁右边。

备考:刻画与(一)同,隐约有冠服形。人像上刻有"好个非常化乐天,"七律残诗一首,但无年月人名,当属后人刻。

飞天

所在:武安县北响堂寺南堂门框上。

门楣天女刻像

所在:武安县薛村水浴寺第二窟外门头上。

备考:八部龙天中,有天女散花像,为佛说法时仪从。此像手执莲花,飞翔空中,又刻于佛龛门楣上,疑即"天女像,"或谓为"飞天"像,非。

佛龛门框刻像

所在:磁县南响堂寺下层第一窟大佛龛前面。

备考:形似佛幔,刻有花纹及造像等。

门框石柱飞天

所在:磁县南响堂寺第二层第三窟外门框。

涅槃像

所在:磁县南响堂寺第二层第三窟内前壁门框上。

备考:俗名十僧哭佛图。像与北响堂水浴寺赵殷妻造"双林相"同,但此石无记。

飞天

所在:磁县南响堂寺第二层第三窟顶上。

飞天

所在:磁县南响堂寺第二层第五窟外门框上。

乐部天女刻像

所在:磁县南响堂寺第二层第五窟中间顶上。

"太子贝多王□"等字刻像

所在:磁县民众教育馆东庑。

备考:此石刻,佛坐菩提树下说法及众佛环坐并乘马等像,疑为"舍卫国太子布金给孤园"故事。

乐部天女残画像

所在:磁县彭城镇下竹林寺殿前右边。

备考:石为经幢残座,正面中间有似平刻佛像一躯,磨灭几不可见。

背光

背光

所在:武安县北响堂寺南堂正面佛龛。

背光

所在:武安县北响堂寺南堂左面佛龛内。

背光

所在:武安县北响堂寺中堂正面佛龛。

背光

所在:武安县北响堂寺中堂正面佛龛。

备考:门框侧,隐约似刻有"磁"字。

背光

所在:武安县北响堂寺中堂佛龛右佛光。

背光

所在:武安县北响堂寺北堂正面佛龛。

背光

所在:武安县薛村水浴寺东窟内左佛龛。

背光

所在:武安县薛村水浴寺东窟内正面佛光。

背光

所在:武安县薛村水浴寺东窟内右龛内。

背光

所在:武安县薛村水浴寺西窟内正面龛内。

背光

所在:武安县薛村水浴寺西窟右边龛内。

备考:像已失,仅余背刻三种。

背光

所在:武安县薛村水浴寺西窟内左壁龛内。

背光

所在:磁县南响堂寺第一窟正面佛龛内。

备考:上有天女像。

背光

所在:磁县南响堂寺下层第二窟大佛龛。

佛幔

佛幔

所在:武安县北响堂寺南堂正面。

佛幔

所在:武安县北响堂寺南堂左边佛龛。

佛幔

所在:武安县北响堂寺南堂右边佛龛。

佛幔

所在:武安县薛村水浴寺西窟内正面。

佛幔

所在:磁县南响堂寺第二层第三窟正面。

备考:花纹并造像。

佛幔

所在:磁县南响堂寺第二层第三窟左壁佛龛。

备考:上有佛像。

佛幔

所在:磁县南响堂寺第二层第三窟正面左右侧幔子。

佛幔

所在:磁县南响堂寺第二层第三窟右壁佛龛。

备考:花纹兼造像。

佛幔

所在:磁县南响堂寺第二层第五窟正面。

佛幔

所在:磁县南响堂寺第二层第五窟左壁佛龛。

备考:花纹兼佛像。

佛幔

所在:磁县南响堂寺第二层第五窟右壁佛龛帐幔。

备考:花纹并造像。

佛龛

佛龛雕刻

所在:武安县北响堂寺南堂上天宫下。

备考:像已缺泐不明。

佛龛雕刻

所在:武安县北响堂寺北堂左壁第二龛。

平雕

所在:武安县北响堂寺北堂右壁后壁龛下。

备考:刻有莲花人物等。

石桌

石供桌花纹

所在:磁县南响堂寺第二层第一窟外间。

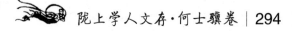

石香炉

石香炉鸟形花纹

所在:磁县南响堂寺第二层第一窟里间正面。

石柱

"如来妙色身"等字石柱残刻

所在:武安县北响堂寺南堂外左边。

备考:石柱原有六面,一半为石墙所掩,(此墙系后人用石砌成,以保护窟门者。)故只有三面能拓,文字时代等未明。案《艺风堂金石文字目》卷二名"石柱佛名,"云"在直隶,"不注年月。定为隋刻。

"舍首陀"等字石柱残刻

所在:武安县北响堂寺南堂二门左面石柱。

备考:柱共四面。末刻有"贞元十八年七月一日李恒,"(案恒字又似垣字?)等字,与正文不类,恐系后刻。案《河朔金石目》卷四,及《河朔访古新录》卷五,名"石柱佛号刻字,"云"三面刻,无年月。又唐贞元六年七月李恒题名,正书。"以石柱佛号定为北齐刻,以李恒题名定为唐刻,(案唐代类顾氏另定专名曰"李恒题名。")不与同时,是也。但云"六年"实为"十八年"之误。《艺风堂金石文字目》卷二名"石柱佛名,"云"在直隶,"不注年月。定为隋刻。

门壁

门框花纹

所在:武安县北响堂寺南堂门框。

门框花纹

所在:武安县北响堂寺中堂门框。

壁上平雕

所在:武安县北响堂寺北堂左壁龛下。

备考:刻有莲花人物等。

门框花纹

所在:磁县南响堂寺下层第一窟门框。

备考:下刻有"天祐十八年苏□君"等字与造像等。

门框花纹

所在:磁县南响堂寺下层第二窟门框。

门框花纹

所在:磁县南响堂寺第二层第三窟门框上。

门框花纹

所在:磁县南响堂寺第二层第三窟窟外门框上。

门框花纹

所在:磁县南响堂寺第二层第五窟门框。

备考:旁有元至顺萧处仁等题名。

门框花纹

所在:磁县南响堂寺第二层第五窟门框。

石门

所在:磁县民众教育馆。

备考:仅一门框,无花纹等。

石床

石床花纹

所在:磁县民众教育馆。

备考:有佛像及飞兽等。

石座

经幢石座雕刻

所在:磁县彭城镇下竹林寺内左边。

备考:有执乐器等造像。

经幢石座雕刻

所在:磁县彭城镇下竹林寺内右边。

备考:有造像,花纹,宝塔等。

残石刻及题记

"琳书"等字残石刻

所在:武安县北响堂寺半山坡小龛上一。

"大空王佛"题字

所在:武安县北响堂寺南堂上。

备考:大空佛三字皆用双钩。

"宝火佛"题字

所在:武安县北响堂寺南堂上。

"无垢佛"题字

所在:武安县北响堂寺南堂上。

备考:字皆双钩。

十二部经名等刻石

所在:武安县北响堂寺南堂上。

备考:案《河朔金石目》卷四及《河朔访古新录》卷五名"十二部经名刻石,"又将石上方所刻弥勒佛师子佛明炎佛三佛名名为"弥勒佛师子佛明炎佛名刻石,"谓均无年月,北齐刻,在北响堂寺。《艺风堂金石文字目》卷二(隋)名"十二部经名,"无年月地点。又有"三佛名大字"一目,似亦指同石上方所刻之弥勒、师子、明炎等三佛名而言,虽无年月,然尚有地点云"在直隶磁州鼓山。"不知缪氏何以一石而地点有知有不知也?岂缪氏仅据分割之拓本为之,抑所谓"三佛名大字,"乃"大空王佛""宝火佛""无垢佛"三佛名耶?姑志之以存疑。

赵氏王氏等字残石刻

所在:武安县北响堂寺南堂上。

备考:题名下刻莲花,似为造像残石。

"二千成"等字残刻

所在:武安县北响堂寺南堂窟前地上。

大圣十号残字

所在:武安县北响堂寺南堂上边左边。

备考:案《河朔金石目》卷四及《河朔访古新录》卷五,名"大圣十号残刻,"云"分书无年月,"定为北齐刻。

曹礼造塔记

所在:武安县北响堂寺南堂外右壁前边。

备考:文似"造塔记",但系摩崖,位于"唐邕写经记"旁,又记上有佛龛一座,只因文多磨灭,所记究系何事不明。案《河朔金石目》卷四名"曹礼摩崖塔记,"《河朔访古新录》卷五,名"曹礼残塔记,"同云"正书,年月泐,"列入隋代。

登智力寺十方题诗

所在:武安县北响堂寺南堂外左面。

备考:郑迥撰。外有耿休等题记三种。又是等题记两侧有花纹,上凿龙纹,作碑头形。不另录。案石刻有昭义军节度参军磁州刺史等官秩,又证之其旁所刻之唐代题记,虽年月不明,当为唐刻。案《河朔金石目》卷四,及《河朔访古新录》卷五,名"登智力寺十方题诗并题名,"云"郑迥撰无年月。"亦列入唐代,是也。惟释"迥"当为"迥"之误。

僧智照等题名

所在:武安县北响堂寺南堂外左面。

备考:外有耿休等题记三种。

"好个非常化乐天"残律诗

所在:武安县北响堂寺北堂窟内前壁右边。

备考:为七律残诗一首。在刻画下方。

太清观道士等残石刻(石柱)

所在:武安县北响堂寺天宫南宫门洞。

备考:下刻宋嘉祐元年刘汝言等题名。又有"□和二年滑州程崇礼题名,"不另见。

补修佛像记残石刻(碑)

所在:武安县水浴寺。

备考:孔泗滨书。

磁州昭德县鼓山水谷寺题名

所在:武安县薛村水浴寺第一窟外门框上。

游智力寺题诗(碑)

所在:武安县常乐寺禅房内。

游智力寺题名残石刻(碑)

所在:武安县常乐寺大殿前。

备考:仅存十余字,撰书人名、时代,皆不可考。

"住持牒"等字残石刻(石塔)

所在:武安县常乐寺二门外。

备考:有"□□三年十月"等字。

太上感应篇石刻(碑)

所在:武安县第九区徘徊镇老爷庙内。

备考:末刻李徵麟敬刊。字体似木锓书板,碑版中似不多见。

游鼓山响堂寺题诗(碑)

所在:磁县南响堂寺山门内墙上。

备考:高世实撰。闻系民国磁县县长。

"邢州沙河县范"等字题记

所在:磁县南响堂寺下层第一窟左壁后。

备考:记之上方有隋开皇八年"袁子才造像记"。案《畿辅碑目》卷上名"沙河县范六题名,"无年月,云在磁州。惟"范"下是否"六"字,不敢定。

"因观草创"等字残石刻

所在:磁县南响堂寺下层第二窟外柱旁。

备考:隶书。疑为记佛事之类。现因为石墙所掩,故不敢定。

阿閦等十六佛号残刻

所在:磁县南响堂寺下层第二窟左壁右壁后壁。

备考:案《艺风堂金石文字目》卷二名"十六佛名号,"不注年月地点。定为隋刻。

"善"字等造像记

所在:磁县南响堂寺下层第二窟前壁右边。

备考:右侧有武周□□造像记。

郭□题记

所在:磁县南响堂寺下层第二窟前壁右边。

备考:左侧有武周长安三年玄恭母造像记。

"师僧父母"等字造像记

所在:磁县南响堂寺下层第二窟南边东首。

备考:记在"北齐文殊般若经"旁下角。

"李为"等字造像记

所在:磁县南响堂寺下层第二窟方柱龛左边下。

备考:上刻"统定禅师敬造六十佛"记。

魏州昌乐县人刘□礼佛记

所在:磁县堂响堂寺下层第二窟正面方柱龛右边。[①]

备考:记之右侧偏上,有唐天祐十五年造像记。

"中岳嵩山九龙尊神之位"石刻

所在:磁县南响堂寺第二层第一窟里间中。现存晋女祠东庑。

备考:有横刻隶书"□□□年六月弟子郝伯雨王承桐"等字。案石刻为正书,其形制与"供奉柳仙""孚佑帝君"等石主全同,当为清代之物。

"佛弟子"等字造像记

所在:磁县南响堂寺第二层第二窟右壁前。

备考:下方有唐神龙元年四月邢义及女大娘造地藏观世音像记。

曹子绪侍佛记

所在:磁县南响堂寺第二层第二窟内北壁右边。

备考:记之右方有李华晖造观世音像记。

石堂之碑

所在:磁县南响堂寺石窟右边第七龛外右边。

备考:额题"石堂之碑"四篆字。字几尽灭,隐约可见"曾祖讳□□□令祖□□"及"特进,节度使"等字,疑为唐人墓碑。

董应芳题明月阁诗

所在:磁县彭城镇黑龙洞。

备考:董应芳撰并书。

雪后游黑龙洞诗

所在:磁县彭城镇黑龙洞。

---

① ("磁县堂"当为"磁县南"或"磁县北"。——编者按)。

备考:高世实撰,撰书人闻系民国磁县县长。

"宋程井"题字

所在:磁县文庙东庑。

备考:北平博尔多重修,析津蒋立石,字体双钩。

龟蛇图刻

所在:磁县彭城镇神麕山(俗名老爷山)老爷庙内真武像座子。

佛经类

佛经目录

涅槃经

所在:北响堂寺半山坡柏树下。

备考:北齐天统四年(公历五六八)刻。

维摩诘所说经(全)

所在:北响堂寺南堂门洞左右壁。

备考:隶书,凡六石,无年月。《畿辅通志》引《金石分域编》云:"凡六石,无年月。案'唐邕写经碑',载所写之经有《维摩诘经》一部,当即此。"今案"唐邕写经记",知是经之刻,实在天统四年与武平三年之间。又案《维摩诘经》与《维摩诘所说经》不同,响堂所刻经,实为《维摩诘所说经》。

孛经(全)

所在:北响堂寺南堂外右壁。

备考:隶书,石与《维摩诘所说经》衔接。余详"唐邕为写经记"。与上经为同时物。

胜鬘经(全)

所在:北响堂寺南堂外右壁。

备考:隶书,石与"字经"衔接。余详"唐邕为写经记"。与上经为同时物。

弥勒下生经

所在:北响堂寺南堂外。

备考:凡一石,字方二寸许。"唐邕为写经记"有《弥勒成佛经》,按《弥勒下生经》或称《弥勒下生成佛经》,唐邕所刻或即此名耶。未见著录。

无量义经

所在:北响堂寺南堂外窟内。

备考:《畿辅碑目》(卷上,)《艺风堂金石文字目》(卷二)皆谓共六石。《八琼室金石补正》(卷二十二)云:"二纸各高四尺,广三尺三寸,共三十五行,行三句,每句七字,字径一寸五分,首行较大,正书。"今只两石而已。

无量寿经

所在:北响堂寺南堂外左壁。

备考:凡一石,字方寸许。未见著录。

华严经

所在:南响堂寺下层第一窟内。

备考:此写四谛品(不全)、光明觉品、菩萨明难品、净行品四种。隶书,凡三石。《畿辅碑目》《畿辅通志》《艺风堂金石文字目》皆定为北齐刻。书法行款与《维摩诘所说经》颇相同,为北齐时物,当不误也。

文殊般若经

所在:南响堂寺下层第二窟内。

备考:凡二石,字方五寸许。《畿辅通志》《艺风堂金石文字目》等书皆著录,谓为《般若经》。但第二石实非《般若经》也。胡适之先生疑为《修行地道经》。

妙法莲华经普门品

所在:南响堂寺上层第二窟内。

备考:石凡三段,字方三寸许。《畿辅通志》云:"谨案此亦在滏山响堂寺,摩崖、八分书。《续寰宇访碑录》与《后大字佛经》皆以为隋开皇年刻,而并无确据。北齐既有唐邕写经,此碑当亦同时所造。仁和龚橙言山西风峪有石刻佛经数种,系北齐时人题款,与此出入一手。此经品凡六石,尚完好,无泐字,字径寸,瘦劲,类"太公吕望表",而整齐过之。隋朝刻石无其侈也。"(卷一四八)《畿辅碑目》亦定为隋刻,而体殊不类。惟石刻中"愍"作"愍",民字缺末笔,又似初唐物也。

佛经残字

所在:磁县南响堂寺第二层第一窟至第四窟窟上。

备考:共存佛经残字五十余字,究属何经,未明。

经幢类

经幢目录

五代汉乾祐二年(公历九四九)弥勒上生经经幢

所在:武安县东万年村龙掩寺外大树下

备考:经全,惟字多漫漶不明。

宋建隆二年(公历九六一)佛说上生兜率陁天经幢

所在:磁县彭城镇下竹林寺

备考:幢全,惟文字磨灭太甚。

宋建隆三年(公历九六二)佛顶尊胜陁罗尼经幢

所在:武安县常乐寺院内右偏。

备考:幢全,并刻佛像花纹等。惟文字漫灭太甚。案《河朔访古新录》卷五页三注以为"建德三年"刻,实为"建隆三年"之误,且宋无"建德"年号也。《河朔金石目》卷四,亦录此幢,注"建隆三年"不误。

宋乾德三年(公历九六五)佛顶尊胜陁罗尼经幢

所在:武安县常乐寺院内左偏。

备考:幢全,并刻佛像花纹等。惟文字漫灭太甚。案《河朔金石目》卷四,及《河朔访古新录》卷五亦均著录。

宋太平兴国三年(公历九七八)佛顶尊胜陁罗尼经幢

所在:武安县水浴寺。

备考:幢全,惟文字漫灭太甚。

宋太本兴国七年(公历九八二)佛顶尊胜陁罗尼经幢

所在:磁县南响堂寺地藏殿侧

备考:此幢上半八面刻十方施主成办功德题名,下半八面刻陁罗尼经本文。此外尚刻佛像及花纹等。

宋端拱二年(公历九八九)佛顶尊胜陁罗尼经幢

所在:武安县水浴寺右边

备考:幢全。

宋端拱二年(公历九八九)佛顶尊胜陁罗尼经幢

所在:武安县水浴寺左过

备考:幢全,并刻佛像,花纹等。

武德威武德元等造佛顶尊胜陀罗尼咒残幢

所在:磁县彭城镇下竹林寺内

备考:文字漫灭,几不可识。

——北平国立研究院史学研究会考古组　铅印本,1936 年。

近四十年来国人治学之新途径

自来学术上之有新建设,大都由于材料上之有新发见。我国学术上新材料之出现,盖无代无之。汉唐以前,出于郡国山川者,往往见于载籍。然以识之者少,记之不详,保藏不得其方,流传不易,而获益未著。然自汉以来,其最大之发现,可得而言:有孔子壁中书出,而后有汉以来古文家之学;有晋时汲冢竹书出,而后有历史上禹、益、伊尹之新事实;有赵宋古器物出,而后有宋以来古器物,古文字之学;有清代殷虚卜辞出,而后有殷商史学,及甲骨文字之学。盖纸上学问之有赖于地下学问者,已成为历史上及事实上不可磨灭之定律矣。

然壁经之出,结果仅为成立古今文派别之名,校字句之异同,论篇章之多寡,互斥优劣,各诋真伪,树家法,张门户,炫师承,闹意气而已,甚且籍周孔之名,争学官之尊,以冀进身禄位,而图谋非常,所补于实益者,实甚微至微!至汲冢竹书之出,虽继以永嘉之乱,而结果杜元凯之注《左传》,郭璞之注《山海经》,已多用其说。而《纪年》所记,"夏年多殷""益干启位,启杀之""大甲杀伊尹""文丁杀季历"诸事,尤与经传大异,至成为历史上之问题。然原物不见,书本流传既久,窜改难免。虽有新获,多属枝节,所得仍微。惟赵宋古器物出,于是秘阁太常既富收藏,学士大夫如刘敞、欧阳修、杨南仲、吕大临、王黼、王俅、赵明诚、黄伯思、董逌、薛尚功、张抡、王厚之辈,亦复广为搜罗,著为成书。或仅图形状,或兼摹款识,或考证文字,或辨别真伪,或著为法帖,或记录名目。立说虽不尽当,而藉实物以考验文字与古制,已远出汉唐经生之上。然仍限于金石一门,文字一科,谓为学术之一部,考古之一隅则可。且宋自南渡中叶以后,迄于元明两代,学尚虚玄,人谈哲理。致此考古求真之一线光明,卒以消沉灭迹。直至清末光绪之季(即光绪二十五年,公元一八九九年),殷虚卜辞出土,而此学始重振旗鼓,更立生命,不惟为文字学上之新幸运,直为中国整个学术上,与全部古代文化史上增其新认识与新光辉。推而至于研究史实、世系、古地、古国、外族、历朔、礼制、风俗、生活状况、社会组织、改订经典、辨正名物、征发史料、普及考古各方面,无不由此提起新注意,树立新目标,以获得实证之效。上承乾嘉朴学之绪,推而益进;下启后人研求之门,学有遵循;致力最先,用心最勤,成功最著,卒以奠定近四十年来国人治学新途径之基础者,厥惟瑞安之孙诒让(仲容)、海宁之王国维(静安)两先生及上虞之罗振玉(叔言)氏而已。(闻罗振玉近在伪满,日敌利其收藏之富,奉之甚敬。彼既系失节之人,本不足齿。但此论学术,不论其他,所谓"不以人废言"也。希读者谅之!)

甲骨学之有考释与研究,始于孙先生,先生初得刘鹗《铁云藏龟》,因无释文,苦难畅读,赖平生四十余年攻治古文篆籀,与研读彝器款识之力,乃前后参互寀释,穷两月之力,始克略通,著《契文举例》二卷,内分日月、贞卜、卜事、鬼神、卜人、官氏、方国、典礼、文字、杂例十类。其所发明,概有五种:一为文字之考释,二为卜法之探究,三为礼制之考论,四为地名之检讨,五为契龟之新证。而先生之自叙略云:"四十年所见彝器款识逾二千种,大抵皆出周后,未获见真商文字为憾。顷得此册,不意衰年睹兹奇迹。远古契刻遗文,更三四千年,竟未漫灭,为足实耳。今就所通者,略事甄述,用补有商一代书名之佚,兼以寻究仓后籀前文字流变之迹。"然先生对于斯学,所见不过《藏龟》一书,用力不过两月之久,已能得如许创获,其用心之深,目光之远,实不仅有补《商书》佚名,与文字流变,而与全部中国古代文化史与整个中国考古学界,亦独著开山之功也,今之学者,无不知读史求真,治学求征之新途径者,亦均由先生当日树之的而启其风也。甲骨学之专释文字之书,亦始于孙先生。先生欲据甲骨文字而寻讨古文大小篆沿革之迹,故博采甲骨全文,与红崖刻石、(会稽赵之谦疑为苗民古书,殆是。)、石鼓文(鄞县马叔平先生考为秦刻石,是。)等,字各详考,以求文字之源流与变迁,著为《名原》一书,内分《原始数名》《古章原象》《象形原始》《古籀撰异》《转注揭橥》《奇字发微》《说文补阙》七篇。自先生此书出,而文字学由甲骨学开一新局面,得一新价值。今之言文字学而能突破墨守许君一家旧说者,当以先生为嚆矢矣!

至先生其他著作,如《古籀拾遗》《古籀余论》《宋政和礼器文字考》《籀高述林》《周礼疏》《周礼政要》《九旗古通义》《墨子间诂》《永嘉郡记》《温州古甓记》等十余种,对于文字、训话、制度、名物,无不运用史学家、考古学家之新脑筋,考求真切,精心独辟,为后世朴学之宗。

甲骨搜藏之富,与各种古史材料(如金、石、竹、木、玉、陶、瓦、砖等。)著录传播之广,当以罗叔言氏为第一。罗氏于甲骨之学,著有重要之书十数种。其仅著录契刻文字者,有《殷虚书契前编》《殷虚书契菁华》《铁云藏龟之余》《殷虚书契后编》《殷虚书契续编》。其考释文字内容而作为学术之研究者,则有《殷商贞卜文字考》,能正史家之遗失,考小学之源流,求古代之卜法,其有所不足,乃著杂说以尽之。又与王静安先生著《殷虚书契考释》,最称钜作。内容分都邑、帝王、人名、地名、文字、卜辞、礼制、卜法八篇,体例虽略近于孙先生之《契文举例》,而考证详密,论断精确,条理清晰,几乎为一部绝对现代化、科学化之书。不惟远出孙书价值之上,实亦为早期甲骨学中第一部成功之作也。甲骨学之能崛然兴起,确乎不拔,唤醒一世,改变风气,而使人人知运用二重证据法(即王静安先生所创之纸上材料与地下材料二者互证),以为治学之新精神者,实自此书始之。今之致力于斯学者,犹未能多出其范围也。又有《增订殷虚书契考释》,体例一仍前旧,惟增损略有异同而已。又有《殷虚书契待问编》,用古人"多闻阙疑"之例,录不可识之字,合以重文,约千四百余名,以待商国人,亦为引起学者发问起疑,共同注意之一新方案也。又有《集殷虚文字楹帖》两种,虽曰小品,无关鸿旨,然除供人临池之外,亦极足使人感生兴趣,推广斯学,亦一种极好方法也。

至罗氏关于其他新发现之古代史料之篆录,凡金石、钱币、玺印、玉、陶、竹木、地理各种,无不分门别类,撰为目标、图象、文字、考量、题跋、杂著、传记之作,多至百数十种,印刷既精,内容俱优,可谓盛矣!

然孙氏之功,在于开创,罗氏之功,在于保存流传;至真能运用新方式、新眼光,对于古史材料,作总合分析之比较,参互错综之贯通,使甲骨学、古器物学、古文字学,以及历史、地理、制度、社会、文化、历法、卜法、古文辞例有关各端,均能深入浅出,着手成章,以极冷静之头脑,极科学之论证,极锐敏之见解,撰为著述,使近四十年来国人治学之新方法,有进无已,日就正确者,实为王静安先生之功为多也。先生之从事著述也,每遇一新材料,立一新学说,必有问题、有解说、有答案;是则还是,非则还非,决不模糊影响,以自蔽蔽人。先生既与罗氏成《殷虚书契考释》,(并由王先生手写付印,其规模体例,大致均出王手)。复著《殷卜辞中所见先公先王考》,继复作《续考》,均能论断精确,补正史阙,为从来未有之新贡献。又著《戬寿堂殷虚文字考释》,致力于殷先公先王之考证、殷礼之论征,文字之考定三者,无不有惊人之创获。又著《殷周制度论》,与《殷礼徵文》;我国学者,历来对于殷商礼制,无不恪守孔子"文献不足"之说,而不敢有所论列。及先生据甲骨文字以详考殷周两代文化制度之异同,于是孔子所不得而知者,今人皆得知之,世无不叹其为"探赜索隐"之成功。又著《说殷》,考论殷为地名,与洹水南岸属于殷虚之各问题。又著《说亳》,论证亳即《汉书·地理志》山阳郡之薄县。又著《说商》，考证商为国名，本于宋地。又著《殷虚卜辞中所见地名考》，论地名多至二百余，可得而考定者有八。（如龚、盂、雍、亳、曹、杞、截、屈、是。）夫我国古代地理，素鲜为国人所注意，及先生创获既多，钩稽既深，于是黯淡冷落之境界中，始克大放光明也。又著《古史新证》，考证夏禹、殷之先公先王、商之诸臣、商之都邑及邑侯五事，均能独标新旨，摧破臆说，明古史某部之为实录，百家某说之为事实。又著《高宗肜日说》《说珏朋》《释昱》《释旬》《释西》《释物》《释牡》诸作，无不于史事、祭日、币制、名物，各抒创见，一新耳目，为后人作分论别考之示范。至仅著录甲骨文字之书，则有代英人哈同所作之《戬寿堂殷虚文字》一书，因先生素贫，无力购取实物故也。

至先生关于其他各种史料之董理，以求新贡献于学术界者，于金石类则有《隋唐兵符图录附说》《齐鲁封泥集存》（与罗氏同辑）《宋代金文著录表》《国朝金文著录表》《流沙坠简中之屯戍丛残》及《补遗》《附录》《不期敦盖铭考释》《古礼器略说》《毛公鼎铭考释》《两周金石文韵读》《盂鼎铭考释》《克鼎铭考释》《散氏盘铭考释》《莽量考》及《魏石经考》《续魏石经考》等等；于宗庙制度类，则有《明堂寝庙通考》；于外族类，则有《鬼方昆夷猃狁考》；于历朔类，则有《生霸死霸考》；于简书类，则有《简牍检署考》；于文字类，则有《汉代古文考》及《史籀篇》疏证与叙录；于度量类，则有《中国历代之尺度》及《王复斋〈款识〉中晋前尺跋》《日本奈良正仓院所藏六唐尺摹本跋》《宋钜鹿故城所出三木尺拓本跋》等。其他考释金文、碑刻、研治西北地理及辽金元三史等名作，不下百数种，具见于《观堂集林》及《王忠悫公遗书》中，兹不赘焉。

——原刊于《读书通讯》第 19 期，1941 年。

莽镜考

民国二十二年春,余考古陕西之宝鸡,有友购得一新出土之莽镜示余,见其为历来著家所未录,诚为珍品。及夏,余返北平,友复拓一纸相赠。民国二十九年,余又由城固赴西安,任教政治学院,友朋相传,谓二十八年岐山出土大批铜器,询余曾见及否,余答未见。后搜询之,得见一簠,有铭文数十字,为一伪器,盖欲冒新出之名而求售善价者也。又有某君赠余拓片三纸。谓亦出土于岐山者,而未肯使余一观其器。(内二器疑为簠盨之类:一器有铭五十字,一器有铭约四十八字。其他一器则为铜镜,铭文外层五十字,内层十二字。)余受而读之,簠铭一真一伪。镜铭乃余友二十二年在宝所购得之物也,旧物重逢,不胜欣慰。然人而不亲见其物,其蒙混失实有如此者。兹先作《莽镜考》,而簠铭则俟诸异日也。

案镜鉴为物,世皆同称,其始作不知起于何时?《博古图》云:"黄帝液金以作神物,为鉴十五,采阴阳之精,以取乾坤五五之数。故能与日月合其明,与鬼神通其意……"《述异记》云:"饶州旧传轩辕氏铸镜于湖边,今有轩辕磨镜石。"《西清古鉴》云:"轩辕氏于王屋山铸镜十二。"《天中记》云:"舜臣尹寿铸镜,周武王复有镜铭"。是镜之来源甚远。然荒古难稽,语近神奇,不可尽信。惟《周礼·考工记》云:"金锡半,谓之鉴燧之齐。"是记虽以补冬官之阙,犹不失为春秋战国时书,知东周时已有镜矣。然世所传,多为汉物,秦以前者,实未多见。至日敌所著:《汉以前之古镜研究》①,谓为战国时器,实出诬会。惟我国潍县陈氏二百竟斋所藏。《博古图》、《西清古鉴》(惟所录古鉴,说未可信)、《奇觚室吉金文述》、《陶齐吉金录》、罗振玉《古镜图录》诸书所存,搜罗既富,考鉴亦精,最可为信史取材也。窃谓镜鉴二物,世多不分。实则二者用同而物异。镜晚而鉴早,究其源,虽出一本;推其流,则为二枝,何以言之?许书金部云:"鉴,大盆也,从金监声。一曰鉴诸,可以取明水于月。"又卧部监下云:"临下也,从卧,𦣞省声,𥃩,古文监;从言。"又目部瞰下云:"视也,从目,监声。"又金部镜下云:"景也,从金,竟声。"窃谓鉴,监,瞰,实为一字,而监字最早,鉴(后变为鑒)字次之。瞰字又次之,𥃩字又次之,至镜,竟字则更晚矣。盖监从卧从血,卧非寝卧之卧,血非从𦣞省声之血(凡许君所谓省声,多不可通,)即或监由𦣞省而得声,血亦决非牺牲血之血也。案金文监作🔲作🔲,作🔲,鉴作🔲,上均象人瞋目(即金睁目之睁)俯视之状,下均象大盆盛水之形,案臣金文作🔲,作🔲,作🔲,与甲骨文同,实象人睁目,即《说文》训张目之瞋。亦即朱骏声所谓目下视之盰。故臣、瞋、盰、音通义同,当为一字而异体。"人臣见上,则敬畏俯首而下视,故有屈伏之义。许君训牵也,事君也,象屈服之形。"盖以人臣眼目一部份之俯伏,引申而为身体全部分之屈服矣。今🔲而加人作🔲,则俯首下视之义更明。如临金文作🔲,亦象人在山岩之上而俯瞰深谷之形也。(其所从之品,即与喦字所从之品,古文🔲字所以从之🔲,垒字所从之厽同义)鉴金文作🔲,亦象人挺立土上而望月之形也。(🔲许君谓从臣从壬,从月。案壬即挺字,徐铉谓"人在土上壬然而立"是也。今🔲象睁目之形,则望之义更显。)

<hr>

① (梅原末治:《汉以前の古镜の研究》,东方文化学院京都研究所,昭和十年十二月。——编者按)

至监所从之盆水作▨；或作▨，作▨，则以水本无色，近视则见，故作▨；远视则不见，故作▨；不如血色之明显而必作▨也。（又水本无形，器方则方，故作▨；器园则园，故作▨；犹如血为液体，故金文或作▨，或作▨，甲骨文或作▨，或作▨也。）盖古者无金属之鉴，人临盆水之上，即所以照鉴面目，以当镜之用。所谓盆，亦尽陶器之属。

《周礼·天官·凌人》注"鉴如甀，大口，以盛冰。"《集韵》"鉴，陶器，如甀，大口，以盛冰。"段注"盆者，盎也"（案盎或从瓦作瓮）是也。及后人智渐进，由陶器而兼用铜器，字乃作从金之鉴，其体忍白且明，光可鉴人，用同于镜。然以形状犹存大盆之旧，而非如今日平园之形，故仍可以盛水，但人感于普通之水之混浊不清，不适于鉴人。乃于月明之夜，云净露多，陈鉴以取之，其水无杂质，用以鉴貌，毫发悉辨，其用且过于金铸之鉴，是即许君所谓取明水于月也。及后时深月久，监字从臣（即瞋）之原形原义不明，而误谓从卧（案卧，体也，伏也。）亦象俯伏之形，盖卧与寝不同，卧谓俯首屈身，略作休息之状，如《孟子》所谓"隐几而卧"是也。寝谓寝于床，不得屈身俯伏，如《论语》所谓"寝不尸"（许于尸下云"象卧之形"。）《曲礼》所谓"寝毋伏"是也。

故谓监字从卧，说亦可通。〔但卧本作▨，为象形字，（即象俯伏之形）而必谓为从臣从人之会意字，则为后世臆测之说，而非本形本谊矣。〕乃更加目以明之而字作▨。及后人智益进，文明愈高，乃以古今善言法语。为己立身行事之鉴，而字遂从言作▨，其时代更晚，至造"镜"字，纯用金属而仅以音符竟字名之，已完全入于铜器时代。且于字不见有照鉴之义，然何以必名为镜？又何以仍为照鉴之用？盖其语源仍出于"鉴"（"鉴"出于"监"，）因镜鉴为一声之转故也。故"监"字历见于古金文，鉴"字则仅一见于春秋战国时器（智君子鉴），而"镜"字则不见；且经典亦仅用"监"鉴"字，而不用"镜"字也。是可知"镜"字时代之更晚。至"镜"省作"竟"，或借"竟"为"镜"，则更为晚出矣。又《国语·吴语》曰:"王盍亦鉴于人,无鉴于水"。《书·君奭》曰:"人无于水鉴,当于民鉴。"亦可以明"监"字之造形造谊为鉴于水,而鉴于人言之🗝,而后起字矣。("监"即"鉴"字已见上)世以"镜""鉴"同用同音,而注释家遂彼此互训,不复分别。如《左传》庄二十一年"鬈鉴"下注云:"鉴镜也。"《广韵》云:"鉴镜也。"《玉篇》云:"镜鉴也。"段氏镜下注云"镜亦曰鉴",盖以昧于二字之源流本未已久,故互释如此;然其义固不诬也,世之文物制度,流传于世,有待吾人研究文字之力而阐明其历史沿变之迹者。皆此类也。

兹复考释镜铭于左:

吾此次所见之镜拓,其余旧存者,完全相同,形大,直径为二公寸五公厘,西汉镜中实所少见。素鼻,八乳,花纹于图案纹外,似为朱雀、玄武、青龙、白虎及各种祥禽异兽之属。精致生动,与汉代石画像作风相似。其作∽形与∽形者,即日敌所谓∇字式与七字式者也。铭文分内外两层,外层为园形,内层为方形。外层铭曰:

王氏作竟,三夷服;多贺新家,人民息;

胡虏殄灭,天下复;风雨时节,五谷熟;

官位尊显,蒙禄食;千秋万年,受大福;

传吉(?)后世,乐毋极兮。

内层铭曰:

"子丑寅卯辰巳午未申酉戌亥"地支十二字。

字体均为篆隶书,惟内铭字体,似较外铭字体篆意为多。

"王氏作竟三夷服" 言王莽或王莽家人作镜也,竟即镜字之省借,"四夷服"者,案《汉书·王莽传》,莽在篡汉前后,欲夸耀自己威德。对于外国,利诱威胁,无所不为。自元始(平帝)元年,受封安汉公以后,"念中国已平,四夷未有异,乃遣使者赍黄金币帛,重赂匈奴单于,使上书慕从圣制而改二名,令塞外蛮夷献白雉","莽北化匈奴,东致海外,南怀黄支,惟西方未有加。乃遣中郎将平宪等,多持金币,诱塞外羌使献地,愿内属。"羌豪良愿等曰:"安汉公至仁,天下太平,臻麟、龙、龟、凤、神爵等瑞。"又富平侯张纯等九百二人颂莽功德曰:"今万国和协,"又加莽九锡策曰:"前公……是以万国慕义,蛮夷殊俗,不召自至。"莽自奏曰:"绝域殊俗,靡不慕义,"莽白太后下诏曰:"太保舜,大司空丰,皆为诱进单于筹策。"莽篡位后,又策命天下曰:"普天之下,迄于四表,靡所不至。"又令东南西北四夷,均改为汉印,去玺曰章,又遣使厚赂匈奴单于咸,如此屡书不一书,以表示四夷悦服,均与镜铭相合,至"四"铭作"三",与古金文及《说文》所谓籀文合,盖莽固好良定古文者。

"多贺新家人民息" 新即莽之国号,史籍所记,或称新室,或称新朝,或仅称新。此铭称新家,更足表示以天下为家,万民为子息之意。用一家字,自觉神情亲切,更为宛然。"新"铭作"𣂷",与古金文合。不用从木之小篆。盖复古以外,亦欲立异于汉者。(案汉代重要铭识,多用小篆)。至莽之所以称新,则莽自永始(成帝)元年,袭父曼爵为新都侯,(国南阳新野之都乡,)故篡位时,曾自命曰:"新室之兴也,肇命于新都",即以其为发祥之地也。所谓"多贺",即以表示新朝之成功,多可庆贺也。所谓"人民息",即言人民从此得安养生息也。案诸莽传,亦多可证者:当莽元始元年,上书让安汉公曰:"愿使百姓家给人足"。又上书"愿出钱百万,献田三十顷,付大司农,助给贫民,于是公卿皆慕焉。"又令太后下诏曰:"百姓家给"。张纯等九百二人颂莽曰:"今黎民时雍",加莽九锡策曰:"前公……是以四海雍雍。"及居摄,刘嘉奏莽功德曰:"天下喁喁,引领而叹;颂声洋洋,满耳而入。"又刘歆等七十八人亦颂莽曰:"安汉公……安靖元元也。"及既篡位,天下书曰:"百姓安土,岁以有年。"如此之类,亦屡书不一,均与镜铭相合。

"胡虏殄灭天下复" 案"胡虏殄灭"一语,似与上文"四夷服"句重复,实则颇有不同。总观莽传,凡言胡虏,自指北匈奴及西域等国而言;若仅言虏,则亦有指国内反对之人而言者。兹为列举于下:居摄元年,西羌怨莽夺其地反,莽遣窦况击破之,乃上奏曰:"西海郡反虏流言,东郡逆贼惑众,所征殄灭。"篡位后,徐乡侯刘快举兵反莽,攻即墨败死,莽曰:"今即墨大夫,复同心殄灭反虏,予甚嘉其忠者。"又莽发高句骊兵伐胡,不欲行,郡强迫之,又莽下诏曰:"详考始建国二年,胡虏猾以来,……。"又莽征攻匈奴技士,或言"有奇士长丈,大十围,欲奋击胡虏,自谓巨毋霸。"又莽下诏曰:"虏知殄灭",(案知为匈奴元名莽所令改。)又莽更名匈奴单于曰降奴服于。又莽拜单于弟咸为孝单于,咸子登为顺单于。又莽令乌孙大小昆弥遣使贡献。又莽系狱故将军陈钦以悦匈奴。又莽遣使出西域诸国,皆郊迎贡献,并封为集胡男。又于出征诸人,或封定胡将军,或封伐虏侯。其所谓胡虏殄灭者,事实盖尽如此。至于"天下复"一语,则出一"复"字,更足以包举王莽一生奸诈险毒而无遗。实胜班史《汉书》三篇传也。(莽传分上中下篇。)案汉镜前人著录,无虑数百。(见上述诸书),而新镜仅见一、二。汉镜虽有"天下强""天下阳"之铭文,而新镜则无,新镜而有"天下复"之铭文者,则惟余今日所见一器,而汉镜则无。王氏此铭,实有极大之深意在,决非普通所谓"平复"之意已也。余今为之摘发于下,以诛王氏之心:莽之自述其本系也,曰:"黄帝姓姚氏,入世生虞舜,舜起妫汭,以妫为姓。至周武王封舜后妫满于陈,是为胡公。十三世生完,……十一世田和有齐国,三世称王。……至王建。……项羽封建孙安为济北王,至汉兴失国,齐人谓之王家,因以为氏。文景间安孙遂……生贺,字翁孺,为武帝绣衣御史,……翁孺皆纵不诛。……以奉使不称,免。叹曰:"吾闻活千人,有封子孙,吾所活者万余人,后世其兴乎。"……终氏为怨。乃徙魏郡元城委粟里。为三老,魏郡人德之。元城建公曰:"昔春秋沙麓崩,晋史卜之曰,阴为阳雄,土火相乘,(案

注:阴为元后,即汉元帝之后,王莽之姑。阳为汉,王氏为舜后,为土,汉为大,故曰土火相乘。阴盛则沙麓崩。)故有沙麓崩后六百四十五年宜有圣女兴。其齐田乎。(案注:春秋僖十四年沙麓崩,岁在乙亥,至哀帝元寿二年,哀帝崩,元后始摄政,岁在庚申,沙麓崩后六百四十五岁。)今王翁孺徙,正值其地,日月当之,元城郭东有五鹿之虚,即沙鹿地也。后八十年当有贵女兴天下"云。(全文见《汉书·元后传》。)观莽此述,对于自身谱系,源出黄虞,在齐三世称王。及羽犹王济北;至汉一失国,再免官;翁孺活人,自炫必兴;元城避地,土德相乘。讬语建公,谓必以女兴天下。其自命圣王之后,恩怨之间,五行生克,因果循环之报。至明且悉,至推崇贵女元后。即为自身立地步,以示王氏之应有天下。其有深长之历史与天意,非出偶然,实早已目无刘汉矣。观于始建国元年所班莽量铭。及《隋书·律历志》后魏景明中并州人王显达所献莽权铭,"黄帝初祖,德币于虞,虞帝始祖,德币于新(权铭作辛,与前人著录辛有善铜出丹阳镜铭同。)……龙集戊辰……天命有民。(权命作人)据土德受,正号即其,……"云云。正与此同出于手,其视篡夺为应得,到处自具其口供。至其着手方法,即定尊一于元后,(如上述外,哀帝祖母傅太后,母丁姬称尊号,莽皆奏贬之。又建平中置酒未央宫,莽奏徹傅太后在太皇太后(即元后)坐旁之席。佞臣陈崇且以为莽能定大纲,明国体,又以傅太后等之称尊号为僭篡。又莽自太后以哀帝之尊丁傅为背思义,贵外家,乱国家,危社稷。又惧平帝母卫姬之预国政。乃白太后令先明一统之义,使使拜卫姬为中山孝皇后。留中山,不得至京师。皆所以定一尊于元后。及元后崩,莽葬之于渭陵;与元帝合而沟绝之。及为立庙于长安,又令新室世世献祭,令元帝配食,坐于床下,则明明以太后为王氏,有天下之始祖非复刘氏之匹配矣。此即自述本系所谓以贵女兴天下之意也。)以为傀儡之用,非王者去,(如成帝为元后王氏出,以后哀平二帝均非王氏出。实出莽所不

快,故莽即以女配平帝。及平帝无子,即立年仅二龄之孺子婴,以便弑夺,而不欲其子孙之再入他姓之手,时佞臣陈崇等即有维护王氏正统,诛灭造作二统势力之说。至其他臣吏,自五侯十侯以后,本已满朝王氏矣。及莽毁坏上林苑中建章,承光十余馆以起九庙。自黄帝,帝虞以至新都显王,无一刘氏,更非为王氏必去之决绝表示。)异己者戮(如立哀帝而奏杀能谋之淳于长,忠谏之解光,立平帝而奏杀大司马董贤,诸父王立,内惮刚正之王仁,及立孺子婴,则已无复有敢言之人矣。)复以种种诳燿欺惑之手段,(如《王禁传》云:"莽日诳燿太后",赂遗媚事太后及上左右,日夜共称誉莽。又平帝立,太后临朝称制,莽又风令太后惜养精神,稍事退休,又造作种种符令策书,以欺惑民吏使成迷信,故于立女为后,使卜得金水王相,父母得位,欲立子婴为帝。使卜相最吉,及已居摄而谋即真,谓得新井,石牛,雍石,铜符,帛图等祥瑞多至十二! 又谓得白石丹书,文曰"告安汉公莽为皇帝。"又谓得金匮策书,下策曰:"予以不德,讬于皇初祖考黄帝之后,皇始祖考虞帝之苗裔,而太皇太后之未属,符契图文,金匮策书,神明诏告,属予以天下兆民。"又下策曰:"深惟汉氏三七之阨,赤德气尽,赤世计尽。黄德当兴,隆显大命,属予以天下。"又曰:"皇天革汉而立新,废刘而兴王。"又下策曰:"予以不德,袭于圣祖,为万国主。"及讨莽军已入长安,莽犹佩带符玺,持虞帝匕首,以示天命之所在,其自欺欺人,大都愚蠢可笑如此,达成其目的,以消灭其篡窃之痕迹,以为天后世庶知吾之得王。为出于天授与命定,特由刘氏之手恢复吾王氏旧有之物耳。故为镜铭曰"复",岂普通虚文云尔哉。一字之力,足以网盖全身,古器物之有功史学,此其最著者也。

"风雨时节五谷孰" 铭文五作⿱⿰王八,与古金文⿰鱼攵侯簋合,与小篆及《说文》所谓古文并异。孰为熟之本字,熟字始见于梁顾野王之《玉篇》。此镜用孰字,不误。至莽传所记事实,与此铭多符合。如元始元年以后，莽由安汉公以至居摄，曾上疏太后云："风雨时，甘露降。"又令太后下诏曰："五谷丰孰……"又太后遣使诏莽曰："闻公菜食，忧民深矣，今秋幸孰。"又莽诱西羌颂己功德曰"……五谷成孰"，及己即真，又策群臣曰："东岳太师，典致时雨，力来农事，以丰年谷。"又莽下书曰："……岁以有年。"如此所书，亦屡见不鲜。

"官位尊显蒙禄食"　案王氏一门，自元成以遂，居位辅政，凡十侯五大司马，位极人臣，权侔天子，及莽篡汉践祚即真，贵为天子，富有四海，岂持"官位尊显蒙禄食"而已哉。

"千秋万年受大福"　案《说文》无万字。段氏于万下注云："万谓虫名，假借作为十千数名，唐人十千作万。故《广韵》"万"与"萬"别。"今得此，知萬字已见于西汉亡新之时，存古之功，亦可谓伟矣。至铭文所云，亦与莽传即真后所班符命"能立巍巍之功，传于子孙，永享无穷之祚"之文合。

"传吉后世乐毋极兮"　案铭文吉字或为告字不定，莽以奸险阴鸷之性盗窃国柄，自以为子孙开帝王万世之业，其乐诚无极矣。然篡汉十六年而杀其身，与铭辞适得其反，诚如黄门待诏所谓"鸱目虎吻，豺狼之声，食人而即为人食者也"。(见莽传)昔嬴政席虎狼之余威，欲由一世而传之万世，卒不二世而亡秦室，千古暴戾。食报如同一辙，亦可为今之侵略者戒矣！

至于内层铭十二字，惟"㞢"与金文沇儿钟铭"子"，"𦥔"与金文庚嬴卣。同敦铭"丑"，"𢍰"与《说文》古文"辰"，"酉"与金文绅敦尊字之偏旁"酉"。《说文》古文醬字之偏旁"酉"相同。余均与小篆相似，无容再述。

顾此镜究作于止新何年，铭无明文，似一问题，然考诸莽传，莽自天凤中叶以后，所下策书，多自谓"四夷侵略""胡虏未灭""阴阳未和""风雨不时""谷稼鲜耗"。(案言既少且虚也。)"百姓苦饥"云云。而臣吏亦多有以此为言而被戮者，足见而镜之作。方当莽及家人得意成功之日，盖在始建国天凤之间也。

总观上述，证据确凿。纵起莽而质之，当亦无词以对。故此镜外铭五十字，若出他姓，犹得谓之普通颂扬之语，今作于王氏，实不啻为书《莽传》三篇，及《元后传》，《外戚传》诸篇之缩写也。此等史料之轻重，价值，最易为人忽略，吾人取舍之间，实不可以不慎。否则失之毫厘，谬以千里矣。

昔《奇觚室吉金文述》，曾录器外层（园形）铭曰："尚方御竟大毋伤，巧工刻娄（案即镂）成文章。左龙右虎辟不详，（案即祥）朱雀玄武调阴阳，子孙备具居中央，长保二亲乐富昌，寿敝金石如侯王。"内层（亦圆形）铭曰："王氏作竟四夷服，多贺官家人民息，长保二亲得天力，传之后世乐毋极。"字体，花纹，形制，大小，均与此镜相同或当为同时王氏家人所铸。作者惜今已不知器所在矣。

——原刊于《西北师大学报》第 1 期，1944 年。

西北学者刘焕唐先生之学说

骥于民国二十年冬，随徐炳昶先生，奉国立北平研究院之命，至西安，与陕西省主席邵力子先生，士绅张扶万（鹏一）先生等组织陕西考古会，遂得识张先生之学问道德为当代学者而师事之。先生尝述其先师刘焕唐先生之行学以告骥，骥犹能记忆其梗概，而先生则已于去岁十月归返道山矣。兹为兼考刘先生之著作而述其行学以告于世，而张先生之学术行事，则稍有待也。

三十三年三月识于兰州

刘先生，名光蒉，字焕唐，号古愚，陕西咸阳人。自幼天资沈毅，好学不倦。清同治间，避难于醴泉，年方弱冠，无以为生，昼则磨麦粉鬻饼以度日，夜仍篝灯读书不稍休。难平，入省垣为童子师。后获交于同县李编修寅，遂专攻阳之学，贵安柏孝廉景伟，闻其名往谒，一见定终身之交。柏李一皆时豪俊，负经世才，刘先生既交两君，而学力愈弘，时贵筑黄彭年先生主讲关中书院，赏先生应课之文，为指示治学途径，而学益进。光绪初元，中乙亥恩科乡试，年方而立，一赴春官，绝意仕进，任教于省垣、三原各私塾，约十余载。后以柏先生之荐，主讲于泾干、味各书院，味贵经为陕甘两省所合办，学政主持其事，学生众多，先生厘定学规，勤求启诲，凡十余年，造就独多。复以西北士子，读书较难，见闻较隘，乃与柏先生募资立求友斋，兼□四部各书以奖励之。嗣武昌□学使逢时□，为设味经刊书处而使先生总其成。五六年间,刊经史各书至十数种。清季海口通商,外交屡败,国内人士,不识世界大势,先生博访通人,偏阅报章,知各国立国之本,在于科学。随取数理各书,苦思力索至于喀血,终通四元玉鉴之说,九章之术。陕士从之,风气为之一变。

先生又见于光绪甲午,中国见败日本,割地赔款,国势岌岌,无以善后。乃倡议在泾原诸县,集资设纺织机器公司,事业发达,即可杜塞鸦片漏厄。且自捐资派人赴南中各地调查。卒以规模宏大,又值戊戌政变而止。

先生亦曾经营实业蚕桑,白蝉各事,皆备尝艰辛,虽无大就,亦颇著成效。又独办咸阳义仓以振贫困,设义学于咸阳、醴泉、扶风各县,以期推广全省。复为奸人所阻而废。

先生之治学也,一宗阳明知行合一之说,以不欺其心为主。视理之所在,并力赴之,不独富贵贫贱不能易其守,即以之性命、勿顾也。尝曰:"至诚无伪,至行不二"。爱才如命,见人之善,誉之不去口;闻人之恶,必劝之改而后快。虽为人所□,而好善之心,终不因其人而稍阻。其论致良知,则曰:"主敬不窥其源,则拘而难久;穷理不窥其源,则泛而无归。其浅尝者,又致饰于文貌,比附于语言,而大道乃日以隐矣。自阳明之说出,海内学人蜂起名儒辈出,自周程创兴儒教以来,未有若斯之盛者也"。又曰:"今日讲学,不必与禅家争性理,当与耶氏争事功。且不必与耶氏争事功,当使中国之农工商贾不识字之人,皆自命孔子之徒。为孔子之学,其有功吾教,辨明正学,不止百倍也。夫良知者何? 即世俗所谓良心也。致良知者何? 作事不昧良心也。此则蠢愚可晓。娼孺能谕者矣。欲尽收中国之民于学,舍'致良知'三字何以哉?"

先生之言教育方法也,以主讲味经书院前后十年为最著。其主旨在激励廉耻,发挥良心,使之修身自立。以守旧、腐败、坐食为最可耻。当其□味经也,适值戊戌政变,康(有为)梁(任公)得罪出亡,先生以赞同变法，加入自强学会，祸几不测。遂辞讲席，归隐于醴泉西北之烟霞洞。而陕甘人士之注意康梁新学，转变其学术思想，时代思潮，实自此始。嗣后四方从学者，不追不拒，凡四年。而甘肃大吏聘主甘肃大学堂总教，时光时光绪二十九年也。

先生之言教育制度也，以目睹甲午战败之局，中国积弊悉露，民愚力薄，虽有新法、美意，无从推行，乃欲谋根本之治，以为最简捷之方，莫如政教合一，兵农合一，仕学合一。其法谓当从治乡入手。注重教化、财赋、练兵。取义于汉之三老、啬夫、游徼之制。故曾著《改设学堂议》一文，其大纲以为："今日学堂办法，分县制、乡制、村制为三级：县学宜设经师一人，武师一人，如古三老、啬夫、游徼之遗。但出身必延请高等学堂毕业者。经师掌一县礼俗教化，与士子讲论经史、圣贤、道德、中外政治得失之事。术师掌一县财货，农工商各乐，仓库收发，工匠营造之事。武师掌一县兵刑、词讼、团练、追捕、监狱之事。乡学设乡师一人，乡正乡副各一人。乡师掌一乡之教化、礼教隆污、风俗奢俭，皆时察其端而预劝戒之。收容村之成童与讲道德、研经史。有孝悌贞信者，为之表扬；词讼不息者，为之和解。朔望，汇各村近事以报于县。乡正掌一乡之食货、物产丰耗、人事勤惰、器用利纯，察其宜而告戒之。教成童算数，督促农工商各尽其业，鳏寡孤独者收恤之。乡副掌一乡刑禁，凡盗贼、凶暴、游手者，时巡察而警惩之。农隙集各村壮丁而操练之，凡蒙学内洒扫之事，幼童任之；报事用力之事，壮丁任之。凡乡学成童，无役不任；惟追捕追盗贼，驱除敌害，则须视其才艺如何耳。村学设蒙师一人，村正、村副各一人。蒙师掌教村童，或再分延女师以教女生。除读书识字外，复教以冠昏丧祭之仪，孝弟忠信之行。朔望，则集乡人讲论经史、懿行，有益于村民风化者。村正须本村人品学纯正，纲习书算，主教幼童学算数及一村田产、组程、工商、生业、水利、社仓、户籍、地图之事；如古之啬夫，今之粮长者。村副亦用本村人，头脑明白，身体强健，教幼童体操、团练，察盗贼，拘罪犯，"一切守望之事，如古之游徽，今之练长者。"

先生又言："是不过表示办法宗旨，其详细损益，仍视其地其时之所宜而已。"至于兵与团练之义，先生尤再三叮咛言之曰，团练之精修，孝忠信。故团练以乡学为本。孔子答子贡问政，曰："足食足兵，民信之矣，信之矣。方可谓之团；义，方可谓之练。古者以仁育民，莫大于衣食；以义正民，莫大于刑兵。故兵食者，仁义之粗迹；仁义者，兵食之精华也。"又曰："乡人子弟十五以前，习人生必需之艺。十五以后，习人生必为之事，而讲明其理。故人人知学为兵、吏、农、工、商、贾，即为有学问知道艺之兵、吏、农、工、商、贾也。而富强莫与京矣。"又曰："兵农分必贫，兵民分必弱，兵学分则国与民不能收兵之效而常受其害。"又曾著《壕堑私议》，以为陆战防御程工必需之用。盖先生固主实业、经济、文事、武备、政教、兵农、仕学合一，全国皆兵，科学救国者也。迄今国难严重，而先生之言益信。

先生卒于清光绪二十九年八月。年六十有一。著有《烟霞草堂文集》十卷，杂著若干卷，均已出版。其心传弟子即张扶万、李孟符、张季鸾诸先生也。

今先生弟子为建刘子祠于西安府学，以先生之学之行识之功，固宜馨香俎豆于无穷矣！

——原刊于《新西北》第 7 卷第 2—3 期，1944 年。

中国文化起源于西北

　　作者此处所谓文化,仅指吾先民所遗留之实物古迹而言,至于历史记载部分,则暂置勿论,故为狭义的而非广义的。余于民国二十一年秋,随徐先生旭生(炳昶)至陕西,与省府及士绅组织陕西考古会,从事考古工作,直至抗战事起,始停。故对于陕西各县,及渭水流域南北岸,沔水流域沿岸各地,调查与发掘所得之新石器时代末朝遗址颇多,且颇稔其实状。凡与河南渑池县标准仰韶期(即纪元前三千年,当中国黄帝以前。)所出之红陶,彩陶、石、骨、角、蚌、诸器,居住诸遗址;以及山西夏县、万泉县,东北各地,所出之同期器物,无不大同小异。已认为中国古代文化之有统一性。而又推测中华民族之为一元。后返北平,继游归德(商丘)。均于其附近各地,探获同期之器物。及后再返西安,又偕平研史所同人迁往城固,仍继续工作,凡沔水汉水流域各地,知沔县、褒城、南郑、城固、洋县、西乡各地,无不亲往调查,而所得亦大致相同,然尚为零星发现,证据较为薄弱。及在汉中(南郑)汉水濂水间之龙岗寺史前遗址,发现大量新石器,(有打制石器,打琢磨石器,磨光石器三种,第一种较早,第二种次之,第三种最晚,而第一种颇与旧石器相似,然此三种石器,在华西、四川、西康、以及云、贵、安南等省亦多有发现,均当为同一系之物。)及同期或稍后之残破陶片等,(红陶、彩陶均有。)亦无不与其他各地所出之仰韶遗物,大体相同。去岁随西北师院来兰,乃一路留神注意,但以车行甚速,停留不多,无所发现。及寒假遂偕同人赵海峰、友人凌会五两先生,学生七、

八人,沿洮兰公路两岸古迹之调查,卒发见大批史前之遗物。如石器,
(有石凿、石刀、石镰、石锥、石斧、石锛、石钻,石纺轮、石弹等。)陶片,
(有含沙砾之粗红陶、细泥质之彩陶等)。骨器,(残,似骨料。)陶环,
(形状有圆形,多角形之不同,颜色亦有灰、红、黑之各别。惟均为残
件。)石环,(残,)陶纺轮,陶弹,石钏,(？)(残,)兽骨,猪牙等。大致亦
与其他各地所出者不甚相异。(而石器则以打制,打琢磨两种为多,磨
光者较少。)余益信我国古代文化统一性之大,与氏族一元说之当可
成立也。且更推想及于我国古代文化与民族之起源于西北而渐及于
东南之一问题也。

　　然此问题,情形至为复杂,并牵连及于自然界地理之变迁。兹姑
约略述之如次:

　　我国西北内陆,在远古时代,曾为大海,其区域即在今新疆、青
海、蒙古以迄于西伯利亚、中亚细亚一带,而帕米尔高原,及阿尔泰
山、天山、昆仑、喜马拉亚诸山脉,则因先后高出海面,范围大海而成
海滨。而是时我国之中部南部,则尚沦入于海中。及后海水外退,陆地
渐露,而新疆、蒙古、甘肃一带之沙漠遂以造成。嗣后复经数度变动,
(如由沙漠而大海,由大海而复为沙漠,陆地。)而中国全境,始现水
外,所有北部,中部,南部之地形,乃逐渐确定而略成今日之状态。吾
人始一展地形全图,即见新疆、甘肃、蒙古,戈壁沙漠,连绵相望;湖沼
水泊,残留交错。其为当年干涸后之海底遗迹,一望可知,反视其他各
省,未有能若斯之形迹显明者也。至于东流之黄河,以及蒙古新疆周
围北行,西北行,西行,西南行之诸水,虽有赖于诸高山冰河之冲刷,
然亦不能谓全与古大海干涸后所留存之遗泽无关焉。迄今葱岭诸山
之间,每当炎夏之际,犹然碧草清流,游鱼飞鸟,富饶佳趣。而戈壁沙
漠周边之泉地,塔里木盆地,吐鲁番低地,天山山脉东西北各洼地,无
不土壤肥美,物产丰富,农业森林,均系极盛。若在百数万年以前之昔

日,(假定在新生代初有人类之前后。)气候适宜,雨水充足,黄土遍覆,沙风未起之时,则山环水抱,沃野千里,草木畅茂,鸟兽众多,鱼蛤之所繁息,蛇虫之所聚处,其为人类(如夏民族之祖先。)生存之乐园,无可疑也。

今之学者,或谓世界人类,发生于东半球;东半球人类,发生于亚洲;亚洲人类,起源于帕米尔高原。其说诚无以易矣。盖自此分道四下:其西下者,为埃及,为巴比伦,为土耳其,为波斯;其南下者,为印度,为印度支那(即至缅甸等地。)其北下者,为中亚细亚,为西伯利亚;其东下者,为中国;均各沿河流而直下,顺山川形势以前进者也。故日人桥本贞吉之言曰:"根据地质学者之意见,当太古时代,在亚细亚大陆之中部,有大内海名台提△,直达地中海,分亚细亚为南北两大陆。至地质年代之第三纪时,此大内海渐次干涸,变为陆地,遂将南北两大陆,成为整个之亚细亚大陆。此大内海之痕迹,尚留存于今之里海、咸海、黑海与其他各湖泊与沙漠之上也。当大内海存之时,西藏与蒙古高原接近海岸,对于人类的生存,为具备有利的条件。居住于南面陆地之人类,成为亚细亚南方系民族之祖先;居住于北面陆地之人类,成为亚细亚北方系民族之祖先;各自开拓发展之途径。但随地形之变迁, 以后西藏高原在地理条件上对于人类之生存, 渐成不利, 故前者渐向黄河长江流域间之平原地带及印度支那半岛方面移动;后者由蒙古高原地带向黄河流域之平原地带移动。"俄国沙发洛夫亦云:"吾人切莫忘记里海与现今之中国,其间一带之土地,在当时之气候条件下,实较现在优良为多。故中国人种之发源地,实在于中央亚细亚。"美国多数人类学家亦云:"数百万年以前,北极一带,天气和暖,哺乳动物,均生于此。其后地气渐冷,南物南下,当止于中亚细亚一带。是时已有猿类,大概栖于树上,其后又因中亚细亚地形改变,天气渐冷,林木枯死,于是猿类由树上生活改为地上生活,是为世界有人类之始。"英人斯密斯亦云："根据《魏书·于阗传》'自高昌以西，诸国人等，深目高鼻，此国人貌不似胡，颇类华夏'之记载，可为中国民族发源于东土耳斯坦西南和阗(于阗？)地方之明证。"美人安德留斯及奥斯朋两氏，则谓"世界人类，实发生于中国之蒙古"云。窃谓以上诸说，有是，有非。非者亦大致不误。案我国新疆，本在中亚细亚范围之列，而蒙古即接近于中亚细亚者。故凡言新疆者，其言固确；言中亚或蒙古者，特外人心有所私，不愿明言世界人类发源于我新疆帕米尔高原之故耳。

盖我国民族既发源于西北之新疆，后乃依山川形劳①而分布于东南各省，而文化亦随民族而广播于各地。自不能不有其统一性。(证之埃及、土耳其、波斯、里海、印度支那、西伯利亚南部各地，亦多有与中国文化相同之器物之发见，)至于各地略有不同之故，则以地理环境各异使之然也。

窃谓吾先民当在新疆一带之时，犹为纯粹之渔猎游牧民族，及至青海，甘肃之黄河肥谷，始渐入于农业时代，而尤于甘肃丰美陶器为其最显明之特征。盖河流沃壤，往往为文明发祥之地，犹埃及之于尼罗河，巴比伦之于幼发拉底河，底格里斯河，印度之于冈底斯河也。及既于甘肃以后，遂又以河流东向之关系，复利用之以，为古代交通之捷径，逐一支沿黄河而传布其文化于宁夏、河套、陕西、山西、河南、各省。最东而至于山东各地以达于海。一支沿渭水传布，布其文化于陕西中部，复由北洛水，洛水而入河南，以及其他各地。一支沿西汉水而传布其文化于汉水而入陕南及其他各地；并由西汉水、洮河、白龙江而入四川、西康之嘉陵、大渡河、鸦砻江、岷江诸流域之地。而长江流域各省相同之文化。则亦不能谓与江源之青海无关也。

————————————

① (此处依上下文应为"势"，疑作者书写有误。——编者按)

余既作上列之推断，复可得下列各说以为西北古代文化早于东南之证明：

（1）甘肃彩陶数量既多，形制之伟大，彩绘之富丽，几为东亚古代文明之冠，及于河南、陕西，则渐为退步；再次及于东南，则更为减色，足见后来各种器物已次第发达，而非如甘肃初民生活之陶业为中心矣。

（2）甘肃（内有一部份出青海者，）齐家、仰韶、马厂前三期陶器中之鬲，惟得残足一件，（据外人安特生之调查，）至辛店、寺洼、沙井后三期，则鬲已增多；及至河南、陕西，则已大量增加，而且继续增加鼎、甗、（此为鼎鬲二种之配合物，）簋、敦、簠、盉、爵、斝之类，而下及商周，则大种著名之铜器，即演陶器之形制而产生，是亦甘肃陶器种类简单，文化居先之一证。（甘肃虽有铜器，然不如豫、陕远甚。）

（3）甘肃陶器之质料，虽颇精良，然较之河南、陕西各省，则尚嫌逊色，亦足见后来之居上也。

（4）石镰为农业时代必需之品，河南、陕西各省发见较多，亦足见甘肃为初期农业，而渐东渐后则农业渐盛矣。

（5）甘肃有嵌镶石片以为刃口之骨刀，而河南、陕西各省无之，亦足见人智渐开，不再用此拙劣而不耐用之器具故也。

（6）甘肃各古代遗址，多发见于悬崖高坡之上，至河南陕西各省，则多发见于平原之地，亦足见人类文野之分，与古代西北东南，水陆山川形势之变，而时代先后之不同也。

至于北平周口店之老人文化，（旧石器时代）则仍由西北而前往；粤江流域诸文化，亦由西北而西南也。

由上所述，虽甚简单，而且为一种推测未定之辞，然吾以为中国文化之由西北而东南，盖无可多疑者。故瑞典考古学家安特生博士之言曰："（上略）见甘肃陶器之丰富，因联想李希霍芬之意见，谓中国人民乃迁自中国土耳斯坦（即新疆），此即为中国文化之发源地。"又曰："中国民族，当仰韶文化时期，自新疆迁入黄河河谷。"又曰："由地理环境之分析，确示新疆为吾人最后决定仰韶文化问题之地。因吾人于此，可以识别一种蒙古利亚民族（即黄色人类），当新石器时代……生息繁衍，渐至务农，文明因而大进，是为中国历史上文化之始。然此种文化确实之发源地，非于新疆详加研究，不能判定。但就河南采集所得，颇觉此种文化之行程，实可由中亚细亚经南山及北山间之孔道，东南而达于黄河河谷，以至现代甘肃之兰州。"又曰："数种事实，如遗址所示，（案指在甘肃发见者而言。）为农业民族所居，文化层中有豕骨之发见及雕镂之法，与仰韶村（案指河南渑池县所发见者而言，）及中国历史上者相符。凡此皆所以示该文化，（及在甘肃者）之主人区，为中国历史以前之中国人种也。此种文化于中国本部之西北隅，特为发达。……即中国人种最早之进化，当在亚细亚之里部，略如中国之新疆，或其邻近之处。"案安氏此种见解，实特具卓识，盖吾国文化之基础，确始于先民奠居新疆之时，及入甘肃则更为隆盛，再东而至于河南，陕西，山西各省，则吾国之中心文化已完全建立矣。但安氏文中，必谓我国西北之文化来自西方（近东），则仍不免外人轻视中国之私见，不仅不可置信，亦徒损失其为学者之风度而已。

（附）关于洮兰公路沿岸所发见之古物，已承①计主任法周之约，将为专文论之，仍发表于《新西北》杂志，以求正于考古之同志。此处惟简单述之，还请②计先生原谅为幸！

乐夫于兰州十里店

——原刊于《新西北》第 12 期，1944 年。

---

① （原文此处有空格，现取消空格。——编者按）
② （原文此处有空格，现取消空格。——编者按）

金文汇编器铭索引自叙

余于民国十五年，肄业北平清华研究院，从先师王静安先生治古文字之学，于金文一门，先生命余先读宋代诸家之书，然后迄于清代及近人之作。余遂依据先生宋清两代《金文著录表》所采用之书，一一读之。并商承先生同意，冀撰《金文集释》一书，卒以工作烦重。及先生自沈之故，仅成初稿一部分而止。及后任教于北平各大学，并兼职于师范大学研究院，(时在民国二十年。研究院后改研究所。)而导师钱玄同、黎劭西两先生，知余有志于此而未遂也，乃以编纂"金文汇编"一事相嘱，其编纂之法，即以购得各家金文著录之书(以善本为最。后以经费关系，未克如计实行。故有多数用书为余自备及借阅者。)按其器名、器形、铭文、考释原文剪裁汇贴，以便研究。余亦欲藉此以自勉，遂受命而从事焉。

窃谓金文之学，始兴于宋代，时以钟鼎彝器，时出商周故都，而刘敞、欧阳修、杨南仲、吕大临、王黼、王俅、赵明诚、李清照、黄伯思、董逌诸人，均先后搜集研讨，蔚成风气。于是或专图形状，或兼摹款识，或考证文字，或记录名目。诠释虽未尽当，然藉实物以考订文字及古史，复非汉唐经生株守误本伪书及师说者所能及，厥功甚伟。清代乾嘉以后，斯学益昌，阮元、吴式芬、吴荣光、吴大澂、徐同柏、朱善旂、潘祖荫、刘心源、陈介祺、端方诸家，摹录考释，精于宋贤。及罗振玉，邹安诸氏，采摭益富，传拓益精。孙诒让、罗振玉、王观堂(静安)，钱玄同、马衡、沈兼士、郭沫若、董作宾、容庚、徐中舒、丁山、唐兰、吴其昌、刘节、林义光、孙海波诸氏之考释，其审谛且突过于前人，对于文字及古史，发明犹多。然诸家之书，往往一器而各书异名，一字而考释者殊谊，又与铭识之摹写，款式既有变更，字形亦多歧异，翻检不便，学者苦之。则金文汇编之作，诚有不可缓者。今是之作，庶几荟诸家众说与一编，展一卷而异同毕备；各家定名之孰得孰失，拓本之孰优孰劣，考诠之孰是孰非，皆可比校推勘，辨订然否，是诚为研治金文学者必不可少之工具也。

当余工作之进行也，乃先据王师宋清两代《金文著录表》，及容氏西白（庚）之《重编宋代金文著录表》，《西清金文真伪存佚表》而成"器铭索引"一书，意欲谋诸书检查之方便，以利汇编全书剪贴工作之进行，并以备他日单独印行之用也，费时约三月有余。凡器名之不同者，取用习熟或较妥之一名；若二者均不适宜时，则另制新名；提行书写，而列举各种异名于其下；并各注明其出书之卷页，及铭文字数之多寡。至于器物之时代，真伪，存佚，及沿用原表之器名而器名有与器形不符，器名有与铭文违牾，[①]器名有用方□或摹写原文而难于称谓者，亦均略抒己见，参稽前人各家成说，而加诠正于其下。（如铭文字数，较易据实更正。时代先后及器之存佚问题，则均依王容两表而加以注明。真伪问题，则除王容两表分为"真""疑""伪"以外，如析子鼎、师馀鼎、师且鼎、伯彝、伯武史彝、伯庶父敦、虢姜敦、禺尊、节钺卣，子执刀祖乙卣、父癸斝、中觯、八子孙其觯、八子孙觯、孙子觯、册丁爵、叔臣爵、原表虽分列于"真""疑""伪"三者之内，余则以为均伪器而注明于其下。器名之与器形有不符者，如敦之与敼、与彝，与簋、盨之与簋、尊之与壶、与罍、盂之与盘、与洗、觥之与匜、律管与卮之与杂器，亦均分

---

① （牾为"忤"，后同。——编者按）

别加以是正。器名之与铭文有违牾者,约可分为三说:有因器名与铭文本同,而立为异名似异器者;有因器名与铭文本不同,而立为同名似同器者;有因本非一器,因避器名原有篆文之繁复而另立简名,以至彼此混同者。亦均斟酌情形而为之厘订分合,以符实际。至于器名原文之艰与摹写而用方□以代之,或摹写原文而仍无以名之者,亦审释其原文之可能与近似者,以便称谓。)然仍多从王师之说,(王《表》器名,本亦多从旧释。)不敢过于改窜甚至纰缪特甚,而亦有未加一一更易者,非敢私阿所好,亦欲以便检索云尔。至藏器之家,出土之地,考古博古二图,记之与先,罗氏福颐,(《三代秦汉金文著录表》。)仿行于后,法美意善,自当奉为准则,然本书仍付阙如者,时与力有不逮焉。回忆每当编立一目之始,绎一器之铭,定一器之名,诸书堆积,往返比阅,检书少则逾十余种,(如宋代)多则逾四十余种,(如清及近人)而零星参稽取征群籍与拓本者,尚不预焉。(如下列用书目中无简称之类均是。拓片从略。)故常终日兀兀,穷夙夜之力,仅能尽数十之器;意尚恨少,而头目已昏花欲陨矣。其与器名分类之序,则宋代首钟、次铎、次鼎、次鬲、次甗、次敦、次簠、次簋、次盦、次豆、次盂、次尊壶罍、次彝、次舟、次卣、次爵、次觚、次觯、次角、次斝、次卮、次不知酒器,次盘盂洗、次匜、次觥、次镫锭盘鑪、次度量衡、次兵器,次杂器;清及近人则首钟,次鼎、次甗、次鬲、次彝、次敦、次簠、次簋、次尊、次罍、次壶、次卣、次斝、次盂、次觚、次觯、次爵、次角、次杂酒器(甒、觥、卮、饮、举。)次盘、次匜、次杂器、次兵器、次列国杂器、次兵符权量(秦)、次鼎(汉)、次壶(汉)、次镫锭烛盘(汉)、次权度量(汉。晋至唐附。)次洗(汉)、次鉤(汉)、次杂器(汉。魏晋至宋附。)、次兵器(汉。蜀魏附。)、次符、(汉。晋至宋金附。)总计凡用书七十有余,(零星稽查之书,约略在内。)得器见于宋代著录者凡六百零二(疑、伪在内。)见于清及近人著录者凡四千七百二十有一(亦疑、伪在内。)合得"索引"全编字数凡五十一万有奇。

当此稿初成也，本不过汇编工作中首要之一部，急拟续就其他各部门分以期全书之早成。会潘变突起，愤而辍业，及后抗战军兴，虽复还业教职，卒因衣食奔走，无复重理之机。且展转流徙，逾数十载，行箧匆遽，亦几濒散失矣！今来西北，虽获重整一过，缮写粗具，而原拟用书，仍有阙而未录；前后错误，亦在所难免，与心更觉歉然。兼以环境生活所限，辄思得一时人新著以为增订补益之助而不可能，则是稿之写定付梓 ，实尚有待；而全书（即"汇编"。）之成，更不知底与何日矣！今斯叙之作，非敢劳示，亦欲以当宿年读书之记，以为异日就正有道之资耳。

兹附录引用宋人著书目，并简称如左（下）：

欧阳修《集古录跋尾》（集）

吕大临《考古图》（考）

《宣和博古图》（博）

赵明诚《金石录》（录）

黄伯思《东观余论》（论）

董逌《广川书跋》（跋）

王俅《啸堂集古录》（啸）

薛尚功《钟鼎法帖》（帖）

无名氏《续考古图》（续）

张抡《绍兴内府古器评》（评）

王厚之《复斋钟鼎款识》（复）

（附）王国维《宋代金文著录表》（王表）

容庚《重编宋代金文著录表》（容表）

福开森《历代著录吉金目》（福）

又附录引用清及近人著书目，并简称如左（下）：

《西清古鉴》(古鉴)

《西清续鉴》(甲、乙编)(续鉴)

《甯寿鉴古》(鉴古)

张芑堂《金石契》(契)

钱坫《十六长乐堂古器款识》(钱)

阮元《积古斋钟鼎彝器款》(阮)

陈经《求古精舍金石图》(精)

曹奎《怀米山房吉金图》(曹)

吴荣光《筠清馆金文》(筠)

吴云《二百兰亭斋金石记》(兰)

刘喜海《长安获古编》(获)

潘祖荫《攀古楼彝器款识》(潘)

吴云《两罍轩彝器图释》(罍)

吴云《二百兰亭斋金石文字》(亭)

吴大澂《恒轩所见所藏吉金录》(恒)

徐同柏《从古堂款识学》(徐)

刘瀚《荆南萃古编》(荆)

吴式芬《攈古录金文》(攈)

吴大澂《愙斋集古籀录》(愙)

刘心源《奇觚室吉金文述》(奇)

朱善旂《敬吾心室彝器款识》(朱)

端方《陶斋吉金录》(陶)

罗振玉《秦金石刻辞》(秦)

陈宝琛《澂秋馆吉金图》(澂)

罗振玉《历代符牌图录》(符)

邹安《周金文存》(邹)

罗振玉《梦郼草堂吉金图及绪编》(郼)

罗振玉《殷文存》(殷)

陈介祺《簠斋吉金录》(簠)

周庆云《梦坡室获古丛编》(坡)

容庚《宝蕴楼彝器图释》(宝)

罗振玉《集古遗文》(金文)(并补遗)(遗)

陈介祺《簠斋所辑金文》(辑)

盛昱䙮华阁金文(䙮)

方濬益《缀遗斋彝器款识考释》(缀)

王国维《古金文考释》(释)

冯承辉《金石剬》(剬)

陈丹皆《金石摘》(摘)

关百益《新郑古器图录》(新)

张廷济《金石文字》(济)

《湖北金石志》(湖)

《两周金文辞大系》(两)

《殷周青铜器铭文研究》(青)

吴大澂《字说》

孙诒让《古籀拾遗》

孙诒让《古籀余论》

孙诒让《名原》

孙诒让《籀膏述林》

罗振玉《矢彝考释》

王国维《古史新证》(讲义)

《王忠愨公遗书》中有关金文各篇

王国维《两周金文石文字韵读》

吕调阳《商周彝器释铭》

罗士琳《周无专鼎铭考》

丁麟年《栘林馆吉金图识》

蒋鸿元《新郑出土古器图志》(初、续附卷)

马衡《戈戟之研究》

容庚《秦汉金文》

郭沫若《金文丛考》

沈兼士、杨树达、董作宾、林义光、徐中舒、丁山、唐兰、吴其昌、刘节、孙海波诸氏之著作。

(附)王国维《国朝金文著录表》(王表)

容庚《西清金文真伪存佚表》(容表)

福开森《历代著录吉金目》(福)

附注:以上诸书,虽陋劣至甚者,亦在搜用之列,期少所遗漏也。至将来用于汇编剪贴之时,遇原著之不可剪裁者,则当精意摹写之(如铭文);否则删节其文而取其意云(如考释)。再:"索引"全稿缮写,由乔敬众兄偏劳,敬此志谢。

三十七年夏于国立西北师范学院教职员寓舍

——原刊于《国立西北师范学院学术季刊》第 3 期,1949 年。

研究文字学之途径与方法

　　自来字书，类皆取习用之字，编纂章句，取便讽诵，自《史籀篇》以下，至于杨雄、班固之书，莫不皆然。惟许叔重撰《说文解字》，始叙列篆文，合以古籀；分别部居，不相杂厕，而昔日字书之例，为之一变。后之治文字学者，遂得窥见文字制作之原，与其变迁之迹。此许书之所以为字书之大成，重要之述作也。罗振玉云："由许书以溯金文，由金文以窥书契，穷其蕃变，渐得指归。"其说是矣。

　　然许君生当炎汉之季，所见不博，所收未广。所谓古文，仅指孔子壁中书；所谓籀文，惟史籀残篇而已。至于山川鼎彝，虽知之，实未之见；殷虚甲骨，更非梦想所能及也，故文字之遗漏，形体之讹误，说解之纰缪，证引之不确，往往随处皆是，翻检即得。窃谓今后之治学问，皆当于纸上材料之外，一归诸器物之实证。即研究中国之文字学，亦何独不然。是则以许书为吾人今日研究中国文字之津梁则可，若谓研究中国文字之书，莫善于此，则非也。虽然，此亦时为之也。盖许君之目的，犹在小学，故自叙云："尉律学僮十七已上，始试，讽籀书九千字乃得为吏，又以八体试之，郡移太史并课，最者以为《尚书》史。书或不正，辄举劾之，今虽有尉律不课，小学不修，莫达其说久矣。"今许书所收凡九千三百五十三字，其数适足为学僮讽书之用，盖所谓"解谬误，晓学者"，其意即在以"修小学"为己任乎。是则许君与吾人之目的既殊，方法自亦不同，无足异焉。然则吾人今日之目的如何？方法奚若？姑就拙见所及，条举如左：

1. 目的

(甲)求造字之本源；

(乙)定文字之义指；

(丙)穷文字之功用；

(丁)究演变之程序；

(戊)明社会之状况与进化之历程。

2. 方法

(甲)证之甲骨金石陶器货币玺印文字，以明文字之源流与变迁；

(乙)就许书及古器物文字而参之诗书典籍，以求造字之义例与变例；

(丙)审之古代语言与音韵，以通文字之本谊与借谊；

(丁)考之古代之史事与制度文物，以明某字发生时代之情况与先民之心理，及后世人文进化与文字孳乳增多之迹象。

(戊)旁求先民遗物之刻划、绘画、标识、符号，以究文字之初形，与夫地方性、民族性、时间性之关系，而考其同异。

兹复述余对于订正《说文》意见如左：

(一)部次之异同

(甲)五百四十部首之排比　部首排列，本许君所自创；然亦体大思精，隐揩有条理。惟许君当时，于文字之本形，或有未悉，并以后世俗儒之随意改置，故往往觉其难合。今宜依据古体，及参考历来字书，而加以审正。

(乙)各个部中录文之出入　《说文》各部中字，亦有应在甲部而许君误入乙部者：如書字今在哭部，然撰以全书之例，应在亡部。如此，则仅存一部首哭字，而哭字亦合并入于犬部而散去哭部。此即《说文》每部篆文应有移动之一证。今宜采集前贤各家之说，而融以己见，订其本真。

（二）篆文之订正

（甲）并篆　此又可分为三目：

（A）异部重文　自王筠《说文释例》，列异部重文一科，其得四百四十三字，知篆文之宜合并者多。近人章太炎先生著《文始》，所列变易字凡近千名，亦古异部或同部重文之证。惟余意于音义相同以外，仍须顾及形体。宜以王章之术，参以甲骨金石文字之古体，如"月夕"，"隹鸟"，"卿乡饗"，"弔遰崤"，"行"之与"彳""亍"，各为一字之类。辨其正字，或体，初文，后起，而为确当之合并。

（B）同部重文　此与王氏释例同部重文义异。王氏所甄者，本篆下之古籀或体，今所言者，同部中之两正篆，或有本一字而误歧者也。如"彳"部之"彳"之"亍"，"止"部之"止"之可，史部之"史"之事，本为一文之变化，此先师王静安先生所已证明者也。（王筠于《异部重文》科中，亦附见此类）今更搜其不及，如"齊""齋"之类，以期于完善。其他如在同部或异部而知为一字一物而变其形体者，如止、𣥠、步、𣥂、久、及、舛、夅、𢍺、遥、徑等字甚多，兹不悉举。

（C）同部中古语辞类之连写　如鸟部"鸚""鵡"二字，其说解皆云"鸚鵡"也，而无他义，则二篆可以联写而注说解于其下。又如艸部之"茱""苢"二篆亦然。若兼他义，则另附他义于其下。又如鷪，"鷪风也"，则鷪篆即可次于鹖篆之下；藜，"蒺藜也"，则藜篆亦当次于藬篆之后。如此之类，虽与甲骨金石文字无甚关系，要亦为研究许书所应知之事。

（乙）补篆　甲骨金石所见之字，往往有形音义具备而不见于《说文》者。吾人试一检王静安先生遗书讨论文字诸篇，戬寿堂《殷虚文字考释》，罗氏《殷虚书契考释》，吴氏《说文古籀补》，丁氏《说文古籀补补》，容氏《金文编》及郭沫若、叶玉森、董作宾等之著作，随在皆有。均宜一一补入。

（丙）正篆　《说文》篆书，时有不可解者，此系许君之失，抑出后人所改，虽未可定，然其为谬篆则甚明。如"甲"《说文》作〇，下从丁，甲骨文皆作十，作〇，而秦阳陵虎符则作〇，《汉袁敞残碑》、《吴天发神谶碑》、《魏三字石经》则皆作〇。由此可知从十不从丁。从丁乃《说文》之讹也。又如"由"《说文》误作侧词反之畠。甲骨金文则皆作〇，与缶为同意。"天"之本谊为颠，故甲骨作〇金文作〇，作〇，〇形于〇上，以指示其颠，（甲骨作〇形者，因刀笔之故）而《说文》作〇，与卜辞地名之〇同形。"月"本象月阙，甲骨金文皆作〇，象月上下弦时之形，《说文》作〇，与藏肉之〇同形。如此之类，概宜更正。

（三）说解之订正

（甲）纠谬　《说文》篆文外，即说解亦往往有误。若张行孚著《发疑》一书，第就本书之例及经典中之不合者为说，尚非确证。晚近若吴大澂《字说》，孙仲容《名原》，及罗振玉王静安先生说，援据甲骨金石文字之用以证许书说解之失，甚彰彰也。兹于诸家之外，鄙见所及，有足搞定说解之误者：如部首白字，（形原作〇，本为日光之谊，庄子所谓"虚室生白"，其两证也。乃许君释之云："白西方色也，阴用事，物色白；从入合二；二，阴数"。不知作何解矣！又如"勿"为杂色物之意，而许君以为州里所建之旗。"米"为米粒琐碎纵横之形，而许君以为禾实之象。多为重肉，古者，初民惟有饮食观念，而食肉尤甚，故以重肉表多，甲骨文〇字从多，象肉在俎中，《毛传》训肴，是也。许君猥云从"重夕；夕者，相绎也"。此皆说解谬误之最著者，均应速加纠正以祛后人之惑。

（乙）补充　《说文》每字下一定义，亦有定义非误，而语意不显，或不全者。如〇，"颠也，至高无上"，是许君明知天为顶之谊矣。然复云："从一大"，则又以苍苍之天为"天"之本义矣。此类语意函胡①，亟

---

① （据文意"函胡"当为"含糊"。——编者按）

宜辨之明晰。又如⿰下云，"象月之形"，是矣；而复云"雨土相对，兵杖在后"，则非。⿰下云，"冒地而生，下象其根"，是矣；（"冒地雨生"，已近附会。）然上象枝干，而云"从中"，则非。⿰下云"象形"，是矣；而中之曰齿谓为"米也"，则非。他如⿰之仅训艸木之出，于义未全。按诸甲骨，犹有从止从一，作⿰，"象人出往"之一谊。是皆许君说解之不全，定义之未全，亟宜加以诠注补充者也。章太炎先生等小学答问，首明天义出于颠顶，洵为卓识，可以为法。而罗王郭董叶商徐丁诸人创见新说，弋获尤多，均宜取入。

（丙）新说　凡许书篆文，说解，皆有误谬，后儒已有订正者，与夫土地所出，闻见所及，有可独辟径蹊者，统可列入此类。如吴清卿之释"不""帝"，王静安先生之释"珏""朋"等，皆有惊人之新意，而亦至精至塙者，均当取入。

（丁）语源　甲骨金石之字，恒为单体。至《说文》所收之字，则屡加偏旁多为形声之字矣。实则古人简质字少，每借其声而义已在其中。如甲骨文冓字，其义为遇，《说文》则加辵作遘，而不复知有冓。（《说文》冓字别解。）甲文金文且字，其义为祖，而《说文》亦加示作祖。⿰字在甲骨篆器，即为考妣之谊，而《说文》仍加偏旁而作妣，此皆时代渐后，迷其语源，故加偏旁以示分别。（然亦有有偏旁而为百字之或体，非后起者。）实则古字义存于声，声显于形。独体既亦足用，孳乳实出后人。今以甲骨金石文字与《说文》相较，庶几文字时代之先后，得以多所判明欤。然独体亦可明时代之先后：如马字⿰最古，⿰字次之，⿰字更次之。如鱼字⿰，⿰最古，⿰字次之，⿰字更次之。又已成之形声字，从其得声之文，亦可定其时代之先后：如沽从古得声，湖从胡得声，则沽必古于湖。如峕从之得声，时从寺得声，则峕必古于时。如睹从者得声，《文选》等多作曙，因署亦者声也。而《说文》则有睹无曙，是以睹古于曙之明证也。兹不悉举。

虽然，许书之违失，有待吾人之是正者，固如上述。然其说解之精博，超绝后人之处，亦复所在多有，兹亦略举一二，以示例如次，藉以知《说文》一书之固非许君率尔而成者也。

《说文·人部》佣下云："辅也。从人朋声。"案甲骨文做 。罗振玉云："贝五为朋，故友佣字从之。后世友朋字，皆假朋贝字为之，废专字而不用，幸许君尚存之于《说文解字》中。存古之功，可谓伟矣。古金文中友佣字，多与卜辞合。"又弓部弹下云："行丸也，从弓单声。弹，或从弓持丸作 。"案甲骨文作 。罗振玉云："段君从《佩觿》集韵，改弨为 ，改注文作或说弹从弓从丸，今卜辞字形，正为弓持丸，与许书或说同。许书兼存 ，众说之功亦巨矣。"又受部受下云："引也。从受从于。□文以为车辕字"，段注，此与手部援音谊皆同。又王部瑗下云："大孔璧，人君上除陛以相引。从玉爰声。"段注于人君相引之说，谓未闻。今案甲骨文作 字。罗振玉云："桂氏曰，'大孔璧者，孔大能容手'。又曰'《汉书·五行志》，宫门铜瑗，亦取孔大能容手以便开闭，'而于人君上除陛以瑗相引之说，亦无征证。盖古谊之仅存于许书中者也，瑗为大孔璧，可容两人手。人君上除陛，防倾跌失容，故君持瑗，臣亦执瑗在前以牵引之。必以瑗者，臣贱不敢以手亲君也。于文从 象臣手在前， 象君手在后。|者，正视之为○侧视之则成|矣。瑗以引君上除陛，□许君于爰援均训引。《荀子·性恶篇》注训援为牵引，《礼记·中庸》注，援为牵持之，并与许书瑗注谊同，知古爰、瑗援，为一字。后人加玉加手以示别，其与初形初谊反晦矣。"又卜部贞下云："卜问也。从卜，贝以为贽。一曰鼎自声。京房所说。"又部首鼎下云："……古文以贞为鼎，籀文以鼎为贞。"甲骨文作 ， ， 诸形。罗振玉云："今卜辞中，凡某日卜某事皆曰贞。其字多作 ，与 字相似而不同。或作鼎，则正与许君以鼎为贞之说合，知确为贞字矣。古经注贞皆训正，惟许书有卜问之训，古训古说，赖许书而仅存者，此其一也。又古金文中，贞□

□字多不别，无鼎鼎字作▩，旧辅□贞字作▩，合卜辞观之，并可为许书之证。段先生改小徐本古文以贞为鼎，籀文以鼎为贞两贞字作贝，是为千虑之一失也矣。"

其余可以据此类推。取长舍短，从善而改不善，是在世之学者。

（完）

三十七年九月二十八日印

高元白著《我国文字形体的源流》叙

　　窃尝谓吾人研究文字学之最终目的有二：一为狭义的，一为广义的。所谓狭义的，即就文字之形音义三者而加以探讨。谨求得文字本身之了解而止；换言之，亦可谓之分析的研究。此种研究，自东汉许叔重而后，已不下百数十辈。逮夫清代乾嘉以降，尤称极盛。及阮（元）吴（大澂）罗（振玉）王（国维）诸家出，能运用彝器、甲骨文字以推广研究之领域，一变墨守许氏一家学说之风，实可谓文字学界之大革新与大幸运。迄今学者上迈进于此途中而未知有已也。所谓广义的，即用文化、历史之眼光。从所有的文字中，探求我国民族之特殊性，与固有精神，使之发扬光大而贡献于世界；换言之，也可谓之综合的研究。此种研究，除吴、孙（诒让）、罗、王四家已略引其端绪外。尚未见有其他系统之著作也。（如郭沫若、董作宾、徐中舒、丁山诸先生，间有及之。）然此种工作，取材较广，头绪较繁，门类较多，其学必兼习夫历史、文化、考古、民族、社会、地理、生物各科之学。以明人类进化之原，与人事变迁之迹；其法可略取郑樵《六书略》分类之方而加详改善。解散许书五百四十部，综合九千三百五十三文并说文以后之字。而详悉为天文、人事、动、植、矿等若干类，（今岁黎先生劼西自兰返校，亦制有词类表以教及门；颇与余说相同。余深喜先生之法之益精且善，与余说之能与先生暗合也。故先生之表，亦至可取法。）每类复案文字发生之先后，联系之而分别为若干期。再冠甲骨、金文、古陶文字于每类之首，以为我国初形文字之暂守最高标准。旁以征诸世界各国之原始文字以为比较之资。如此类别系明,纲举目张,然后逐字考求其形、音、义三者而就其起因与变化。既得其本义,则於余义、於引申义、於假借义、於形、於声,各指所之,罔不就理。而与人类进化之序,文化演变之道,关系若何,亦罔不灼知。是则不仅广义与狭义兼有,实综合与分析并包。岂徒为一部咬文嚼字、枯燥无味字典式之文字书。实我黄帝子孙五千年来之一部真实可信之文化史也。(因历史记载,往往失实不如文字发生自然,能代表民族文化之真实性)。然熟思着手此业之第一步,厥在明我国文字之流变。骥滥竽斯科,亦颇有年,自北平以迄西北西大、师院,无不以此旨为同学言之。且亦编有文字形体变迁史,与文字学形义概要讲义两种,以为试教之具。惟以自愧浅陋,未敢问世;而时事变幻,清稿无期。今得奉读契友高元白先生所著之《我国文字形体的源流》一书,晔然巨著。拜佩之余,尤幸元白之能安心著述,先我而成也。书分溯源、明形、辨体、顺流四大章,扼要而有条理。搜材既宏,取舍亦严,新知独见,读者时可于篇章中求得。固无俟于骥之多述矣。惟元白有私于余,嘱必为之叙,余深愧佛顶之放粪也。然昔者江艮庭拟撰《说文解字注》,见段懋堂稿而辍作。骥虽不敢以江氏自比,而所知于元白者,实将驾段氏而上之,可无疑也。此则骥今日整装匆匆,勉书数语之意也。时中华民国三十二年八月赴兰垣前何士骥乐夫谨叙于陕南城固寓舍。

> 一九四八年(卅七)十一月一日

> ——原刊于《读书通讯》第 91 期,1944 年。

西北高原是中华民族的老家

　　余所处之所谓西北高原，乃指沿黄河两岸之黄土高原而言；所谓沿黄河两岸之黄土高原，非如普通地理学上所用之专门名称之谓，乃指普遍的黄土所覆盖之土丘和山地而言。此种地形有因河水冲刷而分割成若干崎岖之台地者，有因河水冲击而成若干高广或低平之台地者，有因河水侵蚀而成若干岛形之台地者。其表面因有风成的细粒黄土之粉筛其上，宛如人面之蒙一细腻之黄纱；其下则有极古之岩石，与黏土混和之砂砾。此黄土之质地至为细软，若试以手指搓之，则可深入指皮孔中而不见，其有孔性且在百分之四十五以上，故常能使黄土保持其相当之湿度，遇雨水而告溶解。若在未经淋洗之土壤，则性极肥沃，一经溶解而发酵，于植物之生长与繁殖，最为有利。又因风吹之作用，使黄土不断保持其新鲜，而永远维系其生长生物之因素。故此种肥料之来源，纯出天然，实可谓"取之不尽，用之不竭"，一如尼罗河供给埃及地面之肥泥也。忆在古代气候适宜之时，虽无充分之雨量，但因能保持相当之水分，对于动植物之生长，与适于人类之生存，或且为世界最肥美地带之一。至其适于人类之居住，则因此种黄土之特点，为有直立性者。由直立性之分裂而成为极挺拔之墙壁；复由土中含有黏合性之物质，遇水而结合，其表面轻松之细砂而成为坚硬之顶盖，遂为先人适宜之洞穴住所矣。

　　如此于人类既完备其"食""住"之两重要条件，而又满布此种黄土于黄河沿岸之各地，中华民族文化之发祥地，实无异谓西北黄土高原为其最古之老家也。今试以考古学上之所见地带之有先人遗址甚多：就旧石器时代之遗迹遗物而论，则有宁夏南之水洞沟，鄂尔多斯东南之萨拉乌苏沟，陕西榆林南之油坊头，甘肃庆阳县以北各地。若就新石器时代之遗迹遗物而论，则随时随地，到处皆有，尤以新疆、青海、甘肃、宁夏、河套、陕西、山西，各省为最多，更可以证西北黄土高原为中华民族之老家所说不诬。然余尤欲说明者，即此处之所谓黄土高原，乃不论其面积之大小若何，位置之高下若何，积土之厚薄若何，黄土以下之地层若何，证以古籍之记载，即《周礼·大司徒》郑注所谓"高平曰原"，《尔雅·释地》所谓"广平曰原"者也。盖"高而广平"，顾可称之为原；"大野广平"，亦可称之为原也。所谓陆阜陵阿之能生长动植物与可耕种以给民食，穴洞以便民居者，无不可以原名之。故《尔雅·释地》亦有"可食曰原"之说也。案字《说文》做𠩺，原义本为水本，高平之野也。从乏以言人之可等陟，从备（即略之省）以言土地之可经略，从彔以言汲水灌溉。水斗上下之彔彔或开掘土地而成沟塍，如刻木之彔彔然也。后人始以音同义近之原字代之，盖失其本真矣。

今欲求此黄土高原之实状，虽于各地目验可以得之然在中国之文字学上亦早有其形，其形维何？余谓即北之一字是也。北形为小篆，许君云："土之高也，非人之所为也。从北从一。一、地也。人居在丘南，故从北，中邦之居，在昆仑东南。一曰，四方高，中央下为丘。象形"由许君之论，一为会意，一为象形。余意若许君从北从一会意之说为可信。则不如释象两人栖居于土之上之形之为得也。许君盖误以象两人之形为北字矣。至于许君一曰之说，其形未箸，按诸殷墟卜卦作口，古铜器铭识货币陶器文字作口，作口，确为象形。上盖象风积黄土起伏不平之波状态，下则象原来之地而也。若是则做北为象人之丘，而作口为象土丘之本形，均为象形文字。今人往往以丘为小阜，不能包括高山大陵与广平之高原言之。实则古代未必有如此严格之区别：如

《说文》虗下云：“大丘也。昆仑丘，谓之昆仑虗。……四邑为丘，丘谓之虗。”又丘下云：“中邦之居，在昆仑东南”（已见上），是则丘即虗，虗则丘，昆仑虽大，在古代亦不过以大丘名字。又如《竹书纪年》云。“帝宁居原，自原迁于老丘”，是则丘原虗三者。固同为人所居住。特形势大小略有不同而已，实则一也。且云：“东南为中邦之居”，是更可知昆仑丘之东。即古中华仙人之住宅也。今观昆仑山脉之东麓，确为大河河源之所出，是则黄河流域之黄土高原之最早者。当在昆仑丘（或昆仑虗）而昆仑虗实中华民族老家之老家矣（如古时记载西征昆二丘，见西王母，及人神类之故事传说甚多，亦为先民活动中心之一证）。以后始顺沿黄河两岸之水槽丘地儿分别散居，遂废昆仑丘为昆仑虗耳。案虗字本从丘，亦及墟字，其从虍者。（实为虎字，许君以为虍声，非是）。特以人去台空（丘亦即台地），为豺狼虎豹据以后言之。如文选西征赋引声类云：“墟，故所居也，”是也。

至丘地之宜于人类之生活。稽诸古籍，亦屡书不绝书。有关于居住方面者，如周礼夏官所云：“辽师掌四面之地名，辨其丘陵坟衍辽隰之名物之可以封邑者，”是可知古代有择丘陵以为封地者矣。如周礼小司徒所云：“乃经土地而井牧其田野，九夫为井，四井为邑，四邑为丘，”是可知成邑有赖于丘地者矣。如时文王有声集傅所云：“京，高丘也；师，众也。京师者，高丘而众居也。”是可知后世帝王所居之京师之起源于丘陵而可推得古代部族酋长之亦必据丘陵以为居者矣。有关于战争方面者，《左传》庄公八年所云：“齐侯便连称管至父戍葵丘”，国是可知丘为据高陵下，与御敌守备之关系者矣。有关于耕植、畜牧、狩猎方面者。如《淮南子·本经训》所云：“积壤而邱处，粪田而种谷，”诗国风王风所云：“丘中有麻”（毛傅以为“丘中尽有麻麦草木”），“丘中有麦”，“丘中有李”，“宛兵之栩”，史记殷本纪所云：“盒广沙丘苑台，取野兽蜚鸟置其中”。《左传》昭公四年所云：“田于丘犹，遂遇疾焉。"庄公八年所云:"齐侯游于姑苏,遂田于贝丘,见大冢。"《晏子春秋》所云:"景公畋于梧丘"。是可知丘由林薮泽,鸟兽草木番殖之区,而为人类所生活所必争者矣。然人类之所以比居于丘陵者,盖犹有以重要之原因也,即避免水灾与湿害是也,《墨子》曰:"古之民未知为宫室,时就陵阜而居,穴而处下,润湿伤民,故圣王作为宫室。"《淮南子本经训》曰:"舜之时,共工振滔洪水,以薄空桑……民皆上丘陵,赴树木。"《父齐俗训》曰:"禹之时,天下大雨,禹灵民聚土积薪,择丘陵而处之。"又曰:"故江河决沈,一乡父子兄弟相遗而走,争升陵阪,上高邱。"《史记集解》引孔安国曰:"大水去,民下丘居平土。"《风俗通》山泽篇曰:"尧遭洪水,万民皆山木居以避其害,禹决江疏河,民乃下丘营度爽皑之场而邑落之。"均其明证也。其他丘居事实之见于古史记载于足以知我先民之以丘地为活动中心者,亦屡见不一见:如太皞之虚(宛丘),炎帝之虚,轩辕之丘,有熊之虚,寿丘,营丘,帝丘,昆吾之丘,尧虚,陶唐之丘,妫虚,姚虚,夏虚,商丘,殷墟,列山氏之虚,嵩丘,有莘之虚,蓟丘,清丘,邢丘,雍丘,楚丘,顿丘,封丘沙丘,犬丘,太丘,浸丘,胡丘,羌丘,宗丘,咸丘,泉丘,壶丘,顷丘,葵丘,瑕丘,灵丘,尼丘,负丘,潜丘,椒丘,丹丘,狐丘,桑丘,龙丘,麦丘,吾丘,蔡丘,苞丘等等,此虽仅举其常见而科考之为古代国邑者之一部,已如此之多,若就史迹湮灭,地望难知,而不失为古人居住遗址者言之,则如《竹书纪年》所记有襄丘,穆天子传所记有极丘,富丘,军丘,谷丘、祭丘,《山海经》所记有搏兽之丘,东丘,赖丘,还白之丘,赤望之丘,武夫之丘,神民之丘,苍梧之丘,玄丘。莊子所记有逍遥之虚,冥伯之丘,狐关之丘,蚁丘等等(可参看郑逢原说,见《治史杂志》第二期),更可知其数之多至于不可胜记焉。是则丘者,古代人类必需之地,亦我先人生命线所在地,其与人类关系之巨,可不难而知亦。吾固以为此种丘陵地带之造成,不必论其在黄河上游之西北,或黄河中下游之华中与华东,其积聚之成因,亦不必论其为风积或冲积,要皆适于人类之生存也,无疑。

或为以上见诸史书所记之丘居地点,由其分布之情形观之,虽以濒沿大河者为多,然以今之地区论之,则均在冀、鲁、豫三省之内。是则中华民族之老家,似在中国之中部高原,而非在西北高原矣,余以为此之所云,不过为有史以后之记载,而中国有史以前先民活动之失于记载者,当更千万倍于今日。当吾先民之在西北高原时代,尚为原始之初祖,文智简质,不仅无史,且亦无文,安得一一记之而示于后,然由黄河中下游丘居遗迹之繁,正可推知上游遗址之更多于此;特因年代过远而失传,而沿河东下民族之遗址则因为时较近而获保存耳。若徒凭有史之记载,以为中国中部为先民之老家,是诚倒果为因之论也。《孟子》云:"尽信书,则不如无书",斯之谓矣!且人类由山居而水居,由高原而平原,由山林狩牧而原隰种植,亦进化必经之历程也,故吾以为西北高原者,实我中华民族之发祥地,中国文明之根源地,最古之政治中心在是,最古之经济中心亦在是。世之所谓东土文明,东方文化者,洵即此高原之黄土文明,黄土文化而已,其在我国历史上之重要价值与重要地位,实远过于西史之所谓"爱琴海文明"也。今西北高原之丘虚地名,虽多不可知,然昆仑丘(昆仑虚)之一名,已足代表其最古最重大之历史意义而有余。

今者考古之学,如日方升,历年发现,已足补前人记载之不足。继此以往,西北各地,必将由点的发现而成线,由线的发现而成面,使吾先人老家,一一如在目前,吾人既以西北为抗战之根据地而获胜利,庸讵知不以老家之一念而重振旧业,以为今日戡乱定邦之基础乎!是诚在吾人之自勉而已。

炳灵寺介绍

我们祖国的历史文物是伟大和丰富的，这是我国劳动人民发挥了高度的勤劳、勇敢、智慧所创造的文化遗产，实在值得我们来宝贵与骄傲。然而这些宝贵的文化遗产，也只有在共产党、毛主席和人民政府的领导下，才能免于帝国主义者的掠夺和统治者的霸占，让人民自己来管理、发掘、研究、欣赏、发扬光大，来用作国家新建设上各方面的参考。现在把炳灵寺一处作个简单的介绍：

炳灵寺开凿的年代，据书本上的记载，最早见于唐高宗(李治)总章元年(公元六六八年)释道世所著的《法苑珠林》。他说："枹罕(即今临夏)临河唐述谷仙寺(按羌人叫鬼曰'唐述'，'唐述谷'即是鬼神来往之谷，言其幽深之意。炳灵寺亦有称唐述窟，或堂卫山者)，晋初河州唐述谷，在今河州西北五十里。度凤林津，登长夷岭，南望名积石山，即禹贡导河之极地也。众峰竞出，各有异势，或如宝塔，或如层楼。松柏映岩、丹青饰岫，……南行二十里，得其谷焉。凿山构石，接梁通水。……有石门滨于河上镌石文曰：晋泰始年之所立也。"泰始为西晋第一个皇帝晋武帝(司马炎)第一个年号，其元年即公元二六五年，如依此说，则寺的开创距今已有一千六百八十八年，在国内石窟中，确是一个比较早期的了。若据现在调查所知的石刻记载而言，则有在魏代石窟上"大代延昌二年"(魏宣武帝恪，公元五一三年)曹子元的摩崖题记，距今也有一千四百四十年了。但曹子元可能非首先建窟的人。

炳灵寺石窟，修建在永靖县西北部黄河北岸的小积石山的丛山中大寺沟的岩壁上，本来是一座古雅美丽，富有文化、历史、艺术价值的堂皇大寺。但因此山的石质是红砂岩，原来已不甚坚固，再加以深山邃谷，与靠近黄河边沿的原故，风雨水蒸，潮湿异常，而致雕像、石刻多遭自然的损毁，又遭人为的损失，所以这一些自魏唐以来富丽辉煌的壁画、造像和凌云架空的窟檐、游廊、栈道、飞桥，迄今已有损失。但其高度的历史价值与艺术价值，则在多数留存的精致非常的石雕和窟龛中仍可显明的看出，这依然是祖国不可多得的文化遗产，和先人费尽脑力体力的劳动成果。如上寺(原来石窟全体，集中在大寺沟的南北两端，分为上下两寺。)的佛母殿，虽系新修，但佛殿的结构与柱头丰富的雕饰，颇有唐代和印度的风味，是相当精美的；又在山上窟洞间二丈多高的一座大佛，面相端庄，神态生动，更有唐代原物的可能。下寺是炳灵寺精华之所在，位置在大寺沟宽阔部分的西崖上，在魏唐时代，当为极繁盛的处所，现在因为屡遭破坏，除近年新修的一个简陋的卧佛殿外，过去古刹遗迹，是一无所存，看来已成很冷落的景象了。

从全体窟龛(三十六个洞窟，八十八个佛龛，共计窟龛一百二十四个)的内容主题来看，主要的是佛与菩萨、天王、比丘等所组成佛说法的石刻造像。魏唐壁画，仅存残余部分，大部分是明代重绘，经过火烧，保存得完好的已不多了。

从艺术风格方面来看，炳灵石窟造像是足够表现出唐代艺术作派的，如第五十八号窟左右的几十个佛龛群，与第三、四号窟及第一一四号以及第九十八号龛的一个残断的观音半身像，都是丰满秀丽，生动活泼地表现着高度民族艺术传统的杰作。又九十二号窟，是全部石窟中最大的一个，窟内四壁，用原来的崖石雕凿了七八尺高大的一佛、二菩萨、二比丘、二天王像。虽然洞在清代时期遭到火药的炸毁，但从天王头部、半身，及无首的比丘全身以及两个小观音的残存部分看来,伟大雄健的作风与磅礴的气魄,实在到了可惊的程度。作者的题名现在虽然还未找出,很可能是一个中国美术史上有名的的高手的创作。至壁画方面,魏唐原画,遗留甚少,已在上面说过,就是大部分明代重绘的壁画,也已遭受了燃烧或燻黑。惟就比较完好的第三、第四号洞窟看来,壁画内容,大都以密宗曼荼罗为主。但现在所能见到的壁画,与敦煌宋元壁画的作风和近代藏画的画法都不相同。而第八十四号窟北壁的明代轮回故事画,是用粗壮的笔调与强烈的颜色所绘成,可以说是在炳灵寺内明代壁画的特点,很可能是喇嘛教传入的早期受了唐宋绘画艺术一脉相承的民族风格的。

总之,炳灵寺石窟的艺术作风,从造像中(供养人在内)的活泼线条、庄重态度、与绮丽精美、坚实挺秀、华富朴厚、气韵生动的各种表现上来看,确是有其特殊的价值的。这种价值就是在于早期魏代造像的纯粹民族形式和唐代造像那种刻画入微的高度写实作风上面。并且还能证明出中国的佛教艺术完全是从伟大的祖国艺术遗产中一脉相传地演变而来的。

至于全部窟龛上面魏唐宋明各朝的刻石摩崖和题记,或直接有关于寺的本身的说明,或间接有关于中国历史上、地理上、交通上、商业经济上、外族侵略的战争上的记载,可用来补充书本搜罗的不足,或纠正其错误,这也是一种很好的收获!

论大学国文教学

大学一年级的国文课程战前本来没有,是二十七年开始增设的。三十一年六月教育部聘请几位学者黎锦熙、魏建功、朱自清、卢前、王焕镳、伍俶诸先生,组织了一个编选委员会,当时由会里拟定了一份《大学国文选目》,同年十月便颁发全国各院校一律遵用;三十二年正中书局就照此选目出版了一本《大学国文选》。大学国文的增设,算起来到现在恰恰十年了,至于所用教材除最初几年各自编选外,近六七年来全是用的部颁教本;但据一般的教学情形看来,虽不能说效果不大,却也发生了许多的困难问题。关于这些问题发生的原因,如果略加检讨,我们第一认为是教材太深。这本《大学国文选》,共列五十目,诗文六十篇,计先秦两汉文,包括:《易》《书》《诗》《礼记》《左传》《国语》《孟子》《庄子》《荀子》《列子》《离骚》《淮南子》《论衡》《说文解字》《史记》《汉书》及贾谊、司马相如、董仲舒诸家之文,共三十篇。魏晋六朝文,包括《后汉书》《三国志》《文心雕龙》《高僧传》《水经注》《洛阳伽蓝记》及庾信文等十一篇。唐宋文,包括《晋书》《北史》《通鉴》《通志》及韩愈、柳宗元、李白、杜甫、欧阳修、王安石、苏轼、张载、朱熹诸家之诗文十七篇,明代王守仁文一篇,清代姚鼐文一篇;现代文一篇也没有。这些教材让我们一看便知道他是太古老,尤太偏重先秦两汉。在这六十篇的一本书里边,先秦两汉之三十篇,以篇数论,恰占一半,以分量论,要占全书的三分之二,实在过于重古轻今了。这些文章,平心而论,无疑的都有学术的或文艺的甚高价值,教学生读了,可以让他们知道旧日的学术状况,也可以领略旧日的文艺作风;可是与现在一般大一学生的国文程度,的确相去太远了。若是拿来教师范学院文科各系,或一般大学的文学院,尚勉强可用,也未见得完全适合。如用它来教师范学院的其他各系,或一般大学的其他各院,我们一方面感觉到"陈义太高",一方面又感觉到"离实际稍远"。这些教材因为太古老,读起来字荆句棘,艰涩费解,讲授时不免使学生难于领会。于是,教学的效果就受了影响。

更成问题的是不能适合于学生的习作,因为在今日要作那样古雅的文章,得读过许多线装书做基础,再加上数十年含英咀华的修养,与东练揣摩的工夫。而我们大一学生包括文法理工及师范各学院的青年,他们将从事于各种学术与技能以报效国家,从文学、科学、工业各方面而努力来创造我们将来的新中国,若殚精竭虑于学习古文,我们觉得他们有些不能。所以,这些教材如果经教师加以充分的预备,费力的剖解,讲起来也未尝不可以上下古今,源源本本,滔滔不绝;学生听起来也或许可以亹亹忘倦,然而"眼之高无补于手之低",对于学生的写恐怕是很少有益的。不过在这里须要特别声明的,我们并不是反对读古书,只是说一般大一学生不完全需要,也不必固定非读不可而已。罗莘田先生说:"现在大学中国文学学系的课程何尝忽略了各时代的代表作品?何尝把古书束置高阁?许多有名学者的著作何曾不超越前人?我敢说:自从文学革命运动以来,在文字工具上虽然改良了,可是对于古书了解的精切,对于文学欣赏的深入,这些'酿成今日的底他它吗呢吧咧之文变'的人们,比起那些'日寝馈于古人之言'的"文学正宗与专门名家"来,实在'有过之无不及'。只是我们不再鼓励后进去摹拟'沈思翰藻'或讲求'神理气味格律声色'罢了"(《中国文学的新陈代谢》)。罗先生这一段话,我们认为很有道理,古书须要读,但不必人人都读;旧文学虽好,但我们不必再鼓励个个青年为它们而沈醉。

关于《大学国文选》的内容太深，学生不易理解一点，不只我们有此感觉，就是当时编选会的诸先生也有此同感：魏建功（编选会主席）先生说："从这一个选目和客观情形两个相比较，或许失之过深"（《大学一年级国文的问题》）；朱自清先生说："至于学生了解力远在教材的标准之下，确是事实"（《论大学国文选目》）。黎劭西（锦熙）先生也说："愚以为在目前大一学生国文程度之下，五十篇确乎不易讲授完毕，以必读的二十篇为限好了；二十篇也不易通体精读，长篇节取其中'菁华'而精读之，其余部分略读好了"（《大学国文之统筹与救济》）。他们既认为教材太深，又知道学生不易理解，读起来困难层出，课程也进行缓慢，教材也讲授不完，为什么偏要这样选呢？这也可以看出他们不得已的苦衷了。欲明此理，我们便须要研究研究编选会决定的大学国文的"教学目标"，正中书局把它印在《大学国文选》的卷首，名之曰："本书编订要旨"，共分三目：

一、在了解方面：养成阅读古今专科书籍之能力。

二、在欣赏方面：能欣赏本国古今文学之代表作品。

三、在修养方面：培养高尚人格，发挥民族精神；并养成爱国家、爱民族、爱人类之观念。

大学国文教学的目标，只是从"了解""欣赏""养成"三方面着眼，它的优点自然很多，我们姑且不论，现今只看它和高中国文教学的目标有什么不同。高中国文课程标准的第一项"目标"，共分四目：

一、使学生能应用本国语言文字，深切了解固有文化，并增强其民族意识。

二、除继续使学生自由运用语体文外，并养成其用文言文叙事、说理、表情、达意之技能。

三、培养学生读解古书，欣赏中国文学名著之能力。

四、培养学生创造国语新文学之能力。

在高中国文教学四个目标之中的一、三两目，大意所说也是"了解""欣赏"和"养成"（增强民族意识，亦即发挥民族精神）的话，只是大学教材在阅读和欣赏的范围上有"今"的部分。如今看他们选的标准虽然是从古到今，可是实际上一篇现代文也没有选入。所以我们可以说大学国文教学目标与中学相同，不过措辞略有分别而已。我想在编选时，或者以为大学国文应该和中学国文的程度有些不同，而目标可以相差不多。可是中学国文教学目标中最重要的部分，却被删掉了。被删掉的就是学生写作技术之训练，发表能力之养成，也就是高中国文课程目标的第二、四两目，使学生养成能自由运用语体文及文言文叙事、说理、表情、达意之技能，创造新文学之能力。此问题是我们认为最严重的一个问题。叶圣陶先生说："大学一年级添设国文课程，是二十七年度开始的。……为什么要添设？据说因为大学新生国文程度差。……只是根据着考卷的文字欠通与别字连篇，就说他们国文程度差了。"（《关于大学一年级国文》）王焕镳先生也说："大学生国文程度之低落，几乎与年俱进，而未知其所极，其握笔能为清顺之文者，百人中不得数人焉。识者固群认为严重问题，竞谋挽救之道。"（《大学国文教学问题之讨论》）读叶、王两先生之论，便知道大学国文的增设，原来是因为大学生"考卷的文字欠通，与别字连篇"，和"握笔能为清顺之文者，百人中不得数人焉"。换句话说：就是因为一般大学生写作、发表、创造的能力太差，于是增设大学国文，以资补救。然而大学国文既设之后，却与增设此科之原意相违了，这岂不是一个值得讨论的问题吗？在这里又要声明的，是我们并非否认"了解""欣赏"绝对与"写作"没有关系。"读书破万卷，下笔如有神"是古人由一生写作中得来的经验，诚属可信；且在古人的写作中，更讲求能够"铸经熔史"。想着写作时能够"下笔如有神"，能够"铸经熔史"，就非从"阅读古今专书""欣赏古今文学"着手不可。可是这种写作技能的基本训练,似应由六年中学的国文课程中多负其责(按中学课程标准应该如此,实际上也难负此重责),如果中学的国文训练失败了,那就应该放弃此一途径。现在假想在大学一年级的国文中来谋补救,虽然不能说绝对没有效果,然而我们总觉得效果太微了。

话又说回来了,编选会当时是否把"写作"问题完全忘掉了？不是。他们最初决定的大学国文教学目标,原来是分四目:有一目说:"在发表方面:能作通顺而无不合文法之文字"(见魏建功先生《大学一年级国文的问题》)。可是到了选材工作完成的时候,此目又被删去了,原因是"选目中的文字不能示范"(朱自清先生语)。编选教材的时候,他们还有几条规定,其中两条是:"酌量避免与中学重复"及"生人不录"。当时他们以为一般的中学国文教本,多选唐宋以下的文章,因为大学国文教材要避免和中学重复,所以教材便要偏重先秦两汉;又因为有"生人不录"的决定,所以现代文一篇没有入选。由此两种关系,教材不能训练学生的写作,于是便把训练写作的目标将就删去了。但是,他们虽拟避免与中学重复,其实教材中重复的还是很多,如白居易《琵琶行》,《诗·蒹葭》,《易·乾文言》,司马相如《长门赋》,《洛阳伽蓝记》,《景林寺》《白马寺》,朱熹《大学章句序》,韩愈《答李翊书》等,均已选入初高中中华教本。《汉书·马援传》,张载《西铭》,《左传·季札观乐》,韩愈《答李翊书》,《礼记·礼运》,《荀子·天论》,朱熹《大学章句序》等均已选入初高中正中教本。又《礼记·礼运》,《汉书·苏武传》,《通鉴·淝水之战》,王安石《上仁宗皇帝言事书》,屈原《离骚》,杜甫《北征》,《左传·殽之战》,《汉书·儒林传序》,朱熹《大学章句序》,柳宗元《封建论》,许慎《说文解字序》,张载《西铭》等也都已选入初高中商务复兴教本。凭我们记忆所及,已有这些,实际上与中学教材重复,恐尚不止此数。至于因受"生人不录"的限制,而整个地放弃近体文言文和语体文,我们更感觉到不甚妥当。同时"生人不录"的意义,我们也不知道究竟如何? 当时编选会也未加说明。也或许以为:近体文言文与语体文一看便懂,不必再选;即令选出来也没有什么可讲的;而作者大多还都在世,他们的作品,又是瑕瑜互见的,选起来斟酌取舍之间,也颇费工夫;干脆不选,让一般大学生,各就性情所好,在课外自己去随便阅读好了。其实近体文言文之优点与其应讲之处甚多,现在我们且拿语体文来说:"照我看起来,白话文并不像一般人想象的那么容易懂。就因为它是新兴的文体,所以对于它的设计、结构、文字的运用、人物的刻画等等,越发得详详细细的分析解释。你必得讲过一回新文艺,你才知道它不容易讲,你必得作过一篇新文艺,你才知道它不容易作! 又因为它瑕瑜互见,不完全是成熟的作品,所以在选择去取之间,格外得审慎,才不至于叫后进漫无准则"(罗莘田先生(《中国文学的新陈代谢》)。总之,我们认为大学国文教材因欲避免与中学重复(且实际亦未能全免),和受"生人不录"的限制,而便侧重先秦两汉,以至与教学目标相违,实在是应当从速补救的。

而且,还有一点也是我们觉得应当注意的,就是大学国文教学目标的第三目:"培养高尚人格,发挥民族精神,并养成爱国家、爱民族、爱人类之观念"。凡一个国民,尤其是一个曾受高等教育的青年,的确是应该具有的。然而这是整个教育的目标,不是某一课程的独有责任。无论在中学的任何课程中,大学的任何课程中,都应该含有这种意义的。不过国文训练的主要目的,毕竟与此有异。虽然说国文也是学校课程之一,总以少离开他的本身目的为是。所以,叶圣陶先生说:"国文教学,在选材的时候,能够不忽略教育意义,也就足够了;把精神训练的一切责任都担在自己肩膀上,实在是不必的。国文教学自有他独当其任之任,那就是阅读与写作的训练。"(《对于国文教学的两个基本观念》) 以上是说我们不完全赞成大学国文专教学生读古书,同时也不完全赞成国文课程太偏重精神训练。那么,大学国文教学的目标究竟在哪里?依我们的意见说,是颇同意杨振声先生的主张:"若是一个大学毕业生还不能把自己的思想与感情恰切的表现于文字,那是对于他自身的侮辱,也是对于国家的不敬。大一国文的目的,不应单是帮助学生读古书,更重要的是要养成他们中每一个人都有善用文字的能力"。这便是说大学国文可以训练学生阅读,但不能专门训练阅读,或单是训练阅读古书,最重要的还是训练写作。所以要训练写作的原因:第一是因为他们现在不会写作,第二是因为他们需要写作,不仅现在需要写作,而且一辈子需要写作。关于大学生不会写作的情形,前面已经说过,现在不妨再引用魏建功先生研究的结论和慨叹于此,以说明此类事实之不容忽视。他说:

(1)无论文言和白话,根本没有做成一篇文章!

(2)文言既没有写好,白话也就写不好了!

(3)文言、白话分不清楚,两体都写不好了!

如此,教大学一年级国文的先生,就是神仙也难于搭救这些国文病根深入了膏肓的学生!

大学生的写作能力是这样的差,的确是一种侮辱和不敬,我们岂能漠然置之! 至于神仙难救的话,不过是魏先生的一种慨叹而已。越是不能救,我们越应该来救,能把不能救的危机挽救了,能把不能收拾的颓风收拾了,这才是教育家的态度,这才是教育家精神特别伟大的地方。其次,我们说一般大学生都需要有用文字发表思想,传达意见,作学术论文,叙述时事或故事,和描写日常见闻人物的本领,而且写出来还要能够词明理达,文从字顺。不只文理法商医农等院的学生应该如此,师范学院的学生,更应该如此。因为他们将要献身教育,以教书为终身职业,在教书生活中至少要能够替学生编讲义、写笔记,如果更进一步,自己也要有所研究和著述。在这许多工作中,假若自己根本没有自由运用语言文字叙事、说理、表情、达意的本领，那不是将要自误误人吗？而且国文是在社会上应用最广的一种学科，任何一个大学生至少要能够写成一封通顺流畅的信。所以，我们要强调大学生最需要的是"写作技能"的训练。我们不只要训练他们的写作技能，并且要多注重方法，教他们知道：怎样写作才可以清通畅达，表达情意；更要作到使学生心知其故，且能终身以之而不忘的地步。因此，我们认为大学国文应旨在能够养成学生自由运用语言文字叙事、说理、表情、达意之技能（亦即"能作通顺而无不合文法之文字"）。至于修养做人方面，毕竟是附带的问题了。

现在我们的教学目标既定，就应该讨论到教材如何选取的问题。教材究竟应该怎样选取呢？总之仍不外乎一句话，我们选取教材的标准，是一定要这些教材可以训练学生的写作技能。用其他标准选来的教材，如训练阅读能力的古书，训练欣赏能力的名文，甚至如修养做人方面的著作，也未尝不可以有益于学生的写作技能，可是它们究竟于本来目的是差开了些。现在我们要选的教材，是旨在注重训练学生的写作技能。这些教材在选取时，其内容对于各方面的合适不合适，当然不可忽视，然而总要以写作技能为第一标准。它的写作技术，一定要足供一般大学生的取法和观摩，而又是一般大学生非学习不可的。它的叙、说、表、达的技术，的确高明，的确可取，的确近乎理想，使一般大学生读过之后，就能够知道："事"怎样"叙"，"理"怎样"说"，"情"怎样"表"，"意"怎样"达"，"语言文字"怎样"运用"。不仅知道，而且还要能够得心应手，即知即行。

关于选材的标准，我们既已有明白的解说，再进一步，就要说到教材的时代问题：自五四运动以来，文字工具改良了，各种写作多用语体，可是许多实用文字，却仍旧袭用文言；所以，文言文在今日社会上尚占有一部分的势力。为迎合当前的需要起见，我们认为一般大学生须要会写"浅近的文言文",或技术较高的文言文。那么,学文言文就应该读文言的范文。究竟那些是可读或应读的文言范文呢?朱光潜先生说:"我记得很清楚,在初进大学时,我读得最多的是两汉以前的著作(按作者曾受十年私塾教育),可是我最感觉得益受用的,倒不是那些经、子、骚、赋,而是一部分史传,和寥寥数百篇唐宋的散文。"(《就部颁大学国文选目论大学国文教材》)由朱先生的话,我们就知道:可读的文言范文,便是唐宋的散文。这就是因为唐宋的时代,比较先秦两汉距我们近些,时代越近,作者的生活状况和思想形态也越与我们相近,越相近,就越容易了解,也越感兴趣,也越便于学习。所以,我们不仅主张选唐宋文,更主张选明清文、现代文。如蔡元培、梁任公、胡适之诸先生之作,以及各报章杂志中的好文章,都是我们认为顶适宜的范文。现在我们吁请国文界的先生们,不要再存"非三代两汉之书不敢观""取法乎上,仅得乎中;取法乎中,仅得乎下"的旧观念,而要一致拥护荀子"法后王"的主张,因为这是对于青年最有益的。

五四以前一般大学生多半喜欢作文言文,作语体文的很少,五四以后,语体文的用处日广,大家便开始学作语体了,到现在几乎一律在作语体文。"五四以后一般学生愿意写白话,写白话而读文言是矛盾"(叶圣陶先生语)。"大多数的学生在做白话文,而教员天天替他们讲群经诸子,似未免近于滑稽"(朱光潜先生语)。因此,我们不希望讲读和习作"矛盾",我们更不希望国文教学变作"滑稽故事",所以我们主张大学国文教材中要选入大量的语体文。作语体文读语体文,才能使学生有所观摩,有所取法,才能够在讲读中,训练他们语体文写作的技能。所谓精神与肉体联贯,才是收效最快的。我们认为以后一般大学生的写作问题,除了偶尔作一两篇浅近的应用的文言文(因为它也是现代社会需要的)以外,其余的时间和工夫,都应该来写作语体文,因为语体文并不比文言文容易,其中也有很大的讲究。语体文既是一种新兴的文体,学生就应该着实经心的去研究。不入门,不启窍,只在暗中摸索,自然是难于成功的,因为世间没有不学而能的事。现在一般青年的文言文既写不通,语体文也写不通,就是因为他们太把语体文看轻了。根本不曾用心学习,认为写语体文不学就成,其实这是他们观点的错误。

大学里的院系很多,因为一般大学生所要学习的科目不同,所入的院系也不同,于是他们对于国文的兴趣和需要,也就随之各异,所以大学国文教学对于学生的兴趣和需要,也就随之各异,所以大学国文教学对于学生的兴趣和需要问题,也是应当顾及的。因此,我们同意陈觉玄先生多选教材,供各院系的酌量选授,庶有伸缩余地的主张(《部颁大学国文选目评议》)。我们更赞成黎劭西先生《国文辞类纂》的办法:参酌大学各院系科对于国文所应获得之知识,把大学国文教材分作五类,即学术思想、社会科学、文艺、自然科学、应用科学等。但教材不论多寡,选取时仍应以文章的形式方面为主,即的确是可作叙、说、表、达等写作技术训练的好文章。黎先生这种编制,不过是另从内容方面来分一分部类,让教学上有各取所需的便利而已。

一般大学生的国文程度实在太差了,这个危机,专家们在上面也都已说过。所以关于大学国文的问题,的确值得大家研究,并且应当急图改进。因此,我们对于大学国文教学目标的拟订及大学国文教材的选取,发表了以上的这些意见。然则大学国文教学的目标如果依照我们的意见来改订,大学国文的教材,如果依照我们的意见来重选,能不能挽救这个危机呢? 我们说:仍嫌不足;还有值得注意的问题,就是要减轻国文教师的负担。我们试看旧日的私塾教育,常常是一位教师只教六七人、四五人,甚而至于还有一师一徒的家馆。教师对学生是片刻不离,而且竟日在"耳提面命""口传意授",学生自然容易得益;现在的大学国文,一组便是数十人,假若一位教师担任三组,学生便有百人之多，这样和旧日的教育比起来，教师在每一个学生身上费去的工夫，仅是往日的百分之一，或数十分之一而已。按"种瓜得瓜，种豆得豆""一分耕耘，一分收获"的道理讲起来，现在大学生的国文程度差，也是必然的。再说国文的性质和其他课程是不同的，其他课程多半是"知识传授"，而国文却是"语文训练"；"知识传授"的课程，仅望学生能够在教材的内容方面，求得了解，"语文训练"的课程，除使学生了解教材的内容以外，还要在教材的形式方面（写作技术）深切体会。尤其重要的就是写作指导；学生的写作，教师要一篇一篇，一段一段的精心修改，于是教师便费了许许多多圈圈点点，增删涂抹的工夫。不仅要圈，不仅要点，不仅要增，不仅要删，并且还更要使每个学生，知道他自己的文章，为什么要"圈"，为什么要"点"，为什么要"增"，为什么要"删"，为什么要"修订涂抹"。学生能够知道这许多，他才能真正明白自己对于"写作技术"的"理解"和"运用"，已经达到了何种程度，已经体会到何种境界，已经做到了何种阶段。如此说来，学生的习作，必须个别指导，必须个别说明。这种个别指导，个别说明的办法，学生是绝对可以得益的。可是在现在的情形之下，国文教师却没有这些时间，也没有这些工夫。因此，我们主张：要减轻国文教师的负担，大学国文最多十人一组，然后就能实行我们这种"耳提面命""口传意授"的教法了。

此外，我们还有一种意见，就是大家共同感觉授课时间太少，不只教者有此意见，受课的学生亦有此同感。教育部规定大学国文，师范学院本为十学分，而本院议决减少公共必修科，斟酌实际情形，增添各系之主要科目，于是国文课程就改作六个学分了（骥于出席本院教务会议时，亦为赞成之一人，但据一年来教学两方试验的结果，此举似有从新商订之必要）。而且，一年级第一学期向来开课甚晚，上课不久，便要举行期考了。把一年的授课时间算起来，共合才有几十小时,写作时间还是在内的。以三十六年度的教学经验说,把作文的时间除外,仅以讲读计算,而授课最多的几组(在学期中间国文钟点内,教师既未请假,学校亦未放假),仅只四十八小时(第一学期五周,第二学期十五周,共六十小时。除去作文六次,共十二小时,尚剩四十八小时)。再依每日学校授课的时数折合,恰恰是一礼拜的时间。一年的课程,只有一礼拜的时间来讲授,请问教师能讲多少东西? 学生能得多少好处? 所以,钱用和先生说:"只一年级每周国文三小时,在此二三小时中,任教者虽口若悬河,胸怀珠玑,亦无法揠苗助长"(《大学国文教学刍议》)。何况国文教学不只要训练"了解",而且要训练"写作",不只要积极的"训练",而且要消极的"纠正"(学生的国文病根深入膏肓,作起文来,错白连篇,思路不清,体例不合,词意不明,都是须要纠正的)。如果授课的时间不足,教师是无法为力的。所以,如欲大学国文确实收到教学效果,我们希望增加授课时间,师范学院,至少要恢复部定的钟点(此事原系本院一院之事,不过写到这里,我们也不妨顺便提出,以表示公意如此)。

附注:大学国文教学,已成了近来教国文的先生们的一个严重问题,同人等以职责所在,亦时在研究之中。最近曾开了一个比较详细的讨论会,把各人的意见除口述以外,并用书面写给公举的两位起草先生(汪震、孙毓苹先生),把他写成这篇稿子。最后由骥约略地加以修订与补充,再经会议通过予以发表。同人等深知并无如何的高见,只是当作一篇简单的集体研究报告。倘蒙任教国文的同志予以教正,则不胜感幸之至!

乐夫六,廿五

——原刊于国立西北师范学院《学本季刊》第 3 期,1949 年 7 月

《陇上学人文存》已出版书目

━━━━ • 第一辑 • ━━━━

《马　通卷》马亚萍编选　　《支克坚卷》刘春生编选

《王沂暖卷》张广裕编选　　《刘文英卷》孔　敏编选

《吴文翰卷》杨文德编选　　《段文杰卷》杜琪　赵声良编选

《赵俪生卷》王玉祥编选　　《赵逵夫卷》韩高年编选

《洪毅然卷》李　骅编选　　《颜廷亮卷》巨　虹编选

━━━━ • 第二辑 • ━━━━

《史苇湘卷》马　德编选　　《齐陈骏卷》买小英编选

《李秉德卷》李瑾瑜编选　　《杨建新卷》杨文炳编选

《金宝祥卷》杨秀清编选　　《郑　文卷》尹占华编选

《黄伯荣卷》马小萍编选　　《郭晋稀卷》赵逵夫编选

《喻博文卷》颜华东编选　　《穆纪光卷》孔　敏编选

━━━━ • 第三辑 • ━━━━

《刘让言卷》王尚寿编选　　《刘家声卷》何　苑编选

《刘瑞明卷》马步升编选　　《匡　扶卷》张　堡编选

《李鼎文卷》伏俊琏编选　　《林径一卷》颜华东编选

《胡德海卷》张永祥编选　　《彭　铎卷》韩高年编选

《樊锦诗卷》赵声良编选　　《郝苏民卷》马东平编选

第四辑

《刘天怡卷》赵　伟编选　　《韩学本卷》孔　敏编选
《吴小美卷》魏韶华编选　　《初世宾卷》李勇锋编选
《张鸿勋卷》伏俊琏编选　　《陈　涌卷》郭国昌编选
《柯　杨卷》马步升编选　　《赵荫棠卷》周玉秀编选
《多识·洛桑图丹琼排卷》杨士宏编选
《才旦夏茸卷》杨士宏编选

第五辑

《丁汉儒卷》虎有泽编选　　《王步贵卷》孔　敏编选
《杨子明卷》史玉成编选　　《尤炳圻卷》李晓卫编选
《张文熊卷》李敬国编选　　《李　恭卷》莫　超编选
《郑汝中卷》马　德编选　　《陶景侃卷》颜华东　闫晓勇编选
《张学军卷》李朝东编选　　《刘光华卷》郝树声　侯宗辉编选

第六辑

《胡大浚卷》王志鹏编选　　《李国香卷》艾买提编选
《孙克恒卷》孙　强编选　　《范汉森卷》李君才　刘银军编选
《唐　祈卷》郭国昌编选　　《林家英卷》杨许波　庆振轩编选
《霍旭东卷》丁宏武编选　　《张孟伦卷》汪受宽　赵梅春编选
《李定仁卷》李瑾瑜编选　　《赛仓·罗桑华丹卷》丹　曲编选

第七辑

《常书鸿卷》杜　琪编选　　　《李焰平卷》杨光祖编选
《华　侃卷》看本加编选　　　《刘延寿卷》郝　军编选
《南国农卷》俞树煜编选　　　《王尚寿卷》杨小兰编选
《叶　萌卷》李敬国编选　　　《侯丕勋卷》黄正林　周　松编选
《周述实卷》常红军编选　　　《毕可生卷》沈冯娟　易　林编选

第八辑

《李正宇卷》张先堂编选　　　《武文军卷》韩晓东编选
《汪受宽卷》屈直敏编选　　　《吴福熙卷》周玉秀编选
《蹇长春卷》李天保编选　　　《张崇琛卷》王俊莲编选
《林　立卷》曹陇华编选　　　《刘　敏卷》焦若水编选
《白玉岱卷》王光辉编选　　　《李清凌卷》何玉红编选

第九辑

《李　蔚卷》姚兆余编选　　　《郗慧民卷》戚晓萍编选
《任先行卷》胡　凯编选　　　《何士骥卷》刘再聪编选
《王希隆卷》杨代成编选　　　《李并成卷》巨　虹编选
《范　鹏卷》成兆文编选　　　《包国宪卷》何文盛　王学军编选
《郑炳林卷》赵青山编选　　　《马　德卷》买小英编选